本书获得云南民族大学学术著作出版资助

中介化的亲密

智能手机对当代城市家庭关系的影响与建构

ZHONGJIEHUA DE QINMI
ZHINENG SHOUJI DUI DANGDAI CHENGSHI JIATING
GUANXI DE YINGXIANG YU JIANGOU

王福丽 ◎ 著

知识产权出版社
全国百佳图书出版单位
—北京—

图书在版编目（CIP）数据

中介化的亲密：智能手机对当代城市家庭关系的影响与建构 / 王福丽著 . —北京：知识产权出版社，2023.5

ISBN 978-7-5130-8521-2

Ⅰ . ①中… Ⅱ . ①王… Ⅲ . ①移动电话机 - 影响 - 家庭关系 - 研究 - 昆明　Ⅳ . ① D669.1

中国版本图书馆 CIP 数据核字 (2022) 第 244682 号

内容提要

本书采用定性访谈的研究方法，从媒介化理论的视角出发研究智能手机在当代城市家庭生活场景中的参与和嵌入，以及智能手机如何对家庭成员的互动沟通、家庭生活的组织和协调产生影响，并在此基础上提出了被智能手机“媒介化”的家庭关系是一种“中介化的亲密”关系。这种“中介化的亲密”关系的本质是家庭成员在互动交往中，利用智能手机在个体性与家庭亲密感这二者之间进行边界控制，从传统家庭文化中逐渐脱嵌并重新嵌入新的家庭文化，进而对家庭关系进行建构的过程，也是家庭成员在传统与现代的博弈中，对个体与家庭之间的关系进行再认知的过程。

责任编辑：徐　凡　　　　**责任印制**：孙婷婷

中介化的亲密

——智能手机对当代城市家庭关系的影响与建构

王福丽　著

出版发行：知识产权出版社有限责任公司　　**网　　址**：http://www.ipph.cn

电　　话：010-82004826　　http://www.laichushu.com

社　　址：北京市海淀区气象路 50 号院　　**邮　　编**：100081

责编电话：010-82000860 转 8533　　**责编邮箱**：laichushu@cnipr.com

发行电话：010-82000860 转 8101　　**发行传真**：010-82000893

印　　刷：北京中献拓方科技发展有限公司　　**经　　销**：新华书店、各大网上书店及相关专业书店

开　　本：720mm×1000mm　1/16　　**印　　张**：14.75

版　　次：2023 年 5 月第 1 版　　**印　　次**：2023 年 5 月第 1 次印刷

字　　数：240 千字　　**定　　价**：75.00 元

ISBN 978-7-5130-8521-2

前　言

由于传统的传播学研究范式在日新月异的技术发展与多元繁杂的人机互动传播过程中日渐显露其局限性，媒介物质性与技术研究的价值被重新审视，媒介、人与社会三者之间的互动关系开始成为传播学研究中一条重要的进入路径。本书试图经由这条路径，从媒介化理论的视角去观察智能手机在当代城市家庭生活场景中的参与和嵌入，以及智能手机如何对家庭成员的互动沟通、家庭生活的组织和协调产生影响，从而勾勒出被智能手机“媒介化”的家庭关系轮廓，为5G技术万物互联时代的到来提供一个可资参照的联络图。

本书作者研究发现，当技术如同血管般将其触角伸向城市身体的每个角落，以数字化和网络化为技术逻辑的智能手机已然成为当代城市家庭生活的重要参与者和建构者之一。通过对当代城市家庭生活场景的参与和嵌入，智能手机不仅改变了家庭成员的媒介使用惯习和生活方式，还改变了家庭成员之间的互动模式及情感表达方式，从而成为家庭生活结构性条件的重要组成部分。智能手机的物理属性决定了它在关系联结的过程中，可以通过对时间和空间的分离与重组，为彼此连接的个体提供线上与线下两个互动的时空，使数字化的身体与现实中的心灵之间产生对话与交流。与此同时，智能手机以一方“小屏”为界，设置出线上和线下两个世界的区隔，在为个体提供与线上无限广阔的世界连接的同时，设立起每个线上的个体与其他线下个体之间的隐形区隔。在以亲密感为重要特征的家庭关系中，这种区隔导致了家庭成员之间既互相联结、又互相区隔的交往状态，从而建构出“中介化的亲密”关系。

这种关系的本质是家庭成员在互动交往过程中，利用智能手机在个体性与家庭亲密这两者之间进行边界控制，从传统家庭文化中逐渐脱嵌并重新嵌入新的家庭文化，进而对家庭关系进行建构的过程，也是家庭成员在传统与现代博弈的过程中，对个体与家庭之间的关系进行再认知的过程。不仅如此，媒介化社会的运行机制还将当代城市家庭纳入社会运转的其他互动过程之中，并通过与其他社会系统进行灵活的连接、互动，形成复杂多样的权力流动关系。

本书的顺利出版要感谢恩师张宇丹教授长期以来的关心、支持和指导，感谢云南民族大学文学与传媒学院提供的良好科研氛围及院系领导的关照、厚爱，同时也要感谢所有参与本书研究的各位朋友所付出的努力。由于作者学识和能力有限，不足之处在所难免，敬请读者批评指正。

目录

第一章　导言 …… 1
一、研究缘起与目的 …… 1
二、研究方法 …… 3
三、本书结构 …… 6
四、研究意义 …… 9
第二章　“媒介化”理论及实践研究述评 …… 10
第一节　媒介化的理论视角 …… 10
一、媒介化的理论内涵 …… 11
二、媒介化的运作逻辑 …… 14
三、媒介化研究的三种理论视角 …… 19
四、媒介化社会的内涵及研究层次 …… 28
第二节　媒介化社会中的当代城市家庭 …… 31
一、当代城市家庭中的媒介使用 …… 32
二、社会媒介化过程中的家庭关系变迁 …… 38
第三节　智能手机对家庭关系的影响研究 …… 46
一、智能手机对家庭成员交往方式的改变 …… 47
二、智能手机对家庭关系的影响 …… 48
第三章　智能手机与媒介化的城市家庭生活场景 …… 55
第一节　智能手机的物理属性在当代家庭生活中的呈现 …… 55
一、屏幕化：家庭成员与媒介互动的界面 …… 56
二、技术融合：家庭应用的多重智能 …… 58
三、具身性：身体与媒介的亲密性 …… 66
四、个体性：家庭成员私密的媒介世界 …… 68
第二节　智能手机在当代城市家庭生活场景中的嵌入 …… 70

一、智能手机与家庭内工作场景 …… 71
二、智能手机与家庭消费场景 …… 77
三、智能手机与家庭娱乐场景 …… 82
四、智能手机与家庭人际交往场景 …… 84
第四章　媒介化的夫妻关系：中介化的亲密 …… 85
第一节　智能手机对夫妻现实交往的影响 …… 85
一、智能手机：生活合作的连接器 …… 86
二、智能手机：闲暇互动的陪伴者 …… 99
第二节　智能手机对夫妻虚拟互动关系的建构 …… 111
一、我的点赞我做主 …… 111
二、为什么不点赞 …… 116
三、朋友圈中的“他”或“她” …… 121
第三节　智能手机与夫妻之间的礼物赠送行为 …… 124
一、过日子需要“仪式感”吗 …… 125
二、“送礼物”与“发红包” …… 128
三、“用心的礼物”与情感亲密 …… 133
第四节　智能手机对夫妻信任关系的影响 …… 136
一、个体权力与亲密风险 …… 136
二、手机密码：隐私还是信任 …… 138
三、“仅自己可见”和情感公众号 …… 142
第五章　媒介化的亲子关系：中介化的亲密 …… 146
第一节　“幼有所养”中的智能手机与亲子关系 …… 146
一、“无法避免”与“无可奈何” …… 147
二、“控制管理”与“瞅准时机” …… 160
三、“爱的提供者”与“学习管理者” …… 163
第二节　“老有所依”中的智能手机与亲子关系 …… 165
一、“亲属卡”与“亲情账号”中的亲密 …… 165
二、电话、视频与“朋友圈”中的亲密 …… 170

三、沟通与屏蔽，皆为“亲密” …… 176
第三节　“小家庭”微信群中的互动与勾连 …… 177
一、“小家庭”微信群：合作与分享 …… 178
二、线上与线下的“小家庭”：同质与异构 …… 180
三、“小家庭”微信群中的个体性窥视 …… 184
第六章　智能手机对“中介化的亲密”关系的建构机制 …… 187
第一节　“中介化的亲密”关系的形成机制 …… 187
第二节　“中介化的亲密”关系的弹性结构 …… 190
一、弹性结构的两端：个体性与亲密感 …… 191
二、弹性的运行机制：媒介赋权与边界管理 …… 193
第三节　“中介化的亲密”关系中的权力流动 …… 197
一、家庭空间内的权力关系与流动 …… 198
二、家庭空间与工作空间之间的权力流动 …… 199
三、家庭空间与学校空间之间的权力流动 …… 200
第七章　结语 …… 204
一、对“中介化的亲密”的进一步阐释 …… 204
二、“中介化的亲密”的本质 …… 206
三、对“中介化的亲密”的反思 …… 207
参考文献 …… 208

第一章 导 言

一、研究缘起与目的

20 世纪 70 年代以来，以互联网技术为基础的信息和知识革命[①]改变了第二次现代化进程中人与人、人与物之间的连接方式和关系形态。特别是移动互联网的发展“不断带来新的关系与新的连接模式”。[②]然而，不论我们今天面临着如何复杂多变的技术环境，毋庸置疑的是，技术已经以媒介为中介深刻地内嵌在我们的日常生活中，并且在各种社会关系的建构中起着越来越重要的作用。“互联网技术广泛应用于现代生活”是我国进入媒介化社会的关键点[③]。作为现代化的重要表征，媒介与日常生活的紧密联系让我们对它的观察应该具备更为深广的视角，并保持一种动态性的思考模式。

在当代城市家庭生活中，电视、电脑、手机等不同的媒介形态充分发挥各自的媒介特性，为家庭成员提供多样化的媒介选择，以满足网络化社会中人们对信息及广泛而灵活的社会交往的不同需求。新旧媒体的共存造就了当代中国社会在媒介化过程中多元共存的生态环境。其中，智能手机由于汇集了多种技术发展的成果，且其屏幕内容呈现出生动性、易操作性、具身性、个体性与私密性，已然成为当代城市家庭生活中使用最普遍、最频繁、最重要的媒

---

① 于金富：《互联网技术、现代化与社会形态的变革》，《黑龙江社会科学》，2018 年第 5 期，总第 170 期，第 69 页。

② 彭兰：《移动互联网时代“连接”的扩展及其蕴意》，《中国移动互联网发展报告（2017）》，社会科学文献出版社，2017，第 27 页。

③ 章彦认为，“媒介化社会”“可以简单理解为社会越来越媒介化，媒介越来越社会化”，这个动态的进化过程的关键点是“互联网技术广泛应用于现代生活之后”。参见：章彦：《智者不役于媒：媒介化社会的理性传播与表达》，中国戏剧出版社，2017，第 9 页。

介[①]，并对家庭成员的个体交往、家庭生活的组织和关系建构都产生了重要的影响。

在家庭空间中，智能手机在家庭生活中的普遍使用改变了原有的家庭生活场景，也在潜移默化中逐渐改变着原来的家庭关系。在日常生活中，人们经常用“亲密无间”来形容几乎没有隔阂的紧密关系和状态，夫妻关系、亲子关系因为婚姻或血缘的规定性，经常被学术界作为亲密关系的典型而被特别关注。“技术在塑造人类的亲密本质方面总是扮演重要角色”。[②]智能手机的使用不断型塑着家庭生活的场景，并建构起不同的家庭生活情境和秩序，进而在家庭成员之间形成一种“中介化的亲密”关系。

“中介化”首先意味着中间物的介入，这意味着交往主体之间不是直接互动和交流，而是在交往主体之间出现了一个中间物，这个中间物的出现使原来的交往互动过程发生了改变，并影响了交往主体之间的关系建构。在本书的论述范围中，这个中间物就是智能手机。其次，“中介化”意味着一个过程，它不是某一个点或者某一个面上的交往关系，而是发生在不同的交往主体与中间物之间的一个不断纠缠互动的过程。在这个过程之中，中间物的出现和参与改变了原有的交往场景，对交往主体产生影响并导致了彼此间关系的转化与重组。同时，家庭作为社会的细胞，家庭关系的改变也会使家庭与其他社会系统之间的互动方式和权力关系发生改变。

因此，本书研究的目的是结合智能手机的媒介特征与家庭生活的独特性，通过智能手机在不同家庭生活场景中的参与和建构，来考察这一媒介对家庭成员个体及家庭关系所带来的变化，并进而思考这种变化对家庭与其他社会系统

① 参考以下资料：“截至2019年6月，我国网民使用手机上网的比例达99.1%，较2018年底提升0.5个百分点；网民使用电视上网的比例达33.1%，较2018年底提升2.0个百分点；使用台式电脑上网、笔记本电脑上网、平板电脑上网的比例分别为46.2%、36.1%和28.3%。”参见：第44次《中国互联网络发展状况统计报告》，第10页。详见网址：http://www.cnnic.net.cn/hlwfzyj/。此外，童兵等人的研究也提出类似观点：“家庭平均占有的手机数量在五大媒体中排名第一，因为手机不仅仅是一种可以传递信息、沟通情况的媒介，更是一种最快捷方便的通信工具。”参见：朱颖，童兵：《“科学发展观与媒介化社会构建”系列报告之一我国受众的媒介占有与接触情况》，《新闻界》，2007年第6期，第4页。

② 胡春阳：《手机传播与人际亲密关系的变革》，《新闻大学》，2012年第5期，第96页。

之间的互动和勾连会产生何种影响。

二、研究方法

本书主要采用定性访谈①的研究方法，对 61 位访谈对象（文中访谈对象均以化名方式出现）进行了深度访谈，其中男性 12 人、女性 49 人，均在昆明市长期居住。61 位访谈对象中，除了 M2 和 M3 正准备在昆明市区购买商品房，W8 在云南省之外的省份拥有自有房产外，其余访谈对象都在昆明市拥有房产。由于访谈对象中 M5 与 Y3、Z2 与 Z3、M4 与 C3 是夫妻关系，所以本次访谈共涉及 58 个家庭。访谈时长约 7514 分钟，整理访谈文稿约 189 万字。其中，60 人采取面对面访谈为主、微信补充访谈的方式，1 人采用微信访谈为主的方式。本书作者与 61 位访谈对象均成为微信好友，并对其朋友圈进行了观察。61 位访谈对象的婚姻状况如下：56 人已婚（其中 2 人离异、1 人再婚），5 人未婚。关于生育情况，本次访谈涉及 49 个已婚已育家庭（含 1 个再婚家庭和 2 个已育离异家庭），其中，生育 2 个孩子的家庭有 17 个，生育 1 个孩子的家庭有 32 个，未育的家庭有 9 个。子女目前接受学校教育的情况为：上大学的 2 人，上初中的 1 人，上小学的 41 人，上幼儿园的 9 人，尚未入园的 13 人。从家庭类型上来看，本次访谈涉及核心家庭 44 户，主干家庭 14 户②。

作为社会分层研究中一个常用的概念，“中产”不仅对应着相应的经济收入和消费水平，还对应着相应的职业和生活方式，这一概念因此也具有多重被测量维度，其中，职业作为经济资源获取的重要来源，也成为社会分层研究中一个经常被采用的测量指标。“职业社会分层的可行性在于能够直观地反映当前社会的阶级或阶层状况”③。因为职业不仅意味着相应的经济收入，还意味着

① 定性访谈在本质上由访问者确立对话的方向，再针对受访者提出的若干特殊议题加以追问。它的基础是一组进行深度访谈的主题，而不是标准化的问题。参见：艾尔·巴比著，邱泽奇译：《社会研究方法（第十一版）》，华夏出版社，2009，第 304 页。

② 潘永康认为，“核心家庭”是指由父、母、子女组成的家庭模式，“主干家庭”是指夫妻与一对已婚子女所组成的家庭，也是我们通常所说的三代同堂的家庭。参见：潘永康：《婚姻家庭社会学》，北京大学出版社，2018，第 131、133 页。

③ 仇立平：《职业地位：社会分层的指示器——上海社会结构与社会分层研究》，《社会学研究》，2001 年第 3 期，第 21 页。

一定的权力和声望。“金融、房地产、旅游、保险、商贸、传媒、法律、咨询、策划、社会服务、公用事业等领域的职员，科教文卫体等领域的专业人士，政府和社会管理部门的公务人员，企业里的管理者和专业技术人员，农业的专业户，等等，一般是中等收入阶层的社会职业主体”。①

本次访谈共涉及61位对象，其中私营企业主11人，私营企业高管3人，私营企业普通职员1人，公务员8人，国企或事业单位员工21人，公立或私立医院医生3人，专业微商1人，其他行业专业人员7人（其中保险销售1人、会计2人、设计师1人、销售人员1人、游泳教练1人、钢琴教师兼微商1人），在读博士生2人，无固定职业人员4人。这些访谈对象的配偶中，私营企业主9人，私营企业高管12人，私营企业普通职员2人，外企职员1人，公务员7人，国企或事业单位员工18人，医生2人，专业微商1人，其他行业专业人员（司机）2人，无业人员1人，因访谈对象离异其原配偶职业不详1人。值得说明的是，除M2和M3正准备在昆明市区购买房产，W8在云南省之外的省份拥有自有房产外，其余访谈对象均在昆明至少拥有一套自有房产。虽然L1的职业是微商，丈夫目前没有工作，但是其丈夫之前一直开办蛋糕房，职业曾经是私营企业负责人，L1也是某私营企业管理者，二者只是暂时处于工作的空窗期（L1家庭经济条件良好，在昆拥有多处房产和高档汽车）。因此，从职业的维度划分，本次访谈对象所涉家庭都属于中产家庭。

在对访谈对象的选取上，本书主要围绕研究的问题，即家庭关系的两种主要类型——夫妻关系和亲子关系来进行目标对象的预设与选取。因此，对访

---

① 李培林：《解析城市中等收入阶层》，《中国城市经济》，2003年第4期，第38页。此外，关于“中等收入阶层”和“中产阶层”这两个概念，一般来说，前者主要以收入作为衡量指标，而后者除了经济收入，还有职业、受教育情况等多重测量维度。但“其实中产阶层与中等收入群体在很大程度上是重合的。我们把按照收入、职业、教育三个指标定义的中产阶层与中等收入群体做了交互分析，结果发现高收入和中等收入群体中有70%属于中产阶层，两个概念并不冲突和矛盾”。参见：李培林：《中产阶层成长和橄榄型社会》，《国际经济评论》，2015年第1期，第45页。

谈对象的确定主要采取目标式抽样[①]和便利样本取样结合的方式，通过自身现实生活中的关系网络来确定访谈对象的范围。同时，本书作者会根据访谈的内容，请求被访问者帮助介绍其他访谈对象。被访问者会根据自身对访谈内容的理解，介绍或协同他者参与到访谈中来。比如，L8 带着 S3 一起接受了访谈，并帮忙介绍了 W3；M4 带着 C3 一起参与了访谈；M1 在访谈过程中涉及电视媒介的部分，还邀请了其父亲参加访谈。对 Z1 进行访谈的过程中，M1 及其母亲也参与其中，并根据访谈内容提出了自己的看法和见解。这些类似于专题小组讨论式的访谈过程给本书作者观察和反思被访谈者在访谈过程中的表现、不断完善访谈内容的结构都提供了有益的帮助。

在访谈过程中，本书作者会首先对被访谈者表明自己研究的内容和方向，然后根据被访问者的访谈状态、家庭关系的状况对访谈内容予以灵活控制和调整。之所以采用定性访谈的研究方法，主要基于对以下因素的考虑：一是由于本书研究的问题是媒介对城市家庭关系的影响和建构，家庭关系本身具有多样性和复杂性，所以深度访谈便于更为深入地收集相应的分析材料，本书作者也可以根据访谈对象的现实反应灵活调整提问的方式和角度。二是参照了关于家庭关系研究的其他案例，如於红梅在《家居营造：都市中产的自我表达实践——以上海为例》[②]的研究中，对上海市 65 位拥有住房的常住居民进行了访谈；沈奕斐在《个体化与家庭结构关系的重构——以上海为例》[③]的研究中，对 46 个上海家庭进行了观察和访谈；等等。这些研究的方法和理论阐释，都给本书作者深刻的启发。

由于本书的研究目的在于通过智能手机在家庭生活场景中的使用来探讨媒介对家庭关系的影响，而家庭关系在很多内容层面属于个人隐私的范畴，比如夫妻之间的情感交流、情感矛盾及相应的处理方法等，这些问题在陌生的访

① “目标式（判断式）抽样”是“依据对研究目的的判断来选择适当的抽样方法”，是一种非概率拍样，其选择观察对象的方式是以个人的判断为基础的。参见：艾尔·巴比.社会研究方法（第十一版）.邱泽奇，译.北京：华夏出版社，2009，第 185 页。

② 於红梅：《家居营造：都市中产的自我表达实践——以上海为例》，博士学位论文，复旦大学传播学专业，2013 年。

③ 沈奕斐：《个体化与家庭结构关系的重构——以上海为例》，博士学位论文，复旦大学社会学专业，2010 年。

谈对象身上可能很难取得深入、真实的回答和反应。本书作者对个体生活关系网络进行取样的方法，能够让访谈对象在与本书作者的沟通中保持一种相对坦诚的态度和放松的状态。因为彼此熟识，双方在“像朋友聊天”一样的氛围中完成访谈过程，对某些私密问题的探讨也较为真实深入。本书作者力图通过对访谈时间、次数及内容深度的把握，尽量减少样本的代表性问题。本书作者通过对访谈录音的文字整理发现，本研究所需要了解的内容基本呈现出饱和的状态。同时，为了弥补这种抽样可能存在的代表性不足的问题，本书作者还采用了《中国电视收视年鉴 2018》，第 44 次《中国互联网络发展状况统计报告》，以及喻国明等研究者 2010 年、2014 年对城市居民媒介接触与使用情况所进行的大型调查数据[①]作为辅证。

在每次访谈开始之前，本书作者都对自己研究的目的做了说明，在取得被访谈者同意的基础上开始访谈，并在书中利用化名对访谈对象的身份进行了隐匿化处理。

三、本书结构

社会学的诸多研究表明，当代社会的家庭已经发生了很多变化。家庭成员个体性[②]的崛起对原有的家庭关系产生着冲击，又在现代化进程中呈现出新的特点。媒介作为家庭成员之间互动与沟通的重要中介，对家庭关系的维系与建构产生着重要的影响。同时，媒介还紧密连接着个体、家庭与社会，因此，媒介对家庭关系的影响也与个体的自我认知及社会各系统之间的互动紧密相关，而这种研究路径正是媒介化理论的逻辑体现。

---

① 喻国明所在的课题组曾在 2010 年和 2014 年对城市居民媒介接触与使用进行过大型调查，并发表过一系列相关文章，本书作者在后续的章节中对这些数据的引用有具体的说明，这里不再赘述。

② 鲍曼在为乌尔里希·贝克的《个体化》一书所做的序《个体地结合起来》中提出，个体性可以分为命定的个体性和作为自觉实践能力的个体性（后者对应着“个体化”——乌尔里希·贝克用这个词来区分自我为耻、自力推进的个体和仅仅被“个体化”的个体，后者指的是别无选择、只能如此、仿佛个性化并未实现那样去行动的人）参见：乌尔里希·贝克、伊丽莎白·贝克-格恩斯海姆:《个体化》，李荣山，范譞，张惠强译，北京大学出版社，2011，第 24 页。本书在“作为自觉实践能力的个体性”这一基础上来对个体性进行阐释和讨论。

因此，在导言之后的第二章，本书作者主要通过文献爬梳，对媒介化理论的内涵、运作逻辑及研究视角进行呈现，并结合媒介化社会的内涵与研究层次，将本书的研究定位在家庭这一中观层面。通过对当代城市家庭中媒介使用情况的论述，认为多屏化的媒介生态系统已经成为现实，而智能手机逐渐成为这种生态之中主导性的媒介使用形态，从而将本书的研究进一步聚焦在智能手机的使用对家庭关系的影响与建构之上。同时，结合社会学对家庭关系变迁的相关研究成果，对媒介与家庭关系的相关研究进行归纳和总结，在文献综述的基础上提出本书的中心观点，即智能手机的使用改变了当代城市家庭成员之间的交往与互动方式，对原有的家庭关系产生影响，并在新的媒介环境中建构起一种“中介化的亲密”关系。

第三章第一节主要对智能手机的物理属性在当代城市家庭生活中的呈现进行论述，具体论述了屏幕化的界面对家庭成员与媒介之间的互动产生的影响，以及数字技术、移动互联、移动支付、拍照技术等多种技术融合为家庭生活带来的多重智能应用。多样化的功能特征与智能手机的具身性使用联系起来，使得每一部被使用的智能手机都成为一个私密的个体世界。第二节主要将智能手机的物理属性及多样化的功能特征与家庭成员具体的媒介实践结合起来，探讨智能手机如何嵌入当代城市家庭生活的诸多场景之中。这种嵌入于媒介而言，是一个技术驯化的过程，于使用者而言，是生活惯习形成的过程，而于家庭生活而言，是一个“时空限制、约束和权力结构”[①]被改变的过程。

第四章主要从夫妻关系的角度出发，来论述智能手机如何发挥自己的媒介特性参与到夫妻的家庭生活互动中来，以及这种参与对夫妻之间现实空间中的互动、虚拟空间中的交往与情感表达、信任关系等产生了何种影响。在这个过程中，智能手机既为夫妻之间现实交往中的生活合作及闲暇互动交流提供了更便捷的技术条件和媒介环境，又在夫妻现实空间交往的基础上，创建起虚拟的媒介交往空间，并创建了“数字化的丈夫”和“数字化的妻子”的角色。夫

① 参考以下内容：“几乎所有对新媒体的讨论都或多或少的表明，它们将改变或将很快改变（或超越）日常生活及其时空限制、约束和权力结构。”参见：马丁·李斯特，乔恩·多维，赛斯·吉丁斯，乔恩·格兰特，基兰·凯利：《新媒体批判导论（第二版）》，吴炜光，付晓光译，复旦大学出版社，2016，第273页。

妻之间因为婚姻关系建立起亲密感，而智能手机的中介化特征与当前社会变迁对家庭生活中夫妻角色所带来的种种影响结合起来，使得现实空间中的夫妻交往与数字化的夫妻角色交往之间产生矛盾与冲突。夫妻的个体性更加突出，从而使夫妻关系体现出一种“中介化的亲密”特征。

第五章主要从亲子关系的角度出发，来论述在“幼有所养”“老有所依”的不同阶段，智能手机如何发挥自己的媒介特性参与到父母与子女之间的互动过程之中，以及“小家庭”微信群这种独特的媒介家庭空间的建构对于亲子合作与情感沟通所具有的重要意义。在这个过程中，子女与父母个体之间、子女婚姻家庭与原生家庭之间都产生更为复杂的互动与勾连。子女和父母的个体性都在增强，但是这种个体性并没有完全从传统之中“脱嵌”（disembedment）[①] 出来，亲子之间的亲密感依然存在，在个体性与亲密感之间的融合与冲突之中，在传统与现代的博弈之下，“中介化的亲密”特征再次于亲子之间展现出来。

在第四章与第五章讨论的基础上，第六章主要对“中介化的亲密”关系的建立机制、具有张力的弹性结构及个体利用技术赋权在亲密感与个体性之间进行的边界管理进行更深入的理论探讨和分析，从而对智能手机在“中介化的亲密”关系形成过程中的建构机制做进一步的归纳和提炼。

第七章结语是对全书的研究进行理论上的总结。智能手机的出现是技术发展与社会变迁等多种因素共同作用的结果。这一媒介形态独特的物理属性与家庭成员个体化的媒介使用结合起来，不断影响着家庭生活场景的建构、家庭生活的组织方式及家庭内部权力关系的流动，并将家庭与其他社会系统更加灵活、紧密地连接起来。“中介化的亲密”关系是个体性的崛起及个体化家庭在当代社会变革之中的特殊表现。这种关系的本质是家庭成员在互动交往的过程中，利用智能手机在个体性与家庭亲密这两者之间进行边界控制，从传统家庭文化中

---

① 阎云翔对乌尔里希·贝克的“脱嵌”这一概念做出了相应的阐释，认为“脱嵌”和吉登斯所说的去传统化类似，“个体日益从外在的社会约束中脱离出来，这些约束包括整体的文化传统和其中包含的一些特殊范畴，例如家庭、血缘关系和阶级地位。”参见：阎云翔：《中国社会的个体化》，陆洋等译，上海译文出版社，2016，第 300 页。

逐渐脱嵌并重新嵌入新的家庭文化，进而对家庭关系进行建构的过程，也是家庭成员在传统与现代的博弈中对个体与家庭之间的关系进行再认知的过程。

四、研究意义

本书研究的意义主要体现在两个方面。

第一，随着媒介在日常生活中的内嵌程度越来越高，整个世界都呈现出“媒介化”的特征。曾一度被传播学所忽视的媒介技术与物质性的研究逐渐被重视起来。特别是随着5G时代的到来，技术对生活的改变可能是天翻地覆的。如果还将研究局限在原有的理论框架之内，不仅无法对现有的媒介实践进行正确的分析，也无法对相应的社会现象进行合理的理解与阐释。本书从智能手机的媒介特性出发，特别关注智能手机的物理属性，这种属性不仅包含与其他屏幕媒体类似的屏幕呈现方式，还包含因其小巧便携的体积特征而带来的使用上的具身性、私密性和个体性，以及对数字技术、网络技术等技术的吸纳融合。本书作者认为，正是智能手机的物理属性，决定了它嵌入城市家庭生活场景之中的方式，也决定了它对城市家庭关系产生影响和建构的机制——既联结又区隔。这种机制对家庭关系的影响是深远的，它不仅充分展现出家庭成员在媒介使用过程中的个体性，也通过线上和线下的互动与交流，与其他家庭成员之间建立起一种“中介化的亲密”关系。

第二，关于媒介与家庭的互动研究在传播学中并不少见，但是其研究内容主要集中在家庭生活中媒介使用的效果及媒介使用与家庭分层的相关性等方面。在研究对象上，对电视的研究较为成熟，对智能手机的研究大都是从一个侧面或某个方面来对媒介与社会生活的互动进行描述和阐释，较少对当前智能手机的使用与家庭生活的互动进行较为系统和全面的理论分析。本书将智能手机的使用与家庭生活联系起来，通过对智能手机参与家庭生活场景的描述和分析，试图勾勒出这一媒介形态对家庭亲密关系产生的影响，以及在现实与虚拟互动之间对家庭关系重新建构的过程，具有一定的创新性。

第二章 “媒介化”理论及实践研究述评

童兵曾经对媒介化社会的特点做过以下论述：“媒介角色的演变：从锦上添花到不可或缺”；“传播效果的演变：从有限影响到无所不至”；“受众地位的演变：从被动使用到主动依赖”。[①]时至今日，当我们再次用这些特点来反观当代城市家庭生活就会发现，智能手机的普及使用已然使社会的媒介化进入一个成熟的阶段，即我们生存的社会已经是一个媒介化社会。同时，社会学的诸多研究表明，当代城市家庭在中国社会急剧的变迁过程中已经发生了许多变化。这种变化不仅表现在家庭结构上，还表现在家庭成员个体性的崛起及家庭关系的建构上。那么，当代城市家庭中媒介使用的方式和特点，对家庭关系会产生什么样的影响呢？本章希望从媒介化的传播学视角出发，通过对有关智能手机在家庭成员互动交往乃至家庭关系的建构中的影响等文献的梳理，提出这样一种观点：在媒介化的社会中，智能手机对当代城市家庭生活场景的灵活参与，使得家庭关系呈现出一种新的特点，即“中介化的亲密”。

第一节 媒介化的理论视角

由新传播技术引发的革命使得“现代社会已然完全被媒介所‘浸透’，以至于媒介再也不能被视为一种与文化和其他社会制度相分离的中立性要素”[②]。当媒介以无所不能的姿态将整个世界呈现在每个人的面前，当整个社会的运转或多或少地受到媒介逻辑的影响，以人、媒介和社会之间的互动为主要研究内

① 童兵主编：《科学发展观与媒介化社会建构——新闻传播学视角的研究》，复旦大学出版社，2010，第24、26、28页。

② Hjarvard S.The Mediatization of Society :A Theory of the Media as Agents of Social and Cultural Change. Nordicom Review.2008,29(2):105.

容的媒介化就成为学术界关注的重点内容之一。不论媒介形态如何改变，也不论媒介在何种技术支撑之下以何种方式介入社会文化的变迁之中，媒介本身所蕴含的既联结又区隔的基本逻辑没有改变。媒介不仅是一个容器和窗口，还是一座桥梁，连接起媒介两端的人、物和场景，也连接起不同的社会与文化形态之间的互动、冲突或融合。在这个过程中，媒介不仅是一种技术工具，它本身还成为整个社会媒介化过程中不可或缺的一部分。正是在此种思路的启发下，本书作者认为可以从媒介技术、媒介物质性及媒介环境研究三个路径来对这一理论视角进行文献上的梳理和思考。

一、媒介化的理论内涵

目前的传播学研究对媒介化这一概念的内涵主要在以下几个层面进行论述。

第一，从历时性的角度来看，不同的媒介与人、社会之间存在不同程度的互动关系。“‘媒介化’指的是一个媒介与社会变化的过程，媒介化研究则着重分析不同媒介在社会文化变迁过程中所起到的作用”[①]。在这个层面上，媒介技术是一个需要重视的变量，因为“媒介技术是媒介化形成的核心，日新月异的媒介技术是推动媒介化社会向前发展的基本动力”[②]。正是因为不同时期媒介技术与人们的社会需求之间不断地互动与发展，使得不同社会中的主导媒介形态与社会文化之间产生一定的相关性。这就将原来曾被忽略的传播技术纳入媒介化的研究范畴之中。同时，这也提醒我们在对媒介化进行分析的时候必须保持开阔的理论视野和多元的研究路径。王琛元曾在对“媒介化”这一概念的分析中提出过类似的观点：“作为‘研究范畴’的‘媒介化’，旨在批判性地分析媒介与传播的变迁和文化与社会的变迁二者间的互动关系，其特点在于视野开放与理论多元。”[③] 这一观点提示了媒介化研究的两个要点。

① 徐桂全，雷丽竹：《理解“泛媒介”时代：媒介环境学、媒介学与媒介化研究的三重视角》，《现代传播（中国传媒大学学报）》，2019 年第 4 期，总第 41 期，第 57 页。

② 戴海波，杨慧：《媒介与媒介化的互动机制》，《编辑之友》，2018 年 3 月，第 51 页。

③ 王琛元：《欧洲传播研究的“媒介化”转向：概念、路径与启示》，《新闻与传播研究》，2018 年第 25 卷第 5 期，总第 153 期，第 12 页。

一是在媒介化的研究中要保持一种动态的眼光来看待媒介与人、社会之间的互动关系，这不仅要求研究传播的学者对不同的媒介形态保持敏感，还必须对媒介技术的变化、媒介逻辑渗透和介入其他社会系统的过程及相应的制度和文化形成保持敏感。在这个过程中，必须保持一种开放的心态和多元的研究视野，而这一点正是目前传播学面对各种复杂的媒介与社会互动现象，必须对传统研究范式进行反思乃至改善所需要保持的心态和视野。

胡翼青曾经对目前中国新媒体传播研究的现状进行了两个层次的总结①，并且认为这两个层次延续了功能主义的理论路径。在日新月异的媒介发展面前，“传播研究面临的尴尬是：传播正在成为社会的构成性要素，并走向社会的中心，但主流的传播学研究仍然在旧范式中打转，呈现高度‘内卷化’状态”②。胡翼青为此提出了中国传播研究的第三种范式和路径，就是“重新理解传播及其技术如何嵌入人的生活，重新界定人的存在及人与社会、物的关系，讨论传播与人存在的意义。”③在本书作者看来，第三种研究路径将媒介参与个体日常生活的重要意义体现了出来，只有从媒介介入个体日常生活角度出发，才能理解媒介究竟是如何充分发挥自身的媒介逻辑对整个社会构成中最微观的细胞产生影响甚至改变的。

二是对媒介与社会文化的互动必须保持一种批判性的态度，这种批判要求传播学研究对媒介与社会文化的互动保持一种马克思主义的辩证性思考和认知。面对不断发展的媒介技术，传播学研究应该摆脱对技术价值判断非此即彼的思维模式。在媒介与社会文化互动过程中，媒介逻辑渗透的过程就是媒介与社会、文化各个层面彼此磨合、协商和共生的过程。

第二，媒介化是媒介逻辑渗透、介入整个社会文化变迁的过程。“所谓的

① 胡翼青对中国目前新媒体研究的现状做了两个层次的总结：“第一个层次是关于新媒体传播现象、特性与功能的分析描述。第二个层次是围绕新媒体所进行的政治、经济、社会与文化现象的研究。”见胡翼青：《重塑传播研究范式：何以可能与何以可为》，《现代传播（中国传媒大学学报）》，2016 年第 1 期，总第 234 期，第 52 页。

② 孙玮：《从新媒介通达新传播：基于技术哲学的传播研究思考》，《暨南学报（哲学社会科学版）》，2016 年第 1 期，总第 38 期，第 66 页。

③ 胡翼青：《重塑传播研究范式：何以可能与何以可为》，《现代传播（中国传媒大学学报）》，2016 年第 1 期，第 51 页。

‘媒介化’，就是其余社会机构在‘媒介逻辑’的影响下进行历史性转变的过程’①。那么，什么是媒介逻辑呢？媒介逻辑就是媒介对内容进行传播的形式②。这就将媒介在传播过程中的物质性凸显了出来。这种物质性不仅包括具体的媒介形态，还包括媒介在传播过程中所涉及的诸多关于物质的环节，这也是目前媒介化研究的一种重要路径。“技术的功能是技术形式的自然产物”③，对于一种具体的媒介形态来说，传播的形式不仅包括媒介的物质形态，还包括媒介技术作用于传播过程的形式及受众对信息的接受形式。

第三，媒介化是媒介与人、社会等多个层面互动的过程。它将个体、家庭与其他社会系统联系起来，从多个层面的互动中来描述媒介技术和媒介逻辑是如何发挥作用并对个体、家庭乃至社会产生影响的。从个体层面来看，“在新传播革命时代，每个社会个体都被逐步媒介化，由人所构成的社会也开始具有越来越浓重的媒介化色彩，形成了媒介化社会”④。当媒介嵌入日常生活的各个环节，它不仅为个体提供帮助和满足，也是自我认知建立或迷失的重要镜像。从家庭层面来看，媒介“以技术赋权的姿态，带来了远距家庭互动的新场景……新的家庭场景呈现出媒介化、表演化、社交化的特点”⑤。它为社会各系统之间的互动提供中介与桥梁，并成为各种关系建构过程中的一个重要部分。它改变了个体的观念、思维方式、生活方式甚至身体本身，而家庭和社会也因此逐渐匹配了一套与之相对应的文化和制度。因此，媒介化理论把“传播活动

① 戴宇辰：《媒介化研究：一种新的传播研究范式》，《安徽大学学报：哲学社会科学版》，2018 年第 2 期，第 151 页。

② 王琛元认为，“媒介逻辑”所考察的并非是媒介传播了什么内容，而是媒介以什么形式传播这些内容，因为一组传播关系成立的前提是传受双方对于同一传播形式的共享，所以该传播形式得以扩散至整个社会。参见：王琛元：《欧洲传播研究的“媒介化”转向：概念、路径与启示》，《新闻与传播研究》，2018 年第 5 期，总第 153 期，第 13 页。郭恩强也表达了类似的观点，认为形式作为一种过程性的框架，正是通过它社会互动才能得以发生，而媒介逻辑就是这样一种形式。参见：郭恩强：《在“中介化”与“媒介化”之间：社会思想史视阈下的交往方式变革》，《现代传播（中国传媒大学学报）》，2018 年第 8 期，总第 265 期，第 69 页。

③ 尼尔·波斯曼：《技术垄断：文化向技术投降》，何道宽译，中信出版集团股份有限公司，2019，第 5 页。

④ 胡悦：《危机媒介化和媒介化危机》，《现代传播》，2017 年第 3 期，总第 248 期，第 46-47 页。

⑤ 吴炜华、龙慧蕊：《传播情境的重构与技术赋权——远距家庭微信的使用与信息互动》，《当代传播》，2016 年第 5 期，第 98 页。

与其所嵌入的及所生产的特定空间情境结合起来……关注传播媒介融入人们日常生活的过程与机制，是从技术逻辑到实践逻辑的转变”[①]。

从以上几个层面的分析可以看出，媒介化是对媒介与人、社会之间的互动关系进行的动态化研究。因为这种研究需要涉及多个层面，所以需要保持一种开放和多元的理论视野。研究过程中不仅需关注媒介形态、媒介技术的发展，还要关注媒介与社会互动过程中由此产生的社会制度和文化变迁。媒介技术的发展，人们对世界认知过程中的信息渴求，以及媒介环境的改变，使媒介与社会之间产生了双向的互动关系。在这个互动过程之中，社会会匹配相应的文化和制度。也就是说，媒介自身运转的制度逻辑与其他社会制度会形成互动关系。

二、媒介化的运作逻辑

在对媒介化进行梳理的过程中，本书作者发现有一个概念经常会出现，那就是中介化。学术界目前对中介化的内涵主要有以下几个层面的解释。一种是比较泛化的解释，认为在人与人建立社会关系的过程中，只要借助了符号，这种过程就具备了“中介化”的意味。[②]这种界定中的“符号”具有非物化的泛媒介色彩。另一种是从媒介的角度出发，认为中介化是一个“转换过程（trans-formative process)”[③]，即在媒介与文化、制度等进行互动的过程中，“一切都被中介化（mediated）了，所有重要的社会制度都被该过程所转化与重组”[④]。还有一种是从人类互动交往的形态来看，通过媒介参与人际交往活动与面对面传播的比较，认为媒介的中介化参与凸显于现代社会，是现代性的表现

① 王斌:《从技术逻辑到实践逻辑：媒介演化的空间历程与媒介研究的空间转向》,《新闻与传播研究》2011年第3期，第64页。

② Agha A. Meet Mediatization. Language & Communication.2011,31(3):163-170.

③ 王琛元:《欧洲传播研究的“媒介化”转向：概念、路径与启示》,《新闻与传播研究》，2018年第25卷，第5期，总第153期，第9页。

④ Livingstone s. On the Mediation of Everything : ICA Presidential Address 2008.Journal of Communication. 2009 ,59(1):1-18. 转引自王琛元《欧洲传播研究的“媒介化”转向：概念、路径与启示》,《新闻与传播研究》，2018年第25卷，第5期，总第153期，第5页。

之一。①

由以上论述可以看出，中介化研究不同于以往面对面的传播研究，它强调了参与传播过程中的第三者及其对整个传播过程的影响。“它好比阿伦特笔下那个降神会上神秘的桌子（in-between)，作为中介，它的力量在于使人们既联系又分开”②。这个中介物可能是我们常见的媒介形态，也可能是起到“耦合”作用的媒介技术或者符号，它大大扩展了我们对媒介的认知范围，并且将媒介的物质性和技术性在传播学研究中凸显出来。

因此，中介化与媒介化两个概念产生区别的基础是对媒介内涵的界定不同。孙玮所提到的“阿伦特笔下那个降神会上神秘的桌子（in-between)”并不是指哪种具体的媒介形态，而是从“既连接又区别”的属性出发，指的是一种“能够被系统地作用于生活系统的规则化和具有社会意义的符号（及象征）化耦合”③作用的介质。由此可见，中介化不是专门指哪一种具体的媒介形态，而是指媒介以其自身逻辑参与其中产生的传播网络和实践过程。因此，“理解媒介的核心从技术形态、组织机构转向更加抽象的层面——连接主客体的中介”④。而媒介化则将这一中介定位在某种具体的媒介基础之上。赵启南、林羽风在对媒介化理论进行象限划分时将中介化作为其中一个研究象限，与媒介的技术哲学取向和制度化取向并列进行了比较讨论，认为中介化的研究可以将媒介化研究的宏观和微观视角联系起来⑤。对媒介不同的定义导致了人们对这两

① 潘忠党：《“玩转我的 iPhone，搞掂我的世界！”——探讨新媒介技术应用中的“中介化”和“驯化”》，《苏州大学学报：哲学社会科学版》，2014 年第 4 期，第 153-162 页。

② 汉娜·阿伦特：《人的境况》，王寅丽译，上海人民出版社，2009 年版，第 34-35 页。转引自孙玮《从新媒介通达新传播：基于技术哲学的传播研究思考》，《暨南学报（哲学社会科学版）》，2016 年第 1 期，总第 38 期，第 74 页。

③ 西格弗里德·J. 施密特：《传媒、传播与认识的结合》，载西皮尔·克莱默尔编著：《传媒、计算机、实在性——真实性表象和新传媒》，孙和平译，中国社会科学出版社，2008，第 48 页。

④ 孙玮：《从新媒介通达新传播：基于技术哲学的传播研究思考》，《暨南学报（哲学社会科学版）》，2016 年第 1 期，总第 38 期，第 73 页。

⑤ 参考以下内容：“相比较而言，中介化的研究虽然也有其较为具体的一面，但其把媒介视为中介的做法本身为宏观媒介化研究打开了窗口，使其可以关注到微观的主体、客体、媒介三者之间的互动，并为进一步的技术哲学探讨提供了经验材料”。参见：赵启南，林羽风：《定位：媒介化理论的象限与流派》，《新闻春秋》，2019 年第 6 期，第 74 页。

个概念的不同理解。然而，这并不影响本书作者在这里利用中介化这个词语来对媒介的逻辑特点进行讨论。中介化为本书作者思考媒介化社会提供了一个极为重要的切入点，那就是，作为一种中间介质，媒介同样具有“既联结又区隔”的运作逻辑。这一逻辑既将互动的过程作为一个整体，又将互动的双方区别开来，它还点明了媒介在其中独立的身份特征和它以自身媒介逻辑参与了互动全过程，从而创建了一个互动双方＋媒介三者作为独立的三个个体建构交往互动过程的场景①。在这个场景中，媒介不仅对传受双方起到既联结又区隔的作用，还分别与互动的双方“既联结又区隔”。从这个角度来看，媒介的中介化其实就是一种关系建立、转化和重组的动态过程。从媒介化研究的动态性来看，它表明，在传播的互动过程中，媒介在不同的阶段或层面发挥的功能可能是不同的，它对处于发展过程中的关系可能起到建立的作用，也可能起到转化和重组的作用，是一个不断变化的过程。

这种关系分为两个层面，一个是互动双方之间的关系的建立与转化，另一个是互动双方个体与媒介之间的关系的建立与转化。举个例子：丈夫通过手机给妻子发了一个金额为520的微信红包。这一媒介行为对夫妻之间情感的亲密性会产生影响。而同时，丈夫通过这一行为与自己的手机产生联系与区隔，媒介的智能化为丈夫表达个体情感提供了重要的手段和工具，并构建了丈夫在线上的家庭交往空间。而手机因为丈夫的使用成为记录丈夫媒介使用行为、惯习乃至秘密的重要空间，因此具有了独特的个体性特征。而对于妻子来说，通过智能手机来体会来自现实夫妻情感中的亲密感，这种电子化支付方式所表达的情感含义可能会被接受，也可能会因为妻子对其意义的不同认知而被拒绝。这种发生在妻子与手机之间的互动其实表达的是妻子与丈夫之间的认知与情感的互动，是个人对礼物的文化意义的理解与一定时期技术所提供的人际交往可能性之间的互动。

在网络化社会中，这种中介作用可以从宏观和微观两个层面上进行理解。宏观上主要体现为媒介化学者所关注的媒介与社会权力结构及文化变迁的关

① 彭兰认为：“场景更偏向于空间环境，而情境更多的指行为情景或心理氛围。两者都会决定人们的行为特点与需求特征。”参见：彭兰：《场景：移动时代媒体的新要素》，《新闻记者》，2015年第3期，第21页。由于本书的研究范围局限在家庭空间之中，所以在行文的多个部分都采用了“场景”的概念。

系。可以说，媒介化是在漫长的历史建构过程中将象征资源聚集于特定组织化中心的结果。[①]微观上则聚焦于人们的日常生活。“互联网的嵌入式、具身式、日常化特点，使得围绕技术的权力已经深入到微观层面。权力斗争不再仅仅是宏观和中观层面的结构式矩阵，而已经弥散于日常生活之中”[②]。因此，曹晋等学者把媒介视作行动者网络中的一个节点，中介化就是使网络中的节点与节点或节点与环境产生关系的一种机制。在当前网络化和数字化的媒介环境中，这种“既联结又区隔”的媒介运作逻辑可以给我们提供以下几种对媒介化社会进行研究的维度。

首先，媒介改变了人们的时空结构。在传播学研究中，空间一直是一个与媒介技术紧密相关的概念。“传播与空间从来都无法割裂，二者是构成社会的一体两面。在空间与传播的交织关系中，传播进行‘信息传递、公共交往及意义共享’的丰富性也重新被开启”[③]。随着智能手机的发展，人们在网络社会中的传播行为呈现出更为复杂的空间特征，人们的互动摆脱了物理空间的限制，能够随时在虚拟空间中进入和离开。“社会空间形成了在场空间与缺场空间的对立并存，但是网络化的缺场空间本质上仍然还是现实社会空间”[④]。

媒介技术的进步在给使用者带来巨大的便利性的同时，还通过个体于不同空间之中的互动与沟通，使不同空间内的交往场景和权力关系产生了变化。空间不再是一种静止的状态，而是一个不断变化的关系场。这一点对本书作者在思考“家庭群”时提供了较大的启发。正是因为智能手机的使用，家庭成员利用媒介建立了一个虚拟的线上家庭空间，换句话说，家庭空间在媒介空间中得到了再建、延续和发展，并与现实家庭空间产生互动与勾连。通过家庭微信群的建立，家庭关系被媒介化并在新的媒介空间之中被予以重新生产，这个过程同时受到媒介技术、社会变迁等多方面的影响。因此，家庭微信群的出现，

---

① Couldry N.Mediatization or mediation?Alternative understandings of the Emergent Space of digital story telling. New Media&Society. 2008，10(3):373-391.

② 曹晋，孔宇，徐璐：《互联网民族志：媒介化的日常生活研究》，《新闻大学》，2018 年第 2 期，第 24 页。

③ 李淼：《理解空间：媒介理论视野下的传播与空间》，《新闻知识》，2018 年第 1 期，第 38 页。

④ 卢春天，朱晓文：《城乡地理空间距离对农村青年参与公共事务的影响——媒介和社会网络的多重中介效应研究》，《新闻与传播研究》，2016 年第 1 期，第 45 页。

也是以媒介为中介产生的家庭关系与社会结构之间互动的过程。在媒介与空间的种种复杂的互动纠缠中，“媒介与空间在社会关系框架内达成了一致，即空间具有媒介性质，媒介也具有空间属性”①。

在家庭生活中，智能手机等移动终端的使用改变了传统电视对空间的呈现和塑造方式，“所有的社会互动都是建立在在场和不在场相互掺杂的基础上的，而且社会整合必定与共同在场情境中发生的互动有关”②。这种在场与缺席不仅具有空间指向，也具有时间指向。诚如哈维所指出的那样，不同的社会有着不同的时间感受③。媒介的发展“使得人类的时间观从农业社会基于从事农业生产而发明的‘自然时间’到工业文明的‘钟表时间’再到基于信息社会的‘媒介时间’”④。因此，“媒介在不同的历史阶段以自身的形态承载着历史现实，媒介本身成为兼具时间性的见证。信息社会下的媒介存在是社会转型的一类表征”⑤。

第二是媒介带来了人际交往及社会关系的变化。姜浩曾根据爱德华·霍尔对人与人之间距离关系的分类，将不同媒介形态与人际交往的情感距离进行划分。他认为电影屏幕构建的是公众的关系，电视屏幕构建的是社交的关系，电脑屏幕构建的是个人的关系，而手机屏幕构建的是私密的关系。⑥这一判断在今日显然已经开始产生变化。多屏化的媒介使用在当代家庭生活中已然成为一种常态，不同的家庭成员根据自己所处的场景，灵活地选用不同的屏幕来满足需求。

电视机前的社交关系依然存在，但是由于人们在使用电视机的过程中伴

① 李彬，关琮严：《空间媒介化与媒介空间化——论媒介进化及其研究的空间转向》，《国际新闻界》，2012年第5期，第38页。

② 周翔，李镓：《网络社会中的“媒介化”问题：理论、实践与展望》，《国际新闻界》，2017年第4期，第151页。

③ 戴维·哈维：《后现代的状况》，阎嘉译，商务印书馆，2003，第242页。

④ 卢春天，朱晓文：《城乡地理空间距离对农村青年参与公共事务的影响——媒介和社会网络的多重中介效应研究》，《新闻与传播研究》，2016年第1期，第52-53页。

⑤ 张梦晗：《媒介时间论：信息社会经验下的媒介存在与多重时间》，博士学位论文，浙江大学新闻传播学专业，2015年，第3页。

⑥ 姜浩：《四种屏幕：传播媒介的空间特性》，《现代传播（中国传媒大学学报）》，2011年第12期，第167-168页。

随着大量使用手机等智能终端的行为，电视机前的社交开始出现“异化”① 的特征。比如，父母在陪伴子女观看电视的过程中，自己虽然陪伴在侧，但其实思维沉浸在手机创造的媒介世界中，这时候的陪伴只是身体在场，却没有和子女一起观赏电视节目的社交功能。电脑屏幕构建的也不仅是个人的关系，它还将家庭空间与社会空间紧密连接起来。手机也不仅仅是私密的关系连接，在现有的媒介环境中，手机已成为个人不可或缺的日常生活工具，媒介化的生活可能导致个人成为众多数据链上的一个节点数字，隐私保护受到极大的挑战。此外，大数据技术的推送功能可能给个人信息获取建构“茧房”，也为家庭成员了解整个世界并与之发生关联提供重要窗口，它为个体提供在私密和公共空间之间随时进入和退出的灵活机制，并对原有的家庭成员之间的亲密关系形成冲击。

在当前的社会环境中，人们对世界的感知很大程度上是建立在媒介使用之上的。“因此，我们可以把前技术时代的面对面交往表述为：作为身体的我——生活世界。同时，在经由技术中介的媒介化时代，我们可以把媒介实践表述为：作为身体的我＋媒介技术——生活世界”②。这正是媒介对“我”和“生活世界”进行连接和区隔的重要表述。智能手机使人际交往的时空关系得以改变，并使之产生丰富的交往形态，在将网络空间与现实空间紧密连接的同时，也使社会生产与社交关系联结起来。“社交关系成为包括社会生产关系在内的所有社会关系的基石，社交关系生产无疑是具有最大公约数的生产模式，从而引领着社会生产模式创新的潮流”③。

三、媒介化研究的三种理论视角

本书作者认为，媒介化作为一种以媒介与人、社会之间的互动关系为主

① 参考以下内容：“异化主要指商品的价值‘让渡’给他人，也指个人权利‘让渡’或是‘转让’给共同体，后来被引申为一种关系的疏远或背离。”参见：刘国新：《从概念到理论：关于马克思异化思想的探源》，《山西高等学校社会科学学报》，2019 年 9 月，第 31 卷第 9 期，第 10 页。

② 丁方舟：《论传播的物质性：一种媒介理论演化的视角》，《新闻界》，2019 年第 1 期，第 73 页。

③ 陈邦武：《从媒介到中介：后互联网时代媒体的新变》，《出版发行研究》，2016 年第 2 期，第 59 页。

要内容的传播学研究，可以从三种视角对其进行理论性梳理。

1. 媒介技术研究的视角

从柏拉图《普罗泰戈拉》中技术的产生对人类身体缺陷弥补的故事性描述，到麦克卢汉关于媒介是人体的延伸[①]的观点，技术一直与相应人造物、人类的认知、社会文化语境及社会互动产生着复杂的关联。虽然技术在人类的生活中扮演着重要的作用，学术界对技术的研究却一直处于一种尴尬的境地，传播学研究也不例外。重文本的研究传统曾一度使以媒介技术和物质性为对象的研究被排除在主流研究之外。即使是有限的研究，也经常陷入技术乌托邦或者反乌托邦[②]的极端判断中饱受诟病。然而，随着技术在整个世界现代化的过程中成为“第一生产力”，技术本身及其附着的物质形态也逐渐开始被重视起来，作为与文化互动的两个重要方面被纳入研究视野，技术与社会文化之间的互动关系开始成为学术界研究的一条重要路径。这种研究分为两个层面：一个是宏观层面，即利用不同技术的媒介是如何与整个社会的制度和文化变迁产生联系的；另一个是微观层面，即在人们的日常生活实践中，利用新技术的媒介是如何被驯化的。这两种研究路径都可以从技术人类学的相关研究中得到很多启发。

王皓梳理了技术人类学的发展路径，认为早期的技术人类学分为微观和宏观两种视角[③]。微观上是从技术的物化层面来进行研究，而宏观上则是对技术使用实践与社会运转的互动进行文化层面的研究。后来，莱蒙里尔和普法芬

① 麦克卢汉在《理解媒介：论人的延伸》一书中对口语词、书面词、道路、数字、电视等媒介进行了分析和论述，认为不同媒介的出现延伸了人体的不同感官功能，强调了不同的媒介技术与人体感官乃至心理平衡、文化互动之间的关系。参见：马歇尔·麦克卢汉：《理解媒介：论人的延伸》，何道宽译，凤凰出版传媒集团译林出版社，2011。

② 参考以下内容：“回顾人类历史，几乎每一种全新的社交媒体（或更广义的传播技术）出现在人们生活中时，我们都难免会产生极端化的应激反应，要么认为它是洪水猛兽，要么认为它是救世灵药。”南希·K.拜厄姆根据技术与社会之间的因果关系，将技术是社会变革力量的观点称为“技术决定论”，将“人是技术和社会变化的主要推动者”的观点称为“技术的社会建构论”，将“技术与社会不断彼此影响”的观点称为“技术社会形成论”。参见：南希·K.拜厄姆：《交往在云端：数字时代的人际关系》，董晨宇，唐悦哲，译，中国人民大学出版社，2020，第4、28页。

③ 王皓：《兴起中的技术人类学》，《东北大学学报（社会科学版）》，2015年第5期，总第17期，第455页。

伯格从“社会技术系统”的研究路径出发，将技术、人造物与相应的社会文化语境联系起来。这就使得技术在参与社会实践整个过程的层面被重视起来。莱蒙里尔技术人类学理论最核心的内容是对技术选择过程中社会表征、兼容性和随意性的研究①。本书作者认为，如果从这三个角度来考察，媒介毫无疑问是最佳的切入点。首先，媒介是重要的社会表征系统。具体的媒介形态如电视、手机等人造物的出现，本身就是技术与文化互相勾连的产物。第二，不同的人工制品、操作系统（手法）以及通信、媒介等多种技术的组合，共同构成了各种不同的媒介技术系统。在这个过程中，新旧媒介的共生与更迭，则是技术兼容性在社会生活包容性中的体现。而正因为社会生活需求的多样性，使得技术选择具有随意性。

以智能手机的发展路径为例，触屏的出现改变了原来按键操作的掌握难易度，并且使得对手机的消毒等多种问题变得更为简单和有效。技术与人造物及人们实际生活需求之间的互动联系在智能手机屏幕这一中介物之上体现得浅显易懂。技术的发展使得智能手机屏幕的物化形态不断发生变化，这种变化不仅影响了人们的生活方式，而且以图像（声音）为主要表达符号的媒介形态降低了原有文字符号对文化编码和解码中蕴含的阈值，也在一定程度上解蔽了很多原来藏匿于“后台”②的技术与文化，从而对整个社会的判断标准及其他系统产生影响，进而影响整个社会的文化生成与变迁。

在技术与文化的互动过程中，人们的文化需求对技术发展提出要求，而技术发展到一定程度又会对人们的生活和社会的运转产生深远的影响，文化与技术就在不断的互动中推动社会变迁。“现代技术的本质则是‘座架’，是一种世界的构造……现代文化是以技术为主导的文化”③。当技术成为当今社会发

① 王皓，夏保华：《论莱蒙里尔的技术人类学思想》，《东北大学学报（社会科学版）》，2018 年第 5 期，总第 20 期，第 441 页。

② 戈夫曼在其拟剧理论中提出了“前台”与“后台”的概念，认为“后台”是“这样一个场所：与给定的表演相关联，在这里的表演所促成的印象要故意制造出与前台表演相反的效果”，会“凸显出那些被掩盖的事实”。参见欧文·戈夫曼：《日常生活中的自我呈现》，冯钢译，北京大学出版社，2008，第 97 页。

③ 梅其君，王立平：《技术与文化关系颠倒的历程与根源》，《江西社会科学》，2016 年第 6 期，第 40-41 页。

展的“软利器”[①]，技术与文化之间的互动和共生成为一种普遍的社会运作逻辑。“科技人类学在于探究技术与文化的关联性：一方面寻求技术导引文化进化的机理或标识，另一方面揭示出技术背后的精神体系，以期合理把握技术与文化的变迁细节及共变规律”[②]。本书作者认为，隐含于当今社会屏幕文化精神体系的核心正是现代性的文化逻辑。

现代性问题一直是传播学领域关注的重要问题之一。在众多关于现代化的理论中，一直存在一个主流的理论内涵：现代化的根源是科学理性，它所拥抱的是“发展”（development）的义理，它的发展基调定在工业化（经济发展）上，并认为工业化有一个内在关联的成长模式，不同的社会或国家，最后会产生某种同质性的社会、经济、政治与文化结构。[③]正是在此基础上，施拉姆、勒纳、罗杰斯等人“坚信现代传媒可以有效地推动科学、民主、理性观念的普及，相信传媒的解放与启蒙的力量”[④]。不仅如此，媒介作为一种集公共性与个人使用为一体的技术人工物，“其本身扮演着对于公共和个人事务的集体反身性的制度角色。媒介也由此推动了现代性的关键内容，并同时成为现代性的产物之一”[⑤]。正因为如此，媒介与现代性之间的复杂关系使得对这个问题的思考具有了多重维度，“现代性的问题是一个秩序的问题，也是一个空间的问题……身份认同本身是现代性的一个问题，也就是说现有研究的理论武器可能都是工业社会的产物”[⑥]。

---

① 保罗·莱文森认为，“信息技术是一套系统，它说明事物之所以然——没有技术，其结果就不可能发生，但不说明，技术必不可免、毫无意义地产生那一结果。这套系统协同运作，换言之，系统的其他要素也发挥作用。”参见：保罗·莱文森：《软利器：信息革命的自然历史与未来》，何道宽译，复旦大学出版社，2011，第3页。

② 秦红增：《技术与文化的互为观照：科技人类学解读》，《青海民族研究》，2008年第1期，总第19期，第6页。

③ 金耀基：《现代性论辩与中国社会学之定位》，《北京大学学报哲社版》，1998年第6期，第91-99页。

④ 吴飞、周蓬年：《现代传媒与混合现代性的迷思——评洪长晖的〈混合现代性：媒介化社会的传播图景〉》，《新闻记者》，2017年第5期，第93页。

⑤ 施蒂格·夏瓦，刘君，范伊馨：《媒介化：社会变迁中媒介的角色》，《山西大学学报：哲学社会科学版》，2015年第5期，第63页。

⑥ 林溪声，刘鹏：《技术促进共享媒介建构秩序——“媒介化社会与当代中国”学术研讨会综述》，《新闻记者》，2009年第11期，第82页。

2. 媒介物质性研究的视角

对技术的关注很容易将以技术为构成逻辑的传媒物质性纳入研究视野。对于传播学研究来说，关注传播技术及传播的物质性问题与传统的文本研究并无冲突，并可通过对当前传播环境的关切，从多维度、多视野更好地来理解和分析媒介的传播过程及媒介与其他社会系统的互动关系，从而更全面深入地理解媒介化社会。

对于什么是媒介物质性的问题，目前的学术研究中主要有以下四种观点。

一种观点认为，媒介的物质性是与文本性相对的一种物质或物质结构。它包括“以物质的方式存在的媒介技术、器物和基础设施”①，也包括传播过程中“所使用的原材料和资源、支持日常交流活动的设备，以及构建和维护这些基础设施和机器所需的劳动链”②。这种观点从人与媒介的主客体关系及传播过程的权力与道德的角度来分析媒介的物质性，是媒介物质性研究的第一个重要层面。

第二种观点在媒介物性的基础上，加上了中介性的意涵。媒介“作为一种基础设施和中介物，在技术条件上提供了跨越时空的联结性，开启了人类关于时间和空间的感知意识，建构了人的主体性意识，并成为形塑日常生活场景与文化实践形式的物质性动力源”③。与第一种观点相比，这种观点增加了媒介的物质属性在整个社会互动过程中的关系建构视角。而“中介”本身就具有既联结又分离的张力结构，它一方面确立了媒介本身是一个独立的客体，另一方面又确立了它在整个日常生活建构中的黏性作用。

第三种观点从整个传播过程的角度来看待媒介的物质性问题。“媒介物质性，泛指一切涉及‘物’与‘物质’的媒介构成、媒介要素、媒介过程和媒介实践，而‘媒介’本身所具有的物性也由此重新显现”④。这种论述从媒介要

---

① 袁艳：《电视的物质性与流动的政治——来自两个城中村的媒介地理学观察》，《新闻与传播研究》，2016年第6期，第92页。

② 格雷厄姆·默多克：《媒介物质性：机器的道德经济》，刘宣伯，芮钰雅译，曹书乐校译，《全球传媒学刊》，2019年6月，第6卷第2期，第93页。

③ 丁方舟：《论传播的物质性：一种媒介理论演化的视角》，《新闻界》，2019年第1期，第71页。

④ 章戈浩，张磊：《物是人非与睹物思人：媒体与文化分析的物质性转向》，《全球传媒学刊》，2019年6月，第6卷第2期，第110页。

素、过程等多个环节突出了整个传播过程中的物质性基础。

第四种观点结合目前5G技术的发展对媒介的物质性进行探讨。5G技术不仅意味着传播速度的改变，还意味着在人与人、人与物、人与整个世界之间以更快的速度和更精准的方式产生连接与互动，从而使万物互联成为新的生活逻辑。因此，整体的传播环境将再次发生变化，现实与虚拟之间将产生层次更为丰富的关系结构，并导致人们对自我的感知重新发生变化。

从以上观点可以看出，对媒介物质性研究的背后隐含着媒介技术发展的逻辑特征。学术界在讨论媒介物质性的时候，其实在讨论两个层面的问题。一个是媒介的物质形态给人们的媒介使用习惯等带来的影响。另一个是媒介物质形态背后所隐含的技术逻辑和特征，以及这种逻辑给传播主体、环境乃至整个社会所带来的变化。当人们谈论手机给生活带来便利和改变的时候，其实是在谈论网络、数字技术给每个个体的日常生活乃至整个世界的秩序维持及权力流动带来的改变。正如喻国明所说，“信息技术成为型塑社会的基础性的力量，其强度和效率不仅超越了其他权力来源，更超越了任何一个时代”①。

在人类社会发展的不同时期，不同的技术不仅决定着不同的媒介形态，还在人与媒介、人与人、人与社会互动的过程中不断型塑着整体的传播方式、过程和结构。它不仅为传播提供物质基础和中介性的连接，是传播的“中间介质与底层装置”②，还以参与和嵌入的方式改变人的主体性，并逐渐以传播主体的身份参与到社会建构和形成中来。在这个过程中，媒介的物质性与相应的技术发展是一种极度暧昧的状态，甚至就像一个硬币的两面，互相依存，难以分开。

对于一种媒介形态来说，“媒介固有的物质结构和符号形式发挥着规定性的作用，塑造着什么信息被编码和传输，如何被编码和传输，又如何被解码”③。智能手机作为一种依赖于数字技术和网络技术发展起来的移动化终端，

① 苏敏，喻国明：《以人为本的成长逻辑：中国互联网发展的第一个25年——基于学术视角的Cite-space可视化分析》，《辽宁大学学报（哲学社会科学版）》，2019年11月，第47卷第6期，第139页。

② 吕清远：《作为经验的传播：传播学研究物质性转向的逻辑进路与范式转换——在二元对立的传播观念当中寻找一条中间路径》，《新闻界》，2019年第8期，第72页。

③ 林文刚：《媒介环境学：思想沿革与多元视野》，何道宽译，北京大学出版社，2007，第30-31页。

其固定的形态是小巧便携的，这正是其具身性使用的重要物质基础。网络技术和数字技术对它的技术支撑同样以物质形态内嵌于这个媒介的物质结构之中。“互联网借助由 0 和 1 组成的二进制码，进一步抽象了人们的交往，使得从任何地点到具备相应通信基础设施的任何地点的多元化、跨时空交往的信息化得以实现”①。如果“数码世界的根本属性是物质性”②，“数码的物质性最终体现为相关实践行为的规范性，即数码文化如何成为日常生活的规范文化”，③ 这就与媒介学“发现技术和文化的互动结构，考察一个社会结构和跨社会的社会关系如何在一般意义上和影响传递的技术结构进行互动”④ 的中心议题不谋而合。智能手机的使用使得数字文化几乎成为人们当代生活中无处不在的规范性技术条件。日常生活的秩序因为技术的发展逐渐发生改变，并不断推动社会管理体系的变革。

3. 媒介环境研究的视角

正是技术和物质的结合才能使我们对媒介形态作出更进一步的认识和理解。蔡凯如等人将媒介形态界定为媒介的生存状态（包括媒介的外部形态和作为内部结构的传播符号）、生存依据、媒介的传播方式方法（包括受众接受媒介信息的途径和形式）及由此展示的媒介功能与特征。其中媒介的状貌、外在硬件作为社会单位存在于世间的表象是可视形态，媒介内部结构、媒介各部分之间的关系是潜在形态。⑤ 在本书作者看来，媒介的可视形态正是媒介物质性的重要部分，而媒介的内部结构与各部分之间的关系正是内存于媒介可视形态之中的技术逻辑和社会文化结构。“传播媒介的形态变化，通常是由于可感知的需要、竞争和政治的压力及社会和技术革新的复杂相互作用引起的”⑥。正因为如此，不同的媒介形态具有不同的技术特性与媒介偏向，其所创造的媒介环

---

① 姬广绪，周大鸣：《从“社会”到“群”：互联网时代人际交往方式变迁研究》，《思想战线》，2017 第 2 期第 43 卷，第 54 页。

② 丹尼尔·米勒、希瑟·霍斯特：《数码人类学》，王心远译，人民出版社，2014，第 56 页。

③ 陈晋：《技术魅惑与社会过程人类学视角中的数码文化》，《新美术》，2017 年第 10 期，第 11 页。

④ 陈卫星：《传播与媒介域：另一种历史阐释》，《全球传媒学刊》，2015 年 3 月，第 2 卷，第 1 期，第 4 页。

⑤ 蔡凯如，黄勇贤：《穿越视听时空——广播电视传播论》，新华出版社，2003，第 16 页。

⑥ 罗杰·菲德勒：《媒介形态变化——认识新媒介》，明安香，译，华夏出版社，2000，第 19 页。

境也各不相同。

媒介环境学认为，媒介即环境。该理论流派通常以媒介、技术与文化的互动共生关系为中心，并以媒介变革的社会影响作为研究的重点。一般认为，英尼斯和麦克卢汉是媒介环境学派的第一代代表学者。英尼斯提出了媒介的偏向性问题，这使学术界将媒介的物质性与时空结构联系起来。麦克卢汉“媒介即讯息”的理论将媒介本身的技术物质性与个体感知及社会发展联系了起来。这种分析在赛博人已经成为研究对象的今日，依然给传播学研究诸多的启发。它体现了人本主义的媒介观念，将人的“为人”属性与媒介技术的“有机”属性联系了起来，从而表明技术与人的发展在本质上的一致性[①]。

以尼尔·波斯曼为代表的第二代学者在对电视媒介考察的基础之上，提出了媒介环境与人们认知图示之间的关系。不论是《童年的消逝》还是《娱乐至死》，不论是儿童还是成人，尼尔·波兹曼通过揭示图像与文字符号在对人们认识把关上的不同功能，表达了这一当时就在很多家庭风靡且持续至今的媒介符号对家庭成员个体的影响。波兹曼的理论强调了社会文化与媒介文化纠缠互生的关系，这给我们提供了一个从媒介去看社会与文化变迁的视角。技术使媒介文化具有不同的偏向性，不同的媒介文化会塑造不同的社会文化，社会文化在媒介文化的影响下不断变化和发展。本书作者认为，智能手机的使用正在逐渐改变电视等媒介塑造的家庭文化形态，并通过家庭与社会其他系统之间的互动与交换，对整体的社会文化与制度变迁提供动力。此外，波斯曼关于媒介与童年、娱乐的相关讨论时至今日也依然具有重要的参考意义。

当代城市家庭生活中的童年依然是个复杂的研究领域。对媒介技术掌握的代际差异在复杂的媒介环境下出现了多样化的状态。媒介对生活环境的塑造已经深深改变了父母对儿童是否应该及在何种程度上对媒介技术进行掌握的认知。这说明技术已经通过对日常生活的塑造，改变了人们对教育等社会实践的认知理念、判断标准及掌控方式。在这种情况下，或许人们应该用一种更为

① 参考以下观点：“媒介技术被看作人体器官延伸的观念，本身就揭示出媒介技术的‘为人’属性和‘有机’属性，折射出技术与人的发展在本质上的一致性。”参见：李曦珍：《理解麦克卢汉：当代西方媒介技术哲学研究》，人民出版社，2014，第48页。

开放和包容的态度来理解童年，即“当儿童负载着成人关于国家、民族、政治、文化的想象，成为一个多重权力关系冲突、交会的拟人化场域时，儿童如何抗拒、反驳成人对他们的建构，而儿童的主体性又在什么样的程度上得以实现。”① 而当以电视为代表的大屏在当代城市家庭中已经逐渐处于“失宠”的地位，当智能手机无时无刻不在给人们提供充足的信息和陪伴，甚至在同一家庭空间内，面对面的人际交往也开始被“线上交往”所部分取代，当“玩手机”与猝死之间的关系已经受到普遍关注，“娱乐至死”已经不再是一种文化层面上的担忧，而是与每个媒介使用者个体的生命切实相关的现实焦灼。

以保罗·莱文森、约书亚·梅罗维茨等为代表的第三代学者继续对媒介环境的问题进行讨论，并将其与日常社会交往联系起来。情境概念的提出使一定社会形态中主导媒介与有形的地点、场所及信息流动方式结合了起来，使这一理论从抽象变得更为具体。从家庭生活来看，媒介技术的融合使得手机带给人们智能化的多重生活体验，也给家庭成员的交往场景带来了诸多改变。潘忠党将沉浸于移动媒介中的个体称为“心理的蚕茧”或“移动的封闭社区”②。智能手机在日常生活中的全面浸润，已经让很多人际交往的场景发生改变，虚拟交往空间的建构甚至使现实空间的人际交往产生了危机。

总的来说，媒介环境理论“期望通过对媒介技术特质的把握而帮助文化或社会保持一种平衡的状态”③。这不是简单的“技术决定论”，而是在尊重媒介技术和物质性基础的前提下，从不同的侧面和角度对社会作出的观察和认知。

综上所述，不论研究的视角是媒介技术、物质性还是媒介环境，都始终围绕着媒介与人、社会的互动这一中心来进行，而这正是媒介化研究的要义之所在。不同的媒介技术会促生不同的媒介物质形态，从而产生不同的媒介逻

---

① 张梅:《从“儿童的发现”到“童年的消逝”——关于“儿童”的概念及其相关问题的考察》,《文艺争鸣》,2016年第3期，第124页。

② 潘忠党:《“玩转我的iPhone，搞掂我的世界”——探讨新传媒技术应用中的“中介化”和“驯化”》,《苏州大学学报哲学社会科学版》,2014年第4期，第153-162页。

③ 徐桂全，雷丽竹:《理解“泛媒介”时代:媒介环境学、媒介学与媒介化研究的三重视角》,《现代传播（中国传媒大学学报）》,2019年第41卷第4期，第59页。

辑，对人们的日常生活和社会文化变迁产生影响。技术与社会之间的关系不是直接匹配而成的，社会要根据技术的发展制定“适当规矩”[①]，新技术也要根据社会的需要及时调整自身的结构。在这个过程中，媒介作为中介既联结又区隔的基本运作逻辑没有改变，改变的只是媒介形态及所连接的双方之间的互动程度。媒介化理论的诸多研究为本书作者的思考提供了丰富的理论资源和多样化的视角。虽然目前家庭传播研究已经开始兴起，但是对于家庭空间内媒介使用究竟如何发挥自身的媒介逻辑与家庭关系建构进行互动的系统研究却并不多见。作为一个独特的生活空间，家庭本身具有一定的特殊性。本书作者希望通过对家庭及家庭关系的独特性分析，结合充满生活气息的家庭成员访谈资料的呈现，对智能手机如何影响和建构当代城市家庭关系这一问题作出理论上的探索和贡献。

四、媒介化社会的内涵及研究层次

1. 媒介化社会的内涵

前文梳理了关于媒介化的相关理论内涵和研究路径。作为一种媒介与人、社会互动的发展过程，媒介化是媒介技术、媒介逻辑及媒介影响三个方面共同作用的结果[②]。这个是一个长期的历时性的动态过程。媒介化并不必然产生媒介化社会[③]，因为不同的媒介在与社会文化互动之中参与的程度和产生的影响都是不同的，这也正是在不同的阶段人们会对媒介技术产生不同认知的原因。

目前学术界对媒介化社会的定义并不统一。有学者从社会互动与建构的角度出发，认为“媒介化社会揭示的是一种媒介与社会的互动关系”[④]。在媒介

① 汤姆·斯丹迪奇：《从莎草纸到互联网——社交媒体 2000 年》，林华译，中信出版集团股份有限公司，2015，第 362 页。

② 参考以下内容：“媒介通过延伸、取代、融合和迁就促成了媒介技术、媒介逻辑和媒介影响的形成，在这三个条件的共同作用下产生了媒介化。”参见：戴海波，杨慧：《媒介与媒介化的互动机制》，《编辑之友》，2018 年 3 月，第 54-55 页。

③ 挪威学者朗白认为，媒介化社会是现代化高度发展之下的社会变迁状态。参见：Lundby K.Mediatization:concept，changes，consequences. New York:Peter Lang Publishing，Inc.，2009:2-5.

④ 张晓锋：《论媒介化社会形成的三重逻辑》，《现代传播（中国传媒大学学报）》，2010 年第 7 期，第 16 页。

与社会互动的过程中，媒介充分发挥自身的媒介逻辑对社会各个层面施加影响并形成对社会的重构。胡翼青等学者还从布迪厄的场域理论出发，提出了媒介化社会中媒介与其他社会系统由于拥有资本的不同，进行互动过程中的自律与他律程度问题①。也有学者认为媒介化社会“不算是一个严格意义上的分析概念，却更像一个研究现代社会时就必然要面对的基本背景和分析语境”。② 持这种观点的学者往往将媒介化社会与网络时代及媒介融合联系起来，“新媒体时代，互联网媒体与传统媒体积极寻求融合共生，形成了媒介融合的大环境，标志着一个媒介化社会的到来”③。还有学者认为，媒介化社会是一个从大众传播开始就存在的一种社会状态，“纵观历史，媒介化社会肇始于大众传播时期，在电子传播时期迅速发展，到了网络传播时期走向成熟”④。因此，媒介化社会是一种趋势⑤。

以上对媒介化社会的诸多定义都承认媒介技术及媒介逻辑在社会文化发展乃至变迁过程中的重要作用，只是对媒介与社会互动的程度及当前网络化、数字化的媒介环境的定位不同。正因为如此，有人认为网络时代只是“丰富了媒介化社会的内涵”⑥，有人则认为当前的媒介技术和对社会生活的内嵌导致了“一个由媒介主导和统治的时代，而媒介化社会的形成和发展有赖于以高科技为支撑的网络讯息的高度发达。在媒介化时代里，以互联网为中心的传播媒介及其影响力和覆盖面是全方位的”⑦。在本书中，作者对媒介化社会的讨论将限

① 胡翼青，郭静：《自律与他律：理解媒介化社会的第三条路径》，《湖南师范大学社会科学学报》，2019 年第 6 期，第 128 页。

② 孙信茹，杨星星：《“媒介化社会”中的传播与乡村社会变迁》，《国际新闻界》，2013 年 7 月，第 89 页。

③ 刘丹凌，赵娟娟：《对媒介化社会的批判与反思——基于媒介环境学的视角》，《学术论坛》,2014 年第 4 期，总第 279 期，第 101 页。

④ 朱丽：《反思媒介化社会中社会控制问题》，《东南传播》，2014 年第 12 期，总第 124 期，第 50 页。

⑤ 参考以下内容：“从广义上来说，媒介化社会指代了这样一种趋势：媒介影响扩展至社会及社会生活的各个领域，在诸如政治、文化、经济等各种社会机制中都能察觉到媒介逻辑所产生的影响与效力。”参见：Mazzoleni G，Mediatization of Society，in Wolfgang Donsbach(ed.)，The International Encyclopedia of Communication.Mal-den，MA:Blackwell，1995：3047-3051.

⑥ 张鹏杰：《媒介化社会与新闻传播学的文化转向》，《东南传播》，2014 年第 6 期，总第 118 期，第 11 页。

⑦ 王俊秋，赵宇华：《非经典化时代：媒介化社会影视艺术的新变与歧途》，《黑龙江社会科学》，2016 年第 6 期，总第 159 期，第 113 页。

定于网络化的媒介环境下智能手机如何充分发挥自身的媒介逻辑与家庭生活进行互动，并对家庭关系产生影响甚至重构的过程。

2. 媒介化社会的研究层次

虽然目前学术界对媒介化社会研究的角度不同，但是从层次上来看，这一研究主要从微观、中观和宏观三个方面展开。

从微观上，主要是对媒介化社会中的个体进行研究。这类研究主要集中在人的媒介化、个体化、自我认同[①]等方面。黄丽媛从个体社会关系、社会生活及物理与精神的融合三个层次的媒介化来说明人的媒介化的三重境界。[②]洪长晖对西方个体化与中国的个体化在现代化进程中的特性进行了比较，认为中国社会的个体化依然与国家力量密切相关，媒介为个体日常生活创造了一种现代性的想象，但是社会制度和支持上的不足却导致个体化呈现多极化的分层现象，这充分体现了中国现代性过程中“混合现代性”[③]的特征。此外，从日常生活角度对媒介化社会中的个体进行研究也是一种常见的路径。潘霁对“使用满足”的范式危机进行了阐述，并提出从人们的日常生活实践出发，“将重点定位到人与技术在持续的互动和彼此适应过程中的重建与融合”中去，对媒介、权力及个体的身份认同重新进行思考[④]。赵宇华等学者提出了媒介化社会中人们日常生活的视觉化转向及人的主体性建构与消解的问题，强调了媒介对个体认知的影响[⑤]。

---

① “自我认同”是“个体依据其个人生活经历所形成的反思性理解的自我”。参见：安东尼·吉登斯：《现代性与自我认同》，赵旭东，方文译，生活·读书·新知三联书店，1998，第 58 页。

② 参考以下内容：“人的媒介化进程整体呈现出三重境界，彼此独立存在却又相互作用：第一重即个体社会关系的媒介化；第二重即个体社会生活的媒介化；第三重即人与媒介在精神和物理双维度的交错融合。未来，伴随‘技术 +’‘互联网 +’的深入，媒介必将成为人的媒介，而人或将成为媒介的人。”参见：黄丽媛：《互联网 + 背景下“人的媒介化”研究》，《社会科学家》，2016 年 3 月，第 3 期，总第 227 期，第 39 页。

③ 洪长晖：《传媒与混合现代性中的个体化》，《浙江传媒学院学报》，2014 年 6 月，第 21 卷第 3 期，第 9-10 页。

④ 潘霁：《恢复人与技术的“活”关系：对“使用与满足”理论的反思》，《国际新闻界》，2016 年 9 月，第 83 页。

⑤ 赵宇华，于志勇：《媒介化时代人类生存视域下的日常生活转型》，《辽宁工程技术大学学报（哲学社会科学版）》，2019 年 12 月，第 21 卷第 6 期，第 470 页。

从中观上看，洪长晖将媒介化社会研究分为个体、社区和国家三个层级，其中社区研究就是中观的层面，这个层面关注生活于一定时空中的群体在面对各种资源特别是媒介资源时彼此合作、协商的状态[①]。对家庭的研究也是媒介化社会中观层面研究的重要部分。蔡竺言采用自我民族志的方法，利用驯化理论对家庭成员使用微信的行为进行了分析，认为“一家人选用不同的战术来驯化媒介，以达成新技术与固有生活秩序的协调。也正是通过日常生活实践，新媒介技术逐渐被人们确认并成为常态化工具”[②]。

从宏观角度对媒介化社会进行的阐述主要集中在媒介与其他社会系统的互动关系及过度媒介化造成的媒介依赖、社会风险等批判性的反思方面。“媒介化风险已然成为现代社会的一个重要表征”[③]。值得注意的是，对媒介化社会三个层面的研究并不是孤立的，微观、中观和宏观的研究经常会交叉进行。对个体日常生活的研究经常会被放置于家庭或社区的中观层面之中，并通过对媒介实践的分析体现国家与个人在资源使用及权力关系上的博弈。本书也是采用类似的路径，希望通过对媒介化社会中家庭空间内智能手机的使用分析来探讨智能手机在参与当代城市家庭生活场景的过程中如何既体现家庭成员个体性又建构起家庭成员之间中介化的亲密关系，并对这种家庭关系建立之中所体现的个体、家庭与国家之间的权力互动关系力窥一二。

第二节 媒介化社会中的当代城市家庭

家庭作为社会组织的基本单位，其本身具有与其他社会组织不同的空间

① 洪长晖认为，对社区的研究应注重“处于一定时空环境中的群体生活的‘描画’”。社区内成员在一定程度上进行竞争和合作，并且对各种资源进行收集和调用，而在媒介化社会中，媒介就是重要的资源之一。参见：洪长晖：《论媒介化社会的层级构建》，《浙江传媒学院学报》，2014 年 10 月，第 21 卷第 5 期，第 23 页。

② 蔡竺言：《媒介化家庭——基于自我民族志的微信使用探索研究》，《新闻研究导刊》，2019 年 2 月，第 10 卷第 4 期，第 14 页。

③ 刘晓程：《媒介化风险社会对危机传播环境的改变》，《武汉理工大学学报（社会科学版）》，2012 年 2 月，第 25 卷第 1 期，第 44 页。

和关系特征。婚姻和血缘规定了家庭成员的角色，并在相互交往互动中建立起家庭的文化结构。中国当代城市家庭在急剧的社会变迁过程中已经产生了很多的变化。这种变化不仅体现在家庭结构上，还体现在家庭成员的个体性认知上。那么，这种个体性认知的改变与媒介在家庭生活中的使用会产生何种互动呢？在本节，作者希望结合当代城市家庭中的媒介使用与家庭成员个体性认知的变化，借助社会学的相关研究，对媒介化社会中的当代城市家庭关系进行理论探讨。

一、当代城市家庭中的媒介使用

社会变迁过程中的家庭及家庭关系已经在发生着变化。家庭关系的结合性与个体性在家庭成员间的交往和互动之中不断进行着博弈，并对家庭关系的张力结构产生着影响和改变。本书作者认为，媒介化社会理论为思考这一问题提供了一个非常有益的视角。当媒介逻辑渗透进社会各个系统的运作之中，家庭自然也不例外。家庭生活中使用的主导媒介形态及媒介使用方式的不同，会对家庭生活方式、家庭成员之间的交往及家庭关系的建构产生重要的影响。那么，当代城市家庭中的媒介使用状态又如何呢？

喻国明曾在2010年和2014年分别对我国城市居民的媒介接触和使用情况进行了调研，其调研结果主要体现在以下方面：城市居民对传统媒体的使用频率及心理依赖都呈下降的趋势；电视和移动互联网成为最主要的两种媒介，而移动互联网的发展与其他媒介之间根据使用情境的不同呈现竞争或共生的态势[①]。虽然这一调查结果基于城市居民一天的媒介使用情况基础之上，即意味

① 参考以下内容："传统媒体全面陷落。移动、社交、多屏及多任务操作成为媒介使用新常态。……与传统媒体相比，移动互联网则出现了蓬勃发展的态势。……电视和互联网两强相争，不论是到达率还是日均接触时长均远远高于其他媒介，两者相加，日均接触时长占据了全天媒介接触时长的79%。……移动互联网与其他媒介的竞争共生关系因情境的不同而有显著差异。从日均媒介接触时长分析，只有电视与移动互联网存在明显的竞争关系，也仅有书籍、PC互联网与移动互联网存在显著共生关系。将媒介使用行为间的关系置于场景当中进行考察，则发现移动互联网与PC互联网、传统媒体均既存在竞争的一面，也存在共生的一面。是竞争还是共生，这取决于具体的场景。"参见：喻国明：《城市居民媒介接触与使用的基本特点与最新变化——基于 < 中国城市居民媒介接触与使用 > 两期调研成果的概述》，《新闻与写作》，2016年第9期，第50-52页。

着家庭之外的媒介使用地点也被纳入研究范围之中，但是依然可以从电视媒介的家居使用属性①及移动互联网在使用时段上的差异②，对家庭空间内的媒介使用情况作出以下几个层面的理解。

1. 屏幕媒体成为城市居民的主导使用媒介

在当代城市家庭生活中，以电视、手机、电脑等为代表的屏幕媒体已经远远超越了报纸、图书等媒介，成为城市居民的主导使用媒介。这正是现代化过程中“视觉文化的转向”③在家庭空间中的重要体现。这种转向主要体现了媒介变革的这样一种逻辑：图像（声音）逐渐战胜了文字，成为信息呈现的主要表达符号。正因为如此，屏幕也逐渐取代了纸张，成为信息呈现的主要介质。而当图像（声音）和屏幕与当前数字化和网络化的技术发展结合起来，技术发展就赋予了“屏幕媒体”巨大的威力。本书作者对这一概念的不同定义④进行了归纳，认为屏幕媒体是在数字技术和网络技术发展之下出现的一种以屏幕为主要展示载体的媒介，在当代城市家庭空间中，这种媒介以电视、手机、

① 阿伯克龙比认为：“电视最重要的特色或许就在于它是一种家用媒体。”参见：尼古拉斯·阿伯克龙比：《电视与社会》，张永喜、鲍贵、陈光明，译，南京大学出版社，2001，第18页。

② 参考以下资料：“移动互联网用户日均花费在移动互联网的时间为69.48分钟，高峰使用时段为20:00—22:30，主要使用场所为自己的住所及工作、学习场所。”参见：喻国明、吴文汐：《城市居民媒介接触与使用的主要特征与最新发现——基于〈移动互联网时代我国城市居民媒介接触与使用〉调查的简要分析》，《编辑学刊》，2016年第5期，第7页。

③ 参考以下资料：“一个可以经验到的发展趋势是，当代文化的各个层面越来越倾向于高度的视觉化。可视性和视觉理解及其解释已成为当代文化生产、传播和接受活动的重要维度。”参见：周宪：《视觉文化的转向》，北京大学出版社，2008，第5页。

④ 目前学术界对“屏幕媒体”这一概念的界定主要有以下几种：苏状、马凌认为，作为一种“现代意义上的屏幕，泛指电影、电视、电脑、手机等各种视觉显示视框，而狭义的屏幕媒体则特指数字、网络、视觉技术下以屏幕为显示视窗的各种视觉终端平台。”参见：苏状，马凌：《屏幕媒体视觉传播变革研究》，《南京社会科学》，2014年第8期，第123页。列维·曼诺维奇认为，屏幕媒体是指以数字技术为基础，以网络技术为平台，以屏幕为中介（或终端）的各种媒体。转引自张陆园《屏幕进化研究的理论溯源、历程探索与现状》，《当代传播》，2019年第1期，总第204期，第74页。周莉认为“从内涵上，屏幕媒体是指以数字技术为基础，以网络技术为平台，以屏幕为中介（或终端）的各种媒体。从外延上，屏幕媒体既包括数字化的传统媒体，如数字电影、高清电视、数字电视等，也包括数字新媒体，如IPTV、移动电视、手机电视、手机报、网络电视、网络游戏及各种可拍摄视频设备等。”参见：周莉：《屏幕媒体：一种数字影像的全新融合》，《媒体时代》，2011年第3期，第66页。

iPad、电脑等具体的物质形态出现。屏幕媒体这一概念突出了城市家庭生活中媒介使用的三大特征。

第一个特征是屏幕成为媒介信息呈现的主要物质形态。屏幕与媒介的结合并不是短期内出现的事情，它本身经历了“从燃气照明到电光源投映，从外源性屏幕到内源性屏幕，从二维图像到三维图像，从纯观看界面到交互性界面，从固定显示到移动显示”等多重变化。[①]在这个过程中，屏幕“连通了电影、电视、游戏、装置艺术等诸多视觉艺术形态，居于一种沟通串联的核心位置，成了一种‘元媒介’”[②]。这个串联的通用形态使得人们对屏幕的认知状态也发生了变化。“屏幕几乎成为了信息化活动的全部承载，不论是文字或图片，屏幕都以其自体的表征价值赋予了传播特定的逻辑，即以视觉合围的方式承载了各种传播，其价值不言而喻”[③]。因此，屏幕的出现使得人们对信息的传播和理解方式都发生了变化，甚至改变了人们在信息化社会中的生存方式。屏幕所呈现的拟态环境不仅反映现实世界，还以其自身的传播逻辑影响人们对现实世界的认知和理解。而屏幕本身因为看与被看之间的视线交流所产生的权力流动，也影响着传播过程中的权力结构。屏幕的出现不仅创造出虚拟的现实感，而且以中介的角色，在改变原有现实时空的基础上，提供了一个个想被人看见的“后台”或者想被遮蔽的“前台”，甚至创建出可以被观看乃至“浸入”的虚拟时空。

第二个特征是屏幕的出现使得信息传播的文本和语言发生了变化。图像（声音）逐渐成为信息传播的主要符号，并在屏幕这一呈现介质上与文字有机结合起来。这就使得人们对信息的呈现、传播和接收等各环节的处理方式都产生了变化。与文字媒介相比，图像（声音）使得人们对信息和知识的编码与解码更容易。所以屏幕媒介使人们进入知识世界的门槛降低。因此，以图像（声

---

① 黄鸣奋：《数码屏幕美学：由来、议题与理念》，《厦门大学学报（哲学社会科学版）》，2014 年第 2 期（总第 222 期），第 40-49 页。

② 张斌：《屏幕研究：“元媒介”时代影视研究的融合路径》，《暨南学报：哲学社会科学版》，2015 年第 7 期，总第 37 期，第 93 页。

③ 姜海，王珏殷：《媒介的认知逻辑赋予：屏幕传播引导之检视》，《现代传播》，2017 年第 8 期，第 167 页。

音）为主要传播符号的屏幕媒体创建了一种信息无缝全覆盖、信息类型多元融合、叙述视点全知全能、影像质量高清逼真的动态传播环境。其制造出的屏幕文化是光影幻觉与像素规制共同编制的文化形式，是视像间的交流，是开放与封闭并存、多元与单一并存、感性与理性并存、自由想象与严格限制并存的矛盾统一体。①

第三个特征是数字化和网络化的技术发展，使得屏幕和图像（声音）的结合出现了新的特征，这也是屏幕媒体这个概念所具有的时代意义之所在。数字化和网络化的发展使得信息社会成为现实，而信息在全世界范围内传播的主要媒介就是屏幕媒体。这一特征使得媒介塑造的时空结构出现了重大的变化。在当今社会，当屏幕作为一种中介的物化产品对声像作出拟真化呈现时，其赋予了空间具体的逻辑表征和具体表达。其引导的视觉空间争夺塑造了信息化的发展方式，并成为了社会形态中网络建构的全新“接入口”：屏幕毫无争议地接入人们的社会网络并引发了视觉的碎片化，在“共享时间的社会实践”中重构了空间的相对固定与流动。可以说，在屏幕赋予空间的传播特征中明显具有转移与再生产，其从现实中的实体空间进入到了由屏幕建构的虚拟空间中。②不仅如此，它还改变了人们对媒介的使用方式和习惯。当界面成为屏幕发展的新形态，它也使得人们对媒介的使用从观看进入互动阶段。

2. 智能手机逐渐成为屏幕媒体使用的主导形态

智能手机已逐渐成为当代城市家庭生活中主导的屏幕媒介形态。喻国明在 2014 年对城市居民生活中使用的两大媒介——电视和移动互联网进行了相关调查，结果显示，电视比移动互联网的平均使用时间多 9 分钟③，但是他也

---

① 周莉：《屏幕媒体：一种数字影像的全新融合》，《媒体时代》，2011 年 3 月，第 66-68 页。

② 姜海，王珏殷：《媒介的认知逻辑赋予：屏幕传播引导之检视》，《现代传播》，2017 年第 8 期，第 167 页。

③ 参考以下资料：“具体而言，电视日均接触时长高达 130 分钟，占全天媒介接触总耗时的 41%，互联网紧随其后，达 121 分钟，占 38%。而排在第三的广播仅为 31 分钟，占 10%，差距极大。书籍超越报纸位居第四，为 13 分钟，日均读报时长仅有 8 分钟，电影为 7 分钟，杂志和楼宇 / 移动 / 户外视频的日均接触时长相近，均为 4 分钟。”参见：喻国明，吴文汐：《城市居民媒介接触与使用的主要特征与最新发现——基于〈移动互联网时代我国城市居民媒介接触与使用〉调查的简要分析》，《编辑学刊》，2016 年第 5 期，第 9 页。

提到一个重要的变化，即移动互联网在城市居民的使用中已经快速发展起来。根据 CSM 媒介研究的相关成果，“不论是女性观众还是男性观众，2017 年人均每日收视时长较 2016 年均有不同程度的下滑，随着新媒体新技术的进一步发展，个性化、碎片化的收视习惯日益形成，男女观众游离于传统电视外的趋势呈进一步蔓延之势”①。由此可见，虽然电视在当代城市家庭生活中依然存在，但以智能手机为代表的移动终端的使用已经逐渐超越了电视的使用频率，人们对电视的心理依赖也逐渐降低。“对于以视频为内容形态的电视媒体来说，移动终端直接动摇电视作为家庭凝合器的根基，其标志性的大屏、固定、封闭的观看模式被小屏、移动和社交化的互联结收模式取代，电视屏幕因沦为跨屏终端体系中的一屏而颇具附属色彩”②。在访谈中本书作者也发现，在当代城市家庭生活中，电视经常只是作为一种背景而存在。“任何使新媒体的社会同化成为可能的‘再嵌入’的程度，都依赖于空间和时间的社会关系的范式转变”③。从大屏到小屏的使用转变，不仅仅是屏幕这一媒介从技术的角度对人们的社会需求进行了适应性的改变，而且它在家庭生活中的消隐与再嵌入，引起了家庭内生活节奏、家庭成员的个体认知及家庭关系的诸多变化。

移动网络技术的迅速普及和发展，使得人们原来与屏幕之间在固定空间产生联系的方式逐渐转变成随时随地的移动行为，这种移动性“开启了时空重组的新时代”④，即人人都是传播者，并且可以随时随地传播。智能手机逐渐填充了使用者的大多数零碎时间，并且呈现出伴随的状态。智能手机使每个使用者都成为传播者，信息的传递呈现出多元化的开放状态，一个文本在传播的过程中可以裂变为多个文本，并且彼此之间相互关联。信息来源的多元化及传受双方灵活的互动方式，使得传播的权力结构也发生改变，进而影响当代社会文

① 徐立军主编：《中国电视收视年鉴 2018》，中国传媒大学出版社，2018，第 21 页。

② 吴占勇：《跨屏困境与路径重组：移动互联时代电视媒体的融合发展与创新》，《中国电视》，2019 年第 2 期，总第 396 期，第 56 页。

③ 斯科特·麦奎尔：《媒体城市——媒体、建筑与都市空间》，邵文实，译，江苏教育出版社，2013，第 21-22 页。

④ 孙玮：《城市传播：地理媒介、时空重组与社会生活》，孙玮主编《中国传播学评论（第七辑）：城市传播：地理媒介、时空重组与社会生活》，复旦大学出版社，2017，第 6 页。

化的生成和整个社会权力结构、机制的重新形成。智能手机使用的移动性使得媒介与使用者紧密结合起来，媒介建构的虚拟空间开始随时随地贯穿于人们的日常现实生活空间之中，并通过信息流动将全世界连接起来。人们在这个空间中开始重新组织生产、消费等活动，也重新形成新的社会关系，重新认知自我和整个社会。

3. 多屏化的家庭媒介生态系统成为现实

智能电视、iPad、电脑、智能手机等媒介结合起来，共同构成了当代城市家庭中多屏的媒介生态系统。本书作者认为可以从两个层次对这一系统进行分析。

第一，家庭空间中存在“大屏”和“小屏”的区别。这些区别主要表现在以下方面：大屏主要以家庭中智能电视为代表，不论电视摆放在客厅还是卧室，因为屏幕较大，所以家庭成员的目光都可以分享这块屏幕的内容，具有分享性。正是这种分享性，使其更容易在一个较大的空间如客厅中被多人予以关注，从而使家庭成员具有聚合的可能性。而小屏以手机、iPad 等智能化便携终端为代表，因为其屏幕小、容易携带，而且功能更为多元和智能，所以在使用时更容易产生一种私密性，更具有个体性和独立性的特征。这种聚合与独立的差异，说明不同形态的媒介在对家庭媒介环境和关系的建构过程中具有不同的功能。

第二，家庭空间中“大屏”和“小屏”存在联动和融合。在媒介内容提供环节上，不同的利益主体已经围绕“用户”这一中心实现了融合，这意味着信息流动过程中权力的转移，也意味着在激烈的媒介竞争中线上与线下或者不同屏幕之间的互动与融合重构着家庭空间内人们对媒介使用的场景。智能手机碎片化的使用方式使得人们从早到晚似乎都和屏幕分不开，大量的碎片化时间也得以利用。人们可以根据自己的需要随时在不同的屏幕之间切换，这是对高速运转的现代化节奏的一种适应过程。在这个过程中，“屏幕改变了一切事情，人们变成了‘屏幕人’，屏幕可以是平的或流动的，也可以是固定的或移动的，屏幕建构了一个完整的生态系统”①。

---

① 刘翼，贺菲琳:《屏幕生态系统下电视媒介的传播困境与对策》,《青年记者》, 2017 年第 26 期，第 17 页。

二、社会媒介化过程中的家庭关系变迁

不同的媒介形态与社会文化之间互动发展的过程，就是社会逐渐媒介化的过程。在这个过程中，家庭关系也逐渐发生着变化。家庭关系这一张力结构中结合性与个体性之间的关系并不是一成不变的，而是始终处于一种博弈的状态。这种博弈受到国家政策、经济发展及文化传承等多方面的影响。而在众多的影响因素中，技术也是一个重要的方面。“家庭，特别是近代以来建构起来的核心家庭，不再是一个基本的社会构成单元，而是因为诸种的分离技术在家庭领域的殖民化侵入过程而发生着一种深度的转变”[①]。媒介作为家庭生活中的重要技术形态，也对家庭关系的转变起着重要的作用。在本小节，本书作者主要借鉴了社会学和心理学对家庭关系、亲密关系的相关研究来对家庭关系变迁的主要特点进行梳理。

1. 家庭关系与亲密关系

“家庭关系，就是构成家庭这种社会集团的各个成员之间的相互关系”[②]。这一概念点明了家庭关系的两个性质。一是家庭关系是家庭成员之间产生的互动关系，这点明了家庭关系私密性的特征。二是家庭成员彼此之间形成一个整体，以一种社会集团的整体身份参与到整个社会的运转过程之中。这就意味着家庭成为一种介于个人和国家之间的社会组织和控制机制，与个体及社会其他系统进行互动。因此，家庭成为一个具有张力结构的空间，家庭生活的私密性与家庭对公共生活的积极参与性之间形成既紧密相关又具有张力的关系形态。

家庭关系“最重要的特点是家庭是由处于亲属关系的人们构成的亲属集团”[③]。亲属之间由姻亲和血缘联系起来，并且“感情联系”非常重要。因此，很多心理学研究也会用亲密关系来替代家庭关系中的某些类型来进行描述和分析，如关于夫妻关系、亲子关系的一些研究。作为一个心理学研究领域的常见

① 赵旭东:《家庭、教育与分离的技术——文化转型人类学的一种视角》,《民族教育研究》, 2014 年第 4 期，总第 25 期，第 11 页。

② 望月嵩:《家庭关系学》，牛黎涛，译，中国大百科全书出版社，2002，第 1 页。

③ 望月嵩:《家庭关系学》，牛黎涛，译，中国大百科全书出版社，2002，第 7 页。

概念，对“亲密关系”的界定具有广义和狭义之分。广义上一般指“与那些对于我们的生活‘有重要情感意义的他人’建立密切友好的交往关系”①。这就意味着亲人、朋友、恋人、夫妻等不同的社会角色之间都可能形成相应的亲密关系。而从狭义上来说，“亲密关系”主要是指爱情关系或者夫妻关系。一般认为，亲密关系包含“关怀、信任、理解、互动和承诺”②等成分。吉登斯围绕着性、爱在现代社会中的转变，用纯粹关系来探讨亲密关系。“‘关系’一词意味着与另一个人的亲近而持久的情感维系。……纯粹关系是普遍性的重构亲密关系的一部分”③。唐·埃德加和海伦·格莱泽以吉登斯的亲密关系理论为出发点，从家庭生活历程的视角对家庭关系的亲密性做了进一步的研究，认为亲密关系“是一种密切关系……密切的概念包含相互理解、共同享有的特殊信息史及情感的交流，与维护自己和保持距离不同。这一密切性和共同享有特殊信息的历史显然包含着信任，即不会在公众场合将相互坦露的信念和情感用来损害家庭生活”④。因此，在本书的研究中，作者试图将“亲密关系”放置于家庭这一空间中进行考察，试图对智能手机在不同家庭成员如夫妻之间、亲子之间、代际之间的亲密沟通及互动行为中的作用机制及其对家庭关系的影响与建构进行分析和讨论。

2. 家庭关系的“结合性”

“家庭的核心曾经是在结合性这一维度上有所意识的塑造”⑤。这种结合性最直接的体现就是家庭成员共同生活于同一家庭空间之中，并在彼此互动过程中建立起情感上的亲密状态并进行日常生活实践上的互助合作。因此，家庭的

---

① 唐海波，胡青竹：《亲密关系中的二元压力与应对研究综述》，《社会心理科学》，2015 年第 30 卷 3-4 期，第 39 页。

② 齐海静，蔡颖：《亲密关系综述》，《社会心理科学》，2013 年第 28 卷第 9 期，总第 150 期，第 27 页。

③ 安东尼·吉登斯：《亲密关系的变革——现代社会中的性、爱和爱欲》，陈永国，汪国安，译，社会科学文献出版社，2001，第 77 页。

④ 唐·埃德加，海伦·格莱泽，仕琦：《家庭与亲密关系：家庭生活历程与私生活的再建》，《国际社会科学杂志》，1995 年第 1 期，第 134 页。

⑤ 赵旭东：《家庭、教育与分离的技术——文化转型人类学的一种视角》，《民族教育研究》，2014 年第 25 卷第 4 期，第 9 页。

“结合性”就体现在三个层面：共同居住的家庭空间、情感上的亲密状态及日常生活实践上的互助合作。

从家庭空间来研究家庭关系是一种常见的研究路径，如朱姝通过对家庭空间转换与家庭矛盾解决之间的关系进行研究发现，核心家庭与非核心家庭之间居住空间的剥离，使得家庭成员之间产生一定的空间距离感，这种定期相聚而又不常住一起的状态“既保持了私人家庭生活的距离，又维系了大家庭成员之间的情感交流和支持”①。於红梅通过对上海几个小区住户的田野观察和访谈以及相关媒介文本的分析，试图结合媒介对中产阶级的家居描述文本及实地的田野调查经验材料，来阐述中产阶级对于“家的想象及营造”②。这些研究在写作思路上给本书作者很大的启发。媒介文本对于人们的阶层和社会认同产生的影响广泛存在于家庭生活的诸多环节之中。比如对电视机及其他数码产品的实际消费，甚至在网络消费中基于不同产品品牌及价位的筛选，不同的媒介设置及媒介语言的描述都对人们的实际消费行为及阶层认同产生着深刻的影响。智能手机对家庭空间“虚拟化”的扩展也使“家”这一文化概念在新的媒介环境中具有了不同的意义阐释。它将媒介与家庭有机结合起来，并体现出当代城市生活中媒介的参与和介入使家庭生活组织方式所具有的独特性。

从家庭空间对家庭结合性的影响上来看，物理的居住空间是一个家庭独立生活得以进行的重要基础。作为家庭财产性质的房屋成为一个独立家庭与外部空间区隔开来的重要标志，它意味着家庭生活在物理空间上的私密性。这种私密性不仅保障了家庭成员之间的情感特质，还隐含着不同社会形态之中家庭结构、观念、权力及相应的家庭文化的改变。在中国传统社会，“分家单过”往往意味着一个新的家庭的成立。虽然分家不一定立刻就拥有独立的房产，但是独立居住往往是一个家庭真正独立的重要标志。在当代城市生活中，婚姻关系的成功建立也往往和“房子”紧密联系在一起。因此，作为日常生活的重要空间，家庭空间本身具有一定的独特性。它以一种物理的形式将整个家庭的私

① 朱姝：《住宅空间与家庭关系的再生产》，硕士学位论文，南京大学社会学专业，2017年，第46页。

② 於红梅：《家居营造：都市中产的自我表达实践——以上海为例》，博士学位论文，复旦大学传播学专业，2013年，第1页。

密性保护起来，从而为家庭生活的结合性提供了一种物理框架。

从情感上来看，建立在血缘、婚姻及共同日常生活实践基础上的家庭关系具有重要的亲密性特征，特别是建立在爱情基础之上的当代城市婚姻，感情联系是家庭关系的重要基础，而在婚姻基础上建立起来的亲子关系在情感亲密上更是具有不可废止性。“典型的‘现代’家庭被定义为核心家庭、儿童中心、私密性，是一个更喜欢亲密生活和私密性而不是与亲属分担责任的团体”①。刘珩从文化亲密性的角度出发，认为“家庭是考察文化亲密性的一个最为基本的单位”②。在这种亲密性中，信任是家庭亲密关系建立的重要基石。信任以尊重为前提，以情感联系为纽带，以共同生活实践为载体，不仅体现在“团结生产”的夫妻关系之中，也体现在共同协商的代际关系之间。

此外，家庭作为一个社会组织单位，不仅承担着家族延续这一重要的社会再生产功能，而且还是一个日常生活共同体。这就使得家庭成员彼此之间对资源的共享与贡献、家庭生活中的分工与合作之中，形成一种“共同体”的家庭形象和文化。这种文化不仅体现在对家庭资源共享和家庭责任的共同承担上，还体现在家庭生活的合作与创造中产生的规则性上。这种规则性使得家庭空间内权力关系的博弈一直处于一个变动的过程。家庭空间也从来不是一个各成员权力平等的共处空间。家庭成员在个体意识与家庭角色要求之间会存在张力，个体在这个过程中不断调整自我认知及角色定位来适应整体的家庭生活，而这一适应过程又不断地对原有的家庭文化资本进行延续或重构。因此，日常生活中物质和精神层面的互助合作为家庭生活的结合性提供了重要的实践基础。

家庭结合性的三个层面不是独立的，而是互相影响的。家庭成员基于婚姻和血缘关系建立起的生活空间具有一定的私密性，家庭成员之间也形成情感上的亲密状态。同时它也是社会组织中的一个单位，在与其他社会系统紧密的互动之中具有积极的公共生活参与性，家庭成员在此过程中形成一种资源共享

① 唐灿：《家庭现代化理论及其发展的回顾与评述》，《社会学研究》，2010 年 3 月，第 219 页。

② 刘珩：《情感的公共与私密——一个人类学研究的新视角》，《社会学评论》，2015 年 9 月，第 3 卷第 5 期，第 6 页。

和紧密合作的家庭生活状态。家庭空间不仅为亲密关系的建立提供物理空间上的私密感，而且其本身所具有的物理特征与使用方式也影响着家庭成员交往的方式和日常生活实践的状态。日常生活实践为亲密关系的建立提供实践基础，亲密关系又影响着日常生活实践的方式。三个层面的互动与发展，共同影响着家庭关系结合性的程度和状态。

以上对家庭关系结合性的分析往往基于家庭角色之间的交往互动基础之上，却往往忽略了家庭成员作为一个独立的个体这一研究维度。作为独立性的个体，每个家庭成员都有一定的个体性。这是社会道德规范要求家庭成员彼此尊重的重要前提。不论是婚姻关系中的丈夫和妻子，还是亲子关系中的子女与父母，个体首先是一个有独立思想的人。家庭生活中的不同角色要求，使得个体需要学会与其他家庭成员共处和合作，这种共处和合作就要求个体在满足他人需求的过程中，学会放弃或让渡一部分自我的权力，这对于家庭成员的个体性来说，一方面意味着消减，即放弃自我的部分需求；另一方面也意味着建构，即通过这种放弃和让渡，让自我获得来自于家庭所提供的安全感或快乐感等方面的满足，进而对自我产生新的认知，并在与家庭成员的相处和互动过程中逐渐适应和创造新的家庭文化，建立最优的个体策略。这种个体策略往往与家庭关系的结合性纠缠在一起，共同构成家庭关系的张力结构。

3. 家庭关系中个体的崛起

在社会发展的不同阶段，家庭承担的功能不同，家庭结构会有所变化，家庭成员之间的互动方式及对自我的认知都会呈现出不同的时代特征，进而也会影响家庭关系的张力结构。在当代城市家庭生活中，虽然家庭关系的结合性依然非常重要，但是家庭成员的个体性已经产生了很大的变化。在这方面，社会学对个体化（individuation）的相关研究可以为人们提供良好的切入点。

作为一个与西方社会现代化发展及第二现代性密切相关的概念，个体化强调的是“描述社会机制及个体与社会的关系在结构上和社会学意义上的转变”[①]。本书认为，这个概念强调了个体与社会之间带有张力的互动关系，尤其强调在这个过程中个体的理性、独立及自治的特征，并将这些特征与社会运转

① 沈奕斐:《谁在你家——中国“个体家庭”的选择》，上海三联书店，2019，第30页。

的机制和结构变动联系起来。因此，它是一个连接微观和宏观的重要理论视域。同时，个体化既然是一种动态性的转变过程，就意味着个体在变化过程中对传统的“脱嵌”①及对个体新的认知和创造。阎云翔总结了个体化理论中的三个重要观点②，并在此基础上对中国和西欧的个体化进行了比较，认为中国社会在现代化的变迁过程中，个体在社会流动过程中从传统中部分脱嵌出来，并对自我身份和权利认知产生变化，个体逐渐崛起，“这一转变的核心是崛起的个体与包括国家在内的多种形式的集体之间正在进行的协商和抗争”③。他用“私人生活的变革”和“社会自我主义”这两个术语从不同的侧面对这个问题进行了讨论。私人生活变革的特征是传统父权的衰落、个人主义的兴起，“个人主义的发展，最集中地反映在以下几个方面：个人的独立自主性日益增加、个人的情感与夫妻间的亲密关系所占据的地位日益重要、个人欲望日益强烈”④。在此基础上，他进一步分析了结构性因素与个体因素对家庭关系的影响，并进而提出“社会自我主义”⑤的概念。这个概念将个体性的获取与一定

① 乌尔里希·贝克在对《风险社会》的分析中提出了个体化的三个层面，即“在支配、扶持等传统背景方面，脱离由历史赋予的社会形式与社会义务（‘解放的维度’）；在实践知识、信仰和指导规范方面，丧失传统的安全感（‘祛魅的维度’）；以及——相反的字面意义——一种新的社会约束（‘控制或再整合的维度’）。脱离（或解放）、稳定性的丧失、再约束，这三个因素本身就可能引发大量误解。它们构成了一般化的、非历史的个体化模式”。参见：乌尔里希·贝克：《风险社会——新的现代性之路》，张文杰，何博文译，译林出版社，2018，第155页。

② 阎云翔总结了个体化命题中需要特别关注的三个主要观点。“第一个是吉登斯所说的‘去传统化’，或乌尔里希·贝克所指的‘脱嵌’，意指个体从整体的文化传统及一些特殊范畴中脱离出来，并将其变成自我可资利用的资源的过程。第二个特点是鲍曼所指的“强迫的和义务的自主”，意指现代社会结构强迫人们成为主动为自己做主的个体及发展自反性自我的过程；第三个特点是“通过从众来创造自己的生活”，意指对社会制度的过度依赖反而造成了个体的从众行为及一致性。参见：阎云翔：《中国社会的个体化》，陆洋等译，上海译文出版社，2016，第300-301页。

③ 阎云翔：《自相矛盾的个体形象，纷争不已的个体化进程》，参见：贺美德、鲁纳：《“自我”中国——现代中国社会中个体的崛起》，许烨芳等译，上海译文出版社，2011，第15页。

④ 阎云翔：《私人生活的变革——一个中国村庄里的爱情、家庭与亲密关系（1949—1999）》，龚小夏译，上海人民出版社，2016，第247页。

⑤ 阎云翔认为：“赤裸裸的追求个人利益的自我主义总是会遭到谴责，但是以‘大我’为名的自我主义行为则是可以被接受甚至被推崇的……我将此称为‘社会自我主义’。”参见：阎云翔：《社会自我主义：中国式亲密关系——中国北方农村的代际亲密关系与下行式家庭主义》，《探索与争鸣》，2017年第7期，总第333期，第4-15页。

的社会结构和文化特征联系起来，并将个体在集体主义的社会价值引导之下对个体性进行追求的策略性过程进行了理论概括。但是他也提到一个问题，即中国社会中的个体化由于得不到社会制度的有力支持，个体从传统的家国观念中脱离出来以后，又重新嵌入到家庭之中。“家庭，作为历史上个人和国家之间的重要中介，在促进个人身份认同的形成上比社会更具影响力”①。但是，这时候的家庭还是原来个体脱嵌出来的家庭吗？要思考这个问题，首先要清楚在中国的家庭生活中，个体化原来是一种什么样的状态。阎云翔从中国户籍制度改革的视角对个体身份进行了讨论，认为中国社会中的个体经历了从中华人民共和国成立前“代表祖先和后裔之间的一个临时点”到中华人民共和国成立后“重新嵌入社会主义大家庭的再分配体系”之中的过程。但是，中国传统文化之中浓厚的家国观念，使得个体作为独立的社会单元这一需求长期受到压抑和限制。虽然阎云翔认为中国社会个体的崛起重新嵌入到家庭之中，但是当代社会中的家庭已然发生了变化。沈奕斐对这个问题接着进行了讨论，认为对家庭结构从主干到核心的转变这一学术总结在当前的社会变迁过程中已经呈现出一定的僵化特征，并提出了“个体家庭”②的概念，用来指称家庭成员的个体抉择对家庭结构及家庭关系产生的重要影响。

不论是鲍曼、吉登斯、乌尔里希·贝克对于西方现代化过程中个体化的阐述，还是阎云翔、沈奕斐等研究者从个体化的视角出发对中国现代化过程中个体崛起所作出的观察与思考，个体化与现代性之间的联系是显而易见的，个体、家庭与国家之间的互动产生的变化也是每个中国人都在切身体会的社会现实。对于个体崛起导致的家庭关系改变，阎云翔表示，“家庭内部关系的变化远比家庭结构形式上的变化更重要……横向的夫妻关系已经取代纵向的父子关

① 阎云翔：《自相矛盾的个体形象，纷争不已的个体化进程》，参见：贺美德、鲁纳：《“自我”中国——现代中国社会中个体的崛起》，许烨芳等译，上海译文出版社，2011，第 15 页。

② 参考以下内容：“今天中国的家庭变迁并不在于从主干到核心这样一种转变，而是在于年轻一代逐渐脱离了家庭主义，每个个体都站在自己的立场上界定家庭，在自己的利益上选择和决定家庭的结构和关系。‘在这一实践过程中，传统和社会变迁以交织的方式影响着家庭结构和内部关系；而个体的选择和决定并非是自主决定的，它是在具体的语境下与相关家人的互动、协商、妥协中形成的。我把这样一种复杂的家庭结构和模式称为‘个体家庭’”。参见：沈奕斐：《谁在你家——中国“个体家庭”的选择》，上海三联书店，2019，第 45 页。

系成为大多数家庭中家庭关系的主轴——这在核心家庭与主干家庭中都一样。这标志着夫妻纽带战胜了父权，是意识形态和家庭关系两个层面的结构性转变”①。牟雪静、陆卫群也持类似的观点，“总的来说，家庭的人际关系已经从以父子关系为主轴转变为以夫妻关系为主轴，从男尊女卑的夫妻关系转变为日趋平等的半平权模式；家庭纵向关系与横向关系均趋于平等的平权模式”②。

沈奕斐则通过对上海市部分家庭进行访谈，对这一问题持不同看法。“我们看到的是夫妻主轴和亲子主轴在家庭中都很重要，依据个体的背景、经历和现状，取舍或平衡两者”③。对这一点，本书作者在访谈过程中也颇有感触。在当前的社会环境下，父母与已婚子女之间的居住模式是基于现实生活需求灵活决定的，这不仅与家庭结构有关，也与家庭成员之间的互动交往及由此产生的家庭关系有关。沈奕斐的研究焦点在于个体性的崛起对于家庭结构的变化，这种变化是通过家庭成员个体“在具体的语境下与相关家人的互动、协商、妥协中形成的”④。而本书作者想要论述的是，智能手机是如何参与到以上沈奕斐所说的“具体的语境中”，并在家庭成员的互动中既体现家庭成员的个体性又起到结合的作用，从而构建出家庭空间中“中介化的亲密”关系。

此外，吴飞在《浮生取义——对华北某县自杀现场的文化解读》中对家庭政治中亲密和尊重的论述⑤，以及刘珩从文化亲密性这一概念出发，通过对情感的公共与私密之间互相介入、转换及由此产生的权力关系分析来反思目前中国社会公共生活的组织方式⑥的研究都给本书作者较大的启发。在关于家庭关

① 阎云翔：《中国社会的个体化》，陆洋等译，上海译文出版社，2016，第104页。说明：虽然讨论的基础是建立在对农村（下岬村）的田野调查基础之上，但是在城市化进程如此之快的今日，农村与城市本身已经成为两个联系如此紧密的整体，包括阎云翔在田野调查的过程中，也有不少在农村和城市之间流动的访谈对象，所以本书作者认为，这一术语对本书依然具有重要的参考意义。

② 牟雪静，陆卫群：《当代家庭变迁研究》，《赤峰学院学报（汉文哲学社会科学版）》，2016年3月，第37卷第3期，第26页。

③ 沈奕斐：《个体化与家庭结构关系的重构——以上海为例》，博士学位论文，复旦大学社会学专业，2010年，第217页。

④ 沈奕斐：《谁在你家——中国“个体家庭”的选择》，上海三联书店，2019，第45页。

⑤ 吴飞：《浮生取义：对华北某县自杀现象的文化解读》，中国人民大学出版社，2009。

⑥ 刘珩：《情感的公共与私密：一个人类学研究的新视角》，《社会学评论》，2015年9月，第3卷，第5期，第3-14页。

系的研究中，性别是一个重要的研究视角。近年来对家庭空间内男女性别不同的研究除了传统文化的因素，还更多地引入了工作等变量，在女性参加社会工作的背景下对夫妻关系及相关的权力流动进行讨论。本书在对家庭关系的描述中也注意到了工作对女性身心所产生的影响，这种影响与智能手机的使用密切相关，同时也影响着家庭生活空间内夫妻关系及亲子关系的建构。

总之，个体的崛起在媒介化社会中已经是不争的事实，并且在国家力量的指导和控制下呈现出与西方个体化不同的特点。中国社会现代化进程中前现代、现代与后现代同时并存的状况使得中国社会的个体化也呈现出复杂的特征。这种变化是多变量之间互动的结果，也对家庭生活产生着重要的影响，“随着现代社会教育对于人格培养的独立性的加强和唯一性的强调，个人与家庭之间的分离性趋势也在不断增强。它不但反映在社会的新物品对于家庭生活及家庭主妇角色的改造上，也反映在个性化的自我意识的培育及随之不断增强的家庭生活的解体上，这种局面是多种因素所造成的结果”。①

第三节　智能手机对家庭关系的影响研究

家庭成员的互动交往方式影响着家庭关系的形成。媒介不仅仅是家庭成员之间沟通交流的工具，还在对家庭生活广泛而深刻的内嵌过程中，成为“家庭生活的一个重要组成部分……新媒体时代，现代家庭的群体感、家庭内社会化进程，以及家庭权威地位的建构都发生着微妙变化”。② 在本书作者的访谈过程中，智能手机的使用对家庭成员之间的沟通互动、个体性的认知及家庭空间内权力关系的流动，都产生着深刻的影响。“传播就是人类之间感情的交流和意义的传递，而文化又是‘人类生活的样法’”③。那么在家庭空间中，智能手机的使用对于家庭成员之间的情感交流和关系建构到底产生哪些意义和影

① 赵旭东：《家庭、教育与分离的技术——文化转型人类学的一种视角》，《民族教育研究》，2014 年第 25 卷第 4 期，第 9 页。

② 何志武，吴瑶：《媒介情境论视角下新媒体对家庭互动的影响》，《编辑之友》2015 年第 9 期，第 9 页。

③ 左康华：《媒介形态理论是“技术决定论”吗？——对媒介技术本质的再思考》，《东南传播》，2012 年第 8 期，第 9 页。

响？本书作者在本节希望通过对相关的文献进行梳理，总结出目前对智能手机与家庭关系建构的以下研究维度，并在此基础上进一步开展对访谈材料的理论化探讨。

一、智能手机对家庭成员交往方式的改变

从人类交往方式来看，“大众传播媒介的发展使人类从‘面对面互动’进入到‘媒介化类互动’”①。李岩等人用“媒介化类人际传播”来描述媒介化社会中的这种人际交往状态，“媒介化类人际传播指人际互动以媒介的形式展开，是媒介化社会中人际传播的主要方式，‘类’凸显了媒介对面对面传播的一种仿效和模拟”②。在本书作者看来，这种研究实际是一种将媒介逻辑与人际交往、互动及社会结构转变联系起来的思考路径。其中，“媒介化”强调了媒介以一种中介之物的方式出现在人们的交往过程之中，成为人际交往过程中一个新的元素和环节，并构成新的交往空间。而“类”的比拟，除了“仿效和模拟”的作用，更是将媒介在人际关系建构中的参与者身份凸显了出来。它表明，媒介的出现已经改变了人际之间面对面交往的形态，成为一种受到媒介本身的逻辑影响而呈现的标准化交往方式。这种交往方式与以往相比，呈现以下变化：从狭隘交往到普遍交往，从现实交往到虚拟交往，从单向交往到多向交往。③

在当代城市家庭空间中，智能手机对家庭生活的全方位渗透已然成为事实。通过对家庭成员媒介使用习惯的改变，智能手机不断地型塑每个个体的生活方式和思维习惯。在对人际关系的塑造中，智能手机不仅提供信息，还以其本身的逻辑塑造人与人之间互动的方式和人际交往的媒介环境，并在不同媒介

① 吴飞，周蓬年:《现代传媒与混合现代性的迷思——评洪长晖的〈混合现代性：媒介化社会的传播图景〉》，《新闻记者》，2017 年第 5 期，第 93 页。

② 说明：李岩等人根据媒介在人际传播中的介入程度，将人际传播分为媒介人际传播、媒介化类人际传播和智能人机传播三种类别。在媒介化社会中，人际传播由于受到媒介的影响而出现“媒介化类人际传播”的模式。李岩，林丽:《人际传播的媒介化研究——基于一个新类型框架的探索》，《编辑之友》，2019 年第 4 期，第 58 页。

③ 夏德元:《电子媒介人的崛起——社会的媒介化及人与媒介关系的嬗变》，复旦大学出版社，2011，第 177-183 页。

环境的交往中塑造不同的文化内涵。这种媒介环境不仅仅包括互动现场的媒介环境，还包括一种媒介形态在整个社会运转过程中以其物质、符号和技术逻辑所塑造的独特的社会制度和资源分配方式。在本书作者对夫妻关系及亲子关系的分析中，这一研究维度的观点非常具有启发意义。以亲子关系为例，智能手机的使用将家庭教育与学校教育无缝对接起来，并使学校教育成为家庭教育的中心。在这个过程中，学校、家长及未成年子女本身之间的沟通互动呈现出与以往不同的方式和状态，多方的互动与博弈也不断地改变着当前社会变迁过程中教育这一重要的社会实践所蕴含的权力结构。

不同时代的主导媒介形态会使对媒介技术的使用惯习带有明显的代际特征，从而塑造出不同的家庭生活方式和场景。在当前的媒介环境中，智能手机已然成为家庭空间中使用最普遍的媒介形态。智能手机在家庭生活中的灵活使用，不仅改变了家庭日常生活中的经济、教育实践、人际交往和娱乐等场景，还在参与这些场景的过程中不断地影响着家庭成员的关系。当家庭成员处于不同的物理空间之中，利用智能手机的微信视频功能进行交谈和线上“面对面”的互动已经是一种重要的家庭交往方式。“每一种信息方式所形成的新的语言结构在相当程度上改变了社会关系网络，并重新建构了它们所构成的社会关系及主体身份”①。智能手机与电视等媒介共同构成了当前城市家庭中复合性的媒介使用环境。它们分别发挥自身的媒介逻辑来满足家庭成员不同的媒介使用需求。在这样的社会之中，不同的媒介使用本身就构成家庭成员个体性形成的重要部分，不同类型的媒体在家庭生活中不同场景的使用，使得家庭空间内个体的选择更多，这种选择不仅包括对信息的占有，还包括个体在家庭现实空间中随时遁入网络虚拟世界的能力及人际交往的方式，以及个体在媒介使用过程中形成的对自我和他者及整个世界新的认知。

二、智能手机对家庭关系的影响

围绕本书研究问题，作者主要从夫妻关系和亲子关系两个角度来梳理智

① 郭恩强：《在“中介化”与“媒介化”之间：社会思想史视阈下的交往方式变革》，《现代传播（中国传媒大学学报）》，2018 年第 40 卷第 8 期，总第 265 期，第 71 页。

能手机对家庭关系影响的文献的脉络。

1. 智能手机对夫妻关系影响的研究

在中国知网“标准检索”页以“夫妻关系”为关键词，在社会科学理论与方法、社会学及统计学、互联网技术、新闻与传媒这四个学科领域进行检索，共可检索出记录 2628 条。其中与本书有关的研究主要围绕以下主题进行讨论。

第一，通过家庭空间内具体媒介形态的使用来探讨其对家庭关系的影响。“社交媒体与移动智能设备的完美联姻，消解了传统的家庭关系。新媒介介入家庭内部后超越了传统媒介营造的家庭氛围与社会环境，新的家庭信息场景和新的媒介情境重新塑造了家庭成员之间的关系”。[①] 以电视为代表的大屏和以手机、iPad 等智能终端为代表的小屏之间的对比研究也是目前传播学界对具体媒介形态进行研究的重要线索，这种对比大多围绕媒介使用的场景、对家庭生活的时空结构改变及家庭权力的转换来进行。王平通过对电视和网络在家庭中依存性使用的情况分析，认为媒介的使用对家庭关系的影响是双重的[②]。这一观点也给本书作者很大的启发。在现在的城市家庭生活中，智能手机和网络同时成为夫妻相处时可能会起到替代作用的另一半，这正是智能手机“参与”家庭生活的重要表现。

第二，社会学对当代社会夫妻关系的相关研究。社会学关于当代社会夫妻关系的研究目前主要集中在现代化的背景下，在工业化和城市化的进程中，家庭结构的改变给家庭经济、家庭关系等产生的矛盾和深远影响。这种矛盾集中于个体性的提升与家庭内情感支持的要求之间的冲突及家庭结构变化对于代际关系的影响，其中值得关注的有女性独立对于家庭生活的影响、理性思想的传播对家庭内部情感结构的冲击及相应的家庭伦理调整等。

此外，以“亲密关系”为关键词在中国知网进行补充性搜索，以下几篇文献也给本书作者启发和思考。胡春阳通过焦点小组访谈等方法对手机短信的使用行为进行了研究，认为短信为人们提供了随时随地的联系和沟通，从而促进了人际交往的亲密性。在对亲密关系的建构和影响上，胡春阳认为短信的使

① 袁莉：《社交媒体对家庭关系的重构》，《今传媒》，2017 年第 8 期，第 62 页。

② 王平：《媒介对现代家庭关系的影响——以电视和互联网为例》，《青年记者》，2012 年 2 月下，第 35 页。

用使人们建构了一种“共在手机上”的新的相处方式，即“人们是如何对自己的社会支持系统——友谊、情侣及家庭关系（包括配偶关系、亲子关系）进行自我表达，彼此提供情感和精神支持的，并考察了这三种极为重要的亲密关系是如何通过手机传播变得更强、更深、更近的，同时也探讨了由于传播技术尤其是手机的中介，社区意义和亲密关系的变革”①。虽然短信和以微信为代表的社交软件的使用都是在手机这一屏幕媒体上完成的，但是二者有着巨大的区别。微信的流行是伴随着移动互联网特别是4G的大规模普及及智能手机的全面使用而出现的。“微信呈现了群体的共同在场，创造了人类社会一种崭新的‘共在’感，在当前的中国社会状况中，构成了人们的‘在世存有’”②。这种共在感打破了现实时空的界限，在虚拟的网络空间中重新创造出一个具有共同存在感的世界。普通手机和智能手机的区别在于短信和微信在社交乃至亲密关系的建构中占据不同地位的重要物质基础和技术条件。微信等社交软件与短信相比，具有更生动多样的表现符号及更丰富的互动功能。除了文字，我们还可以使用表情（成本比彩信要少得多）、语音、图片等多种方式来进行沟通和互动。同时，“摇一摇”“漂流瓶”等功能的设置让人们与陌生人的接触有了更多的机会。海量的互联网内容及生动的呈现方式让人们沉浸在手机的世界之中，甚至忽视和影响了亲密关系的深入发展。

胡春阳、周劲在另一篇文章《经由微信的人际传播（一）》中，通过问卷调查等方式，对微信的具体功能、使用数据等进行了分析，认为“传播者使用微信有助于维持亲密关系，而亲密关系维持的过程是通过更加丰富的传播符号、更高的传播频率与更长的传播时间来实现的。在亲密关系中，通过微信进行交往是对现实交往的有益补充。当我们与亲密的好友无法相见的时候，只要我们共在微信上，微信就是我们移动的家园。”③“移动的家园”与本章“数字化的夫妻关系”之间的论述具有一定的相关性，这篇文章将微信的使用与亲密关系中的亲密度的因素联系了起来，认为微信对社交亲密的维护度最高，其次

① 胡春阳：《手机传播与人际亲密关系的变革》，《新闻大学》，2012年第5期，总第115期，第92页。

② 孙玮：《微信：中国人的“在世存有”》，《学术月刊》，2015年第12期，第5页。

③ 胡春阳、周劲：《经由微信的人际传播（一）》，《新闻大学》，2015年第6期，总第134期，第59页。

是情感亲密，最后是语言亲密。本书作者在论述微信对夫妻关系的影响时，也借用了这个论述视角，力图对微信的使用与不同的亲密类型之间的互动关系进行更为具体的说明和论证。微信的使用不仅可以增加夫妻之间的亲密关系，也会因为夫妻双方不同的交流需要而对亲密关系产生负面的影响。微信在为夫妻之间建构社交亲密的同时，也会引起现实生活中的矛盾和冲突。由于个体的心理期待不同，社交工具能够利用其丰富的符号特性建构社交亲密，却可能会在建构情感亲密的时候失利。而“在线的”情感亲密度明显也会影响到现实生活中夫妻之间的情感亲密度。这就使得夫妻之间线上和线下的交往因为屏幕媒介的出现呈现出复杂的、动态的互动过程。在这个过程中，夫妻之间的亲密度可能会加强，也可能会减弱。

同时，智能手机作为一个综合性的智能化终端，能够为使用者提供不同的沟通交流方式。打电话、发短信、发微信等不同的沟通方式虽然都汇聚在一块手机屏幕之上，但是使用者出于不同的目的和情感需求，会采用不同的使用策略。以不同沟通方式对使用者信息回复的时效性为例，微信与电话都可以给使用者提供即时交流。不同的是，微信还可以通过延缓回答为使用者提供独立思考的时间，但是这种延缓回答也可能带来不良后果，比如对对方语气、情感的揣测出现误差或者因为延缓回答影响沟通效果。此外，在访谈中还有人提到，面对不熟悉或者不准备长久交流的人，可能不会互加微信，而只使用短信来进行少量的沟通。所以，沟通方式不同，还反映了人们之间心理和情感距离的远近。

以智能手机为代表的新媒体建构了现代性的“社会场景”，这个场景“所提供的空间使得人们脱离时空、身份模糊、来去自如——造成了自我认同的危机，同时在这样的空间当中导致亲密关系互动模式的松散与疏离”[①]。张兆曙、王建提出了亲密关系建构的另一个层次，即数字化场景中亲密关系的建立。他们通过对人人网 SNS 这一虚拟社区中人们日常生活的分析，认为亲密关系在数字化的场景中重新得以建立，但是这种亲密在现代社会中并不牢固。这篇文章将网络虚拟社区的生活描述与理性化等特征结合起来，使得这个研究既有微

① 朱澍平:《新媒体时代下的重构自我认同与亲密关系》,《东南传播》,2017 年第 3 期，总第 151 期，第 61 页。

观视角，又有宏观视野。虽然这篇文章讨论的是虚拟社区，但是其中涉及的很多现代性经典理论，都对本书作者访谈资料的分析提供了重要的参考。“这种流动的现代性（liquid modernity）以各不相同的模式与逻辑塑造着每一个体的生活体验与生命历程，用各不相同的境遇填充着不同的人生结构。”[①] 智能手机对于每个使用者来说，相同的是类似的形态，不同的是每个人的使用习惯和具体体验。媒介的具身性使用及对日常生活的深刻嵌入，使得媒介经验本身成为每个家庭成员个体独特的生命体验的一部分，影响着家庭成员个体性的形成，也影响着不同家庭角色之间沟通互动的方式和场景，进而影响整个家庭在现代化过程中与其他社会系统互动的资本和方式。

2. 智能手机对亲子关系影响的研究

目前对智能手机与亲子关系的研究主要集中在以下方面。

第一，关于亲子互动沟通的问题。在智能手机参与亲子沟通互动的过程中，对社交网络的使用存在代际冲突、数字区隔和数字反哺三个层面。“社交网络中的亲子互动是一种基于能动性的数字亲密关系。子代擅长运用数字能动性在社交网络空间中制造与父母的数字区隔，他们使用目的性剧本表演、分组可见等策略，回避和减少与父母在数字空间中发生的代际冲突。亲代也具备改造数字亲子关系的能动性，主动向子女学习新技术、新的生活方式的父母，往往能够与子女增进线上线下的亲密性”。[②] 本书作者在访谈的过程中，这三个方面都遇到过，不同代际之间对智能手机的使用方式、对新的媒介技术的接受程度及自身媒介素养的程度都会对亲子之间利用智能手机进行的线上交往产生影响。“能动性”这一概念的使用正好说明了家庭成员个体性在亲密关系建构的过程中发挥作用的过程，也体现了家庭成员作为一个独立的个体与家庭角色双重身份之间的互动。年轻一代出于隐私的考虑可能会采取各种媒介策略来逃避父母的亲职监督。在这种情况下，子女会采用“不直接拒绝但却消极使用”

---

① 张兆曙，王建：《制造亲密：虚拟网络社区中的日常生活——以人人网 SNS 人机互动平台为例》，《青年研究》，2013 年 6 月，第 63 页。

② 朱丽丽，李灵琳：《基于能动性的数字亲密关系：社交网络空间的亲子互动》，《中国地质大学学报（社会科学版）》，2017 年 9 月，第 17 卷第 5 期，第 95 页。

的策略来和父母进行沟通互动。①

这些研究都给本书作者对访谈中的某些具体问题进行的分析提供了重要的参考，但是这些研究较为分散，没有对不同生命历程阶段的子女与父母之间的媒介互动进行较为全面的描述和分析。本书作者从“幼有所养”和“老有所依”两个方面出发来研究父母与子女之间围绕智能手机进行的互动行为，力图对这一现状予以力所能及的补充。

第二，智能手机与家庭教育的问题。媒介使用与家庭教育的问题一直是传播学研究中的重点。在智能手机出现之前，对电视与家庭教育方面的研究尤为多见，主题大多集中在具体的媒介内容对儿童社会化过程中的价值观塑造及媒介素养的形成会产生何种影响。“媒介就是儿童个体社会化的载体，媒介素养教育是促进儿童个体社会化的重要手段，是现代社会儿童从‘自然人’走向‘社会人’的重要途径”②。在这个过程中，“传播媒介技术是家庭教育工作的信息纽带甚至是信息本身，家庭教育工作的结构、内容和形式伴随着媒介革命而发展”③。通过对具体媒介形态在儿童社会化过程中的使用研究来探讨媒介技术对家庭教育的影响为研究者提供了新的视角。但令人遗憾的是，这些研究并没有将理论与家庭生活实践紧密地结合起来，在论证过程中往往缺乏生动性和理论深度。

还有一种研究视角是将媒介使用与家庭教育的关系放置在技术变化与社会变迁的背景中进行讨论，如郭研从空间的角度对媒介使用与家庭教育的互动关系进行了论证分析，认为“移动互联网络的频繁使用割裂了家庭成员间的亲密关系，卧室和客厅的媒介争夺成就了疏远的陪伴，家庭场域的关系网络组成和作用方式发生了质的改变。随着家庭场域的重构，以家庭场域为载体的家庭教育受到了极大的影响”④。邹强也将家庭教育放在中西方现代化进程中进行研

① 张煜麟：《社交媒体时代的亲职监督与家庭凝聚》，《青年研究》，2015 年 3 月，第 55 页。

② 孙爱琴：《儿童早期家庭媒介素养教育的困境及其关键点》，《学前教育研究》，2014 年第 9 期，总第 237 期，第 35 页。

③ 缪建东：《嬗变与创新：基于媒介技术变迁的家庭教育发展》，《南京师大学报（社会科学版）》，2011 年 7 月第 4 期，第 69 页。

④ 郭研：《浅析移动互联网络时代家庭教育的变化趋势》，《决策与信息旬刊》，2016 年第 6 期，第 116 页。

究，进而讨论了家庭教育在当代社会中的异化对亲子关系的影响。[①] 王芬从媒介素养的角度出发，认为要提高儿童媒介素养，父母应该在家庭教育之中通过"赋权"，让儿童参与到媒介素养培养的过程中来。[②] 这些研究都表明，媒介技术的进步对家庭教育的方式及家庭关系的建构产生了深远的影响。不论是积极的亲子关系建构还是对亲密关系的异化，都是媒介技术内嵌家庭生活的场景之中并对家庭关系的建构产生影响的重要表现。

① 邹强:《中国当代家庭教育变迁研究》，博士学位论文，华中师范大学教育学原理专业，2008 年，第 181 页。

② 王芬:《新媒体时代的儿童家庭媒介素养教育浅议》,《湖北第二师范学院学报》，2018 年 4 月第 35 卷第 4 期，第 130-132 页。

第三章　智能手机与媒介化的城市家庭生活场景

媒介的物理属性是其逻辑发挥的物质基础和技术基础。本章中，本书作者希望通过对智能手机在家庭生活中物理属性的呈现来进一步阐述它是如何发挥自身的媒介逻辑参与和嵌入当代城市家庭生活的诸种场景之中的。智能手机因为其不同的形态特征、独特的媒介逻辑及多功能的智能应用，经常也被称为“第五媒介”①。它是在数字技术和网络技术充分发展的基础上出现的移动电话的新形态，因此其传播过程也经常被称为“移动传播”②。当前社会中普遍使用的智能手机以屏幕为操作界面，其小巧的体积极具便携性，对多种技术的吸纳融合使其功能极为智能和强大，因此成为具身性和个体性使用的媒介。这些物理属性作为一个有机的整体，通过对家庭生活多种场景的嵌入，不断影响着个体的媒介体验、自我认知、人际交往乃至与整个世界的连接。

第一节　智能手机的物理属性在当代家庭生活中的呈现

“物理属性是媒介自身固定的物质特性，这是一切媒介传播活动赖以存在的基础。它包括媒介的传播符号、传播载体和传播方式三个部分”。③本书作者认为，可以从以下几个方面对智能手机的物理属性进行认知和理解。智能手

① 参考以下内容：“如果从媒体传播的发展逻辑来推断，手机媒体正在成为继报纸、广播、电视和互联网之后的‘第五媒体’”。参见：熊国太：《基于手机传播的“第五媒体”的原理和价值构成分析》，《新闻界》，2007年2月，第120页。

② 参考以下内容：“在中国，以手机为代表的移动媒体的爆炸性增长，标志着移动传播时代的降临。”参见：邹军：《移动传播研究：概念澄清与核心议题》，《新闻大学》，2014年第6期，总第128期，第71页。

③ 陈作平：《媒介分析》，中国人民大学出版社，2015，第4页。

机的屏幕化界面及与之紧密相连的图像（声音）符号对应着智能手机的硬件载体和传播符号，智能手机对多种技术的吸纳和融合对应着智能手机传播载体的技术部分，而智能手机具身性和个体性的使用方式则反映出智能手机信息传递和接收的重要方式。智能手机的这些物理属性决定了它在参与人们家庭生活中所被使用的方式及其智能化的功能究竟如何进行发挥，而这些又影响着它在家庭空间中所参与创造的生活场景，从而体现着媒介与家庭生活之间互动的紧密度。

一、屏幕化：家庭成员与媒介互动的界面

智能手机作为当代城市家庭生活中屏幕媒体使用的主导形态，其屏幕不仅是信息呈现的窗口，还是家庭成员对手机各项智能功能进行操作的界面。这并不是手机被发明时就具备的物质特征，而是在技术发展过程中结合消费者使用需求不断发展而来的。具体而言，手机屏幕经历了从小到大、从信息呈现窗口到操作界面的变化过程。

每一个东西都会被另外一个比它优秀的东西取代。打个比方，我们刚开始的时候用诺基亚手机，后来出了 iPhone，从 iPhone4 开始就满足了“傻瓜”需求。它拿到手上就能用，不需要任何的学习，为什么？因为它是屏幕的，没有按键。它取代了手机按键，才会在市场上做得那么好。所有的操作全部在屏幕上面去使用。按键按多了，比如说挂机键或者是接电话的键，这些常用键很容易出问题，出了问题我是不是还要去修？但是现在这种屏幕，所有的操作都在屏幕上面。为什么它会被取代？我就觉得它总有某些功能戳中了大部分的需要。①

目前智能手机市场上几乎所有的产品类型都采取触屏的呈现和主操作方式。通过以上 M1 的观点，可以对屏幕作为智能操作界面作出以下两点分析：一是屏幕对键盘的替代减少了智能手机使用、普及过程中的技术学习难度。屏幕的大面积使用降低了原有按键操作所需要的技术水平对文化编码和解码所蕴含的阈阀。通过指尖在屏幕上的滑动，原来复杂的按键操作造成的技术鸿沟被

① M1 访谈资料。访谈时间：2018 年 4 月 23 日。

消减。技术与技术人造物及人们实际生活需求之间的互动联系在屏幕这一中介之上体现得浅显易懂。换句话说，屏幕降低了个体在信息传播过程中对媒介使用所具有的难度。但这并不意味着媒介减少了传播过程中的技术控制，而是将这种控制从前台转到了后台。智能手机的屏幕之后隐含着复杂的技术互联机制。技术在市场的驱动之下不断产生各种连接，以保证满足个体多样化的媒介使用需求。二是屏幕的使用减少了手机在硬件使用上某类故障出现的几率。这两点集中反映了技术在发展过程中人性化的程度。人们在对技术使用的过程中有哪些需要，技术就会朝哪个方面去发展。如此说来，媒介物质形态的变化最直接地体现了人与技术之间的互动关系。

从家庭生活来看，一方面，电视、手机等多种媒介在技术融合的基础上使得家庭空间内形成了多屏交互使用的媒介生态系统，即固定的屏幕与移动的屏幕共存，原有家庭空间中的媒介空间出现更为复杂的多维局面；另一方面，手机等媒介也将屏幕从家庭共同使用缩小到个体使用的层面，并全面内嵌入个体的家庭生活，这就使得对屏幕观看的视线投射方向出现了变化，从而造成了家庭空间内媒介使用乃至家庭仪式场景的改变。此外，家庭空间内的各种生活电器的使用也逐渐与智能手机连接起来。在各种“视觉合围”中，智能手机完成了个体多样化的需求与市场供应之间的结合。

从表征的角度来说，屏幕的发展意味着图像（声音）逐渐取得了表征符号中的主体地位。而随着技术的变化，图像也逐渐朝声像融合方向发展，并形成与以往的文字符号不同的表达方式和文化特征。智能手机的出现使得文字、声音和图像都在屏幕之上得以融合，高清的像素展示和动态化的呈现方式使其对环境的“拟真化”程度越来越高，使用者不同的需求在智能手机的使用过程中得到诸多满足。此外，智能手机对单向功能的完美化追求使得不同的媒介符号在同一终端上灵活地进行单功能发挥或者融合起效，通过“时空并置的语法原则和自我指涉的意义系统……营造了无缝全息的传播环境”①。

屏幕作为“元媒介”不仅具有传播载体的意义②，而且以其媒介逻辑贯穿

① 周莉：《屏幕媒体：一种数字影像的全新融合》，《媒体时代》，2011 年 3 月，第 67 页。

② 姜海，王珏殷：《媒介的认知逻辑赋予：屏幕传播引导之检视》，《现代传播》，2017 年第 8 期，第 167 页。

于社会发展的多个方面。智能手机与消费主义的结合与共舞体现出当前社会在现代化过程中的重要文化特征。反观今日，以“双 11”[①]为代表的网络消费景观已经将视觉与消费的结合带入了“狂欢”的境地，并建构了一整套完整的消费结构和鲜活的媒介场景，智能手机的使用更是使这种狂欢进入高潮。在条件允许的情况下，使用者只需通过手机屏幕就能使消费行为随时随地实现。当“买家秀”与“卖家秀”的段子开始在网络上兴起，媒介所创造的拟真环境给真实的消费实践所带来的现实意义也受到越来越多的反思。

二、技术融合：家庭应用的多重智能

智能手机是对多种技术进行吸纳融合而产生的一种媒介形态。从第一代模拟移动通信系统到如今的第五代移动通信技术，手机最本质的变化是它功能的智能化，即通过对多种技术的融合给家庭生活提供智能化的媒介体验。在众多的技术之中，数字技术与网络技术的发展和融合是智能手机功能不断得以扩展的重要技术条件。从目前智能手机在家庭生活中的使用来看，以下几种技术对其功能的发挥起着重要的作用。

1. 数字技术：家庭智能应用的基础

数字技术与计算机技术的发展紧密相关，它与模拟技术最大的不同在于它用 0 和 1 这种二进制码对世界万象予以生成、压缩、传输、解码及呈现。从传播媒介的角度来看，数字传播技术可以分为数字信息的采集、加工、传输、发布、存储、检索技术和智能处理技术[②]。数字化是智能手机的基本特征[③]，也是家庭智能应用得以实现的基础。具体而言，数字技术使智能手机的传播过程具有了以下特点。

一是拟真化程度更高。“‘仿真’是数字文化秩序的主导形式”[④]。以 0

① 指每年 11 月 11 日固定举办的网络购物促销活动，已经成为中国电商行业每年的盛事之一。2019 年天猫双 11 全球狂欢节总成交额达 2684 亿元，2018 年为 2135 亿元。消息来源于 2019 年 11 月 12 日《北京商报》，https://baijiahao.baidu.com/s?id=1649922476936995464&wfr=spider&for=pc。

② 彭兰：《数字媒体传播概论》，高等教育出版社，2011，第 3-5 页。

③ 牛新权，丁宁等：《数字文化传播》，知识产权出版社，2019，第 17 页。

④ 牛新权，丁宁等：《数字文化传播》，知识产权出版社，2019，第 45 页。

和 1 的二进制码作为传播符号使传播过程中信息的损耗和噪声都大为降低，信息的准确度更高。智能手机为使用者呈现的图片、音像等信息就会更为逼真，拟真化的媒介环境得以形成。这种环境带有虚拟的性质，但是又与真实环境密切相连。数字技术为智能手机对真实世界的拟真化呈现提供了中介性的技术基础。当超真实的媒介环境每天与人们的身体形影不离，当它以多种方式灵活地参与到人们的家庭生活实践中，就对人们的认知产生重要的影响。

二是人与媒介的交互性更强。数字化媒介环境具有较为开放的特征，它克服了时空的限制，超链接、超文本的信息重组方式使得个体在信息传播的过程中具有充分的自主性。人们对信息的收集、处理及应用能力不断提高，媒介在这个过程中也逐渐从信息提供者成为每个人家庭生活中的陪伴者及参与者。人与媒介之间的互动呈现出一种自由的交互状态，每个人都能便利地选择、编辑、理解、传播信息，也能与大量的“他者”进行各种文本或行为上的互动。个体成为一个具有多重身份的媒介实践者，这种实践带有鲜明的个体性特征。而当众多的个体在数字化传播环境中进行自由传播，就使得当前的数字媒介具有了多元的文化特质。这种复杂的互动行为也导致了传受双方在不断地交互性中灵活转换，不仅改变了信息的传输方向及互动频率，也在传受双方或多方不断的交互之中产生了更丰富的思考与文本，进而改变了整个传播过程中的主客体关系、形态特征乃至权力格局。

三是数字化使得每个使用者个体性的媒介实践成为可被批量化处理的信息数据，从而被便捷地纳入整个社会的运转与控制过程之中。数字化使得计算机对信息的处理更为便捷，几乎所有的媒介实践行为都可以使用数据来进行呈现和分析，每个使用者都成为一个可供统计和分析的数据符号，而大数据技术、云存储技术等数字技术的进一步推进，将数字化媒体世界中的每一个个体纳入一个整体的结构中去。“传播的中心是控制的过程……由于信息处理和传播行为都是控制功能不可分割的部分”[①]，数字技术使得智能手机成为社会控制

① 詹姆斯·贝尼格：《控制权革命》，参见：戴维·克劳利，保罗·海尔：《传播的历史：技术、文化和社会（第六版）》，董璐，何道宽，王树国译，北京大学出版社，2018，第 323 页。

的重要手段。

从本质上来看，智能手机就是一个建立在数字技术上的可通话的掌上电脑。对数字技术的进一步开发使得手机的功能越来越智能，也使得人与手机之间的关系越来越密切，这也是手机具身性特征形成的重要原因。与模拟信号相比，数字信号对信息的传输更为完整，噪声更小，受到的干扰也更少，因此也更稳定可靠。这就使得受众收到的信息数量与质量都大幅提升，并且使人与媒介的交互与互动成为现实。同时，以 0 和 1 为代码的信息在传输过程中易于压缩，且可利用计算机技术予以大规模的处理和分析，所以人们对信息的加工处理能力及控制能力大大加强。大数据技术及云存储技术的发展使得人本身也逐渐成为信息传播链条上的一个个数据节点。这就使得整个信息生产和消费的环节实现了数据与数据之间的精准互动。人与智能手机的互动因此呈现这样一种状态：一方面，手机越来越智能，数字技术的发展使得手机的智能化程度越来越高；另一方面，手机越智能，对人们家庭生活的影响越普遍和深入，人对手机的依赖性就越强，技术对个体的控制性影响也越强。

2. 移动互联：家庭碎片化时间的粘贴剂

“手机本身是对互联网无意之间酿成的后果的一种补偿”[①]。莱文森曾将手机作为对互联网的一种补充性媒介进行分析和理解。但是，如果将当前移动网络的飞速发展和普及使用考虑进来，手机可能就不仅是对原本固定于 PC 端的网络使用的补偿，而更多的是通过移动使用而对网络进行的一种扩展。如果说数字技术是智能手机发展的基础，那么移动网络技术就给手机众多智能功能的实现与人们家庭生活的无缝对接提供了“高速公路”。移动网络编织了一张大网，将每个智能手机使用者作为一个节点纳入其中，这是家庭成员在家庭空间中对智能手机移动化使用的重要条件。移动网络技术使得家庭成员可以随时随地利用自己的碎片化时间进行媒介使用，从而将碎片化时间“粘贴”起来，实现了家庭生活与个体媒介实践的有机统一。其中，移动网络技术的连接性与分享性尤其值得关注。

---

① 保罗·莱文森:《手机：挡不住的呼唤》，何道宽译，中国人民大学出版社，2004，第 10 页。

首先是连接性。移动网络连接的不仅是分散的个体或组织，还有分属于不同个体或组织的资源。移动网络不仅建立起虚拟的网络空间，还将现实空间与虚拟空间结合起来，并在二者的互动中产生新的场景和意义。床、交通工具、卫生间、咖啡厅……这些物理空间在智能手机的碎片化使用中被赋予了常规化的时间计量功能。这些时间不再具有线性流动意义，而是被分割成长短不均的条块离散于日常生活中。大量碎片时间被重新整合利用，对人们在物理场所的媒介使用感知成为移动互联传播的重要入口，将用户生活习惯与物理场所结合进行数据化的考察，离散的时空分布便具有了被重新归纳的逻辑线索。

移动网络与智能手机的结合突破了个体对网络使用的时空限制，将全世界的人随时随地连接了起来。“这种社会以模糊、流动、易变、不确定等为标志，其根源很大程度上来源于通信技术溶解了时空在线性和结构性基础上的嵌套秩序”[①]。移动网络传输速度的不断进步，使得网络连接更为广泛。5G时代的到来，将使万物互联成为现实，家庭生活将更加智能。以网络购物为例，随着VR技术的发展，个体可以在家庭空间中完成虚拟试衣，移动网络不仅为个体提供丰富的物质资源，还为个体在虚拟空间中与物质产品符号进行互动提供更为全面、准确的参考。5G带来的不仅是速度的改变，还意味着个体交往及资源交换在更广的范围内进行，并且随着使用者习惯的变化，给整体的社会政治、经济和文化带来的根本性改变。例如，在5G时代可能普及的无人驾驶技术就将对交通信息的分享与调控、交通规则的制定等都带来一定的变化。

“当今时代是一个移动传播的时代，也是移动的社会、移动的技术和移动的个人联盟的时代”。[②]正是因为移动网络的连接性，使得全世界的资源成为了可以被分享的对象。连接性为分享性提供了技术基础，而分享为连接提供了丰富的信息和物质资源，这两者在智能手机上的结合使得每个使用者都拥有了更广袤、更丰富的世界及对这个世界更真实、更全面的虚拟体验，从而提高了

① 吴占勇:《跨屏困境与路径重组：移动互联时代电视媒体的融合发展与创新》,《中国电视》,2019年第2期，总第396期，第57页。

② 胡春阳，姚玉河:《移动·传播·第二现代——手机传播的形而上学解释》,《学术月刊》，2012年4月，第44卷4月号，第28页。

个体在决策方面的合理性及准确性，对世界及自我的认知更为全面。并且，丰富的网络资源使得人们对信息的分享呈现出依赖和娱乐化的倾向。下面不妨来看看访谈对象 G1 睡前对手机的使用情况。

我一上床就拿着电话，有时候看着手机掉到脸上。1 个小时肯定是会有的。因为一刷它时间不知不觉就过去了，我睡觉基本上在 11 点以后。因为一上床躺着，拿着手机，首先是朋友圈刷一道，看看别人发了一些什么，就像批奏章一样批一下。如果那天实在累了不愿意批，那就不批了，然后接着就翻一下抖音[①]，我不是专门到抖音里边去看，我是在头条里边，它有好多视频。连新闻一起有时候就会看一下，然后（从头条）进抖音。就这么一个过程。[②]

本书作者认为，不能用简单的媒介依赖来对这种现象进行描述和分析。网络提供了丰富的资源，而超链接的属性将这些资源进行了分类和整合，大数据技术将人们的媒介使用习惯与丰富的网络资源连接了起来，从而对人们现实生活中的时空感受、生活习惯及人际关系都产生了深远的影响。“不知不觉”说明智能手机使人进入虚拟的、广阔的网络世界是如此的容易，各种技术之间的无缝衔接给人们更顺畅的网络“遨游”的感觉，有针对性的信息提供对人们的时间占用是如何的有效，而每个智能手机使用者是如此的“理所当然”以至于经常忽略了媒介是个体与整个世界进行互动交往的重要中介。在移动网络的参与下，智能手机成为个体日常生活中不论使用频率还是情感投入都如此“亲密”的伴侣。这为个体的人际交往及传播行为提供了巨大的机会，但也从一个侧面反映出人们在对媒介使用的过程中对现实时间的把控及由此引起的自我认知面临的新挑战。

3. 移动支付：家庭消费的转向

如果说数字化使得智能手机的使用更为普及，移动网络技术的发展为人们之间的连接与信息分享和交换提供了基础，那么建立在移动网络技术之上的移动支付技术的发展，则使得线下的消费行为转至线上成为可能，并逐渐改变了整个经济交换的形态、过程与环境，也改变了家庭经济的诸多环节和家庭成

① 抖音：一个由用户自行进行内容生产与传播的短视频分享平台。https://www.douyin.com/。

② G1 访谈资料。访谈时间：2019 年 3 月 26 日。

员的消费参与状态。

首先，移动支付技术的发展使得货币的电子化支付方式普及开来，并对线下的支付模式、环境等都产生了重要的影响。例如，微信支付、支付宝支付等目前生活中常见的支付方式不仅给银行业的发展带来了新的机遇和挑战，而且使个人作为网络节点的特征更加突出。从经济交换环境来说，线上交换大大克服了线下交换的时空障碍，使得经济发展有了新的出口和空间，同时也为线下的生产、交换、服务等流程提出了新的资源配置挑战。

第二，移动支付通过线上交易的达成，使得整个商品交换过程呈现出与线下交换不同的特点。从交换过程来说，媒介提供的产品信息及人们对交换经验的分享，都为个体决策提供重要的信息，这就使得对某种商品的消费呈现以下特征：一是线下交换过程中靠个体的眼睛及触感完成的信息扫描现在由媒介来提供，这种信息是被“媒介化”过的，并不完全是真实的；二是原本主要由商家和顾客围绕某种成交完成的交流活动，现在有大量的他者参与其中。在访谈中，本书作者发现很多网购者都认为其他消费者对某种产品的评论在自己决定是否购买的过程中起到重要的作用，而对这些评论的判断也是艰难的，消费者需要根据评论的性质、文本及以往的消费经验对评论的信息作出正确的判断，以区分哪些信息是真实的，哪些是商家找来混淆视听的。线上消费一方面使得人们的交换活动更为便利，另一方面也为人们提供了更为复杂的媒介环境，使得人们在对商品信息的筛选和判断上面临着更大的难度。这种困难产生的根本原因在于智能手机的中介性。正因为通过手机大家只能看到媒介化的商品，所以无法作出准确的判断。而这种情况可能会随着5G时代的到来发生改变。

第三，从交换形态上来说，智能手机移动支付功能的普及使用，已经使人民币和银行卡等支付方式的使用大大减少。这对传统的银行业务及相应产业链条都产生了冲击。而对使用者来说，围绕移动支付所开发的各种便利的服务措施也已使得每个使用者的生活习惯都慢慢发生改变。人们在使用手机进行娱乐、交流等媒介实践时，可以将日常生活的管理便利地纳入其中。它改变了人们原有的生活实践安排，智能手机逐渐成为个体管理日常生活的智能化终端，并且在这个过程中通过收入与消费完成对家庭经济的把控和管理，充分体现出现代性过程中的理性与效率控制。

4、拍照技术：灵活自如的家庭影像生产

在访谈中，本书作者发现利用智能手机拍照已经是家庭生活中一项极其常见且重要的媒介使用行为。这种媒介使用建立在智能手机的拍照技术不断发展的基础之上。具体而言，智能手机的拍照技术主要有以下变化：第一，像素越来越高，镜头也得到了极大的改善，从最初的十几万像素到如今的千万级像素，手机摄影对清晰度的要求越来越高，呈现效果越来越好；第二，摄像头的设置发生了改变，从最初的后置到前置，从单摄像头到双摄技术，使用者利用智能手机进行拍照的角度、对象及信息收集和处理都发生了巨大的变化；第三，对拍摄照片的加工处理越来越多样化。美图、美颜相机等多样化的修图工具可以为使用者根据自己的目的对图片进行修改提供不同的选择；第四，将拍照与动态视频灵活结合起来，拍摄与分享都更为便捷，存储在手机上的照片和视频逐渐成为个人与他者进行沟通和交流的重要中介和资源。

为什么人们如此看重智能手机的拍照功能呢？通过访谈及对家庭生活经验的反思，本书作者发现智能手机的拍照功能主要在家庭生活中起到如下几种作用。

第一是记录。很多父母采用智能手机给孩子拍照、拍视频，作为家庭生活的记录予以留存。很多家长“自从有了智能手机，已经不再去影楼给孩子拍照了”[①]。智能手机使得个体对家庭生活影像文本的生产越来越便利，且体现着每个拍摄者自己的视角和审美，在家庭生活的细腻之中呈现出文本生产的独特性。在每个个体的手机中，都保存着对过去的时空个体记忆和感受。这就使得个人对家庭生活时间的管理与智能手机紧密联系了起来。智能手机的使用使家庭生活的记录更为普遍、随意和日常化，家庭生活中任何想予以记录的瞬间，都可以成为被记录的对象予以保存。影像的自我生产一方面使得家庭影像文本呈现出更加自然和随意的特征，另一方面智能手机通过没有进入镜头的拍摄者

① W4 访谈资料。访谈时间：2019 年 4 月 30 日。

的“在场”，完成了个体对家庭生活中需要延时的某个时间点或片段的保存。这是个体对家庭生活的“归档”①过程。

第二是娱乐。在各种图像修改工具的帮助下，每个智能手机的使用者都可以根据自己的意图对影像进行修改和分享，个体可以充分利用技术提供的便利性，在虚拟的空间中对拍照对象进行想象化的再生产。这种对媒介内容的再生产不一定是出于功利的目的，有时候仅仅只是为了自我娱乐，这就使得传播行为更为复杂。其中“自拍”这一现象尤为有趣。当使用者拿起手机，将镜头对准自己，拍下自己想表达的瞬间或者某个阶段，其实是个体通过智能手机这一媒介进行自我想象、表演、认知或形象建构的过程。个体通过身体展演对自我进行合理的表达，并通过网络与他者分享自己最想呈现的状态。这种“自我技术”②的使用就使得个人与他者通过自拍这一行为产生了看与被看的互动关系，并引申出自我展演在当前的媒介技术环境下所产生的自我与他者的认同问题及隐含于其中的权力关系问题。

第三是扫描。智能手机的相机功能已经普遍被应用于其他各种程序运用之中，例如，通过相机扫描二维码进行移动支付在我国已经是流行且被普遍采纳的支付方式。相机与移动支付技术的结合使得市场对个体身份的识别更为快速和准确。并且，为了迎合消费者的习惯特性，整个消费环节已经开始数字化和代码化。除了消费，家长们利用相机扫描孩子的作业并利用相应的软件进行批改的行为也在家庭教育中普遍存在。

智能手机作为一个多功能的移动终端，其物理属性中还包含其他的诸多技术形态。本书在此并不是想对智能手机做技术层面的探讨，而是想通过对它在使用过程中所体现出的几种主要技术的阐述表达这样一个观点：智能手机的发展过程就是人与技术持续互动的过程，技术始终围绕人的需求不断地进化和

① 尼克·库尔德利认为：“归档……在时间上与空间的‘在场’对应，‘在场’努力解决在公共空间维持存在（在社会空间中让人看见）的困难问题。我所谓的‘归档’是个人时间管理的习惯，个人力求管理自己不断生成的大量信息候选项的痕迹，使之成为可以接受的东西，甚至成为可以把握的历史。”参见：尼克·库尔德利：《媒介、社会和世界：社会理论与数字媒介实践》，何道宽译，复旦大学出版社，2016，第51-53页。

② 彭兰：《自拍：一种纠结的“自我技术”》，《新闻大学》，2018年第5期（总第151期），第45页。

发展，而人则在技术的帮助及催化下不断更新自我的感知状态和重构生活秩序。不论是智能手机的媒介形态还是传播符码，“每一项传播技术都是一种物质资源，其独特的技术特征有助于解释已经出现或在未来可能出现的媒体制度和传播实践”[①]。技术赋予人们对传播进行思考的双向特征：既可以根据技术塑造的现在回溯过去的过程和结构，也可以基于现在推测未来可能出现的场景。在当前的技术发展条件下，人们对于技术及传播物质性的思考不应该是简单的二分法，而是应该从传播整体的结构出发，通过对传播物质性、途径、内容及效果等多方面的考量，来思考媒介对生活产生的意义。

三、具身性：身体与媒介的亲密性

“具身性”作为一个心理学常用的概念，“其基本涵义是指认知对身体的依赖性”[②]，曾主要用来指代人的认知与身体之间的紧密关系及身体在认知过程中的主体地位。本书作者在这里之所以不采用目前传播学中常用的“便携性”，而是借用“具身性”这一概念，主要是为了突出智能手机使用方式上的两个重要特征：一是智能手机的使用必须与人紧密联系在一起；二是在智能手机的使用过程中，它不仅构成个体实践和社会认知的环境，还参与到个体的实践过程中来，成为个体与他者交往并对自我和社会关系产生认知的重要媒介，甚至成为每个使用者除睡觉之外身体随时随地与之紧密相随的亲密“伴侣”。在这个过程中，身体与智能手机紧密结合起来，互相依赖，共同对使用者的认知产生影响。简单来说，“具身性”这个概念体现了使用者在利用智能手机对自我和世界进行认知的过程中，身体与智能手机之间紧密结合和互动的状态。

智能手机的“具身性”使用在人们的家庭生活中主要表现为三个方面。一是在当前的家庭生活中，人们对智能手机的充分依赖状态。每个个体与手机产生出随身携带、随时随地都可能使用的亲密关系。通过智能手机，身体与外部世界在更广阔的时空范围中进行互动与沟通，从而产生对自我及世界新的认

① 克劳斯·布鲁恩·延森，曾国华，季芳芳：《界定性与敏感性：媒介化理论的两种概念化方式》，《新闻与传播研究》，2017 年第 1 期，第 120 页。

② 叶浩生：《“具身”涵义的理论辨析》，《心理学报》，2014 年第 46 卷第 7 期，第 1032 页。

知。二是随着智能手机在家庭生活中的内嵌，它好像成为了身体的一部分，每天跟随和陪伴着使用者的身体参与几乎每一项生活实践，为人们打开认知自我和世界的窗口。三是从认知的角度来看，智能手机不仅是使用者获取信息、人际互动及参与其他社会实践的重要媒介，而且还为每个个体提供独特的、有针对性的、符合使用者媒介使用习惯的媒介环境。这既为个体获取信息提供了一定的便利，也可能会造成信息茧房，从而影响个体的认知范围。

智能手机的具身性与其物质形态密切相关。

首先，智能手机小巧灵活的体积结构是其具身性的物质基础。在手机出现之前，固定电话是家庭空间与外部空间沟通连接的主要方式之一。固定电话作为家庭空间内共用的社交媒介，受传输线路及本身物质形态的限制。手机的出现改变了个体利用媒介进行人际交往的空间限制。正是其小巧便利的体积结构，使得它的携带及使用都极为便利。同时，小巧的体积特征使得手机在他者面前的存在感降低，这就使得个体在公共场所中对它的使用不会影响到其他人的物理行动空间。同时，人们可以随时开始和结束对它的使用，并希望时时刻刻将其放在自己能够把控的范围之内。个体的惯习在对媒介使用的过程中逐渐形成，并深刻地影响着相应的人际交往状态及其与媒介的进一步互动关系。

第二，多功能的“智能”应用属性是其具身性使用得以形成的重要条件。在智能手机之前，手机在人际交往上的功能主要是打电话和发短信，智能手机的出现不仅大大扩展了人际交往的形式，而且还给了个体更多的选择和空间。在技术和市场的支撑下，智能手机几乎可以参与每个人家庭生活的每个环节，不论是衣食住行用还是学习、工作、娱乐，多种技术的融合使用使得手机朝着越来越智能的方向发展，人与手机之间的“黏性”越来越强。这种变化不仅影响着个体的使用，还通过个体生活习惯的改变影响着整个社会文化建构与变迁的方式。数字化使得信息传播的环境与规则不断发生变化，并在此基础上形塑着整个社会的控制方式及运转模式。

第三，移动网络的普及和发展，是其具身性的重要技术条件。正是移动网络技术的发展，使得手机的“智能”应用可以随时随地实现。个体通过手机与整个世界随时随地发生连接，移动性的网络特征使得人们的空余时间得以充分填满，个体原来对媒介使用的时空感受在智能手机的使用中得以改变。家庭成员之间可以通过智能手机随时随地进行互动沟通，这就消除了社会流动可能给家庭成员交往带来的空间障碍。而家庭群的建立更是创建出一个独特的虚拟家庭空间，智能手机成为每个家庭成员的“移动家园”①。移动网络基础设施的完善、速度的提升与数字化技术的发展不断融合，不仅使媒介的功能不断完善，而且5G时代的到来使得万物互联的可能性成为现实。传播链条中增加了更多的主体，人与人、人与物、人与整个世界之间以更快的速度和更精准的方式产生连接与互动，万物互联成为新的生活逻辑。VR等技术在移动网络技术的支撑下将发展更为迅速，整体的传播环境将再次发生变化，现实与虚拟之间将产生层次更为丰富的关系结构，并导致人们对自我的感知重新发生变化。

智能手机小巧灵活的媒介形态、智能且多功能的应用与移动网络的快速发展充分融合在一起，使得智能手机的具身性特征得以形成。这种具身性的使用特征意味着智能手机与人体保持着长时间的共同在场。便携的智能手机由此从一种被动的客体使用状态变成与使用者身体紧密结合的主体依附状态。

四、个体性：家庭成员私密的媒介世界

每个个体对智能手机不同的使用方式使其在具身性的使用过程中同时具有了个体性的特征，从而勾连起个体的心理体验、行为实践与外部世界，并从不同的角度以自身的媒介逻辑影响每个个体的生活。在外观可能相差无几的手机媒介形态内部，隐藏着个体不同的行为习惯、心理特征及众多的生活秘密。在现实生活中，当一个人拿起手机，则意味着与虚拟世界的他人产生沟通或者文本上的联系，也意味着他可与现实中的他人之间竖起一块沟通的屏障。从这个角度来看，每部智能手机都是独一无二的智能手机，具有极强的个体性，这种个体性包含着私密性的意味。

以人际交往为例，个体通过智能手机可以选择打电话、发微信、发短信、

① 参考以下内容：“就交流而言，手机就变成了家庭外面的家庭、一个移动的家庭、一个微型的便携式的家庭、一个可以漫游的媒介之媒介。”参见：保罗·莱文森：《手机：挡不住的呼唤》，何道宽译，中国人民大学出版社，2004，第43页。

发 QQ 信息等多种方式。个体可以根据自己的行为习惯及对媒介的需求来灵活地选择沟通方式，并在享受技术带来的便利的同时，自行承担此种沟通方式对人际交往可能存在的弊端和不足。G1 表示："可能我有一点内向，打电话我个人觉得很麻烦，我宁愿发信息都不想打电话，我也不知道为什么。"当本书作者提出："打电话的时候，其实可能面临着担心人家对你的态度怎么样。但是你发信息或者发微信，对于双方来说都有考虑的时间。"G1 对此表示充分赞同。[①] 但是关于打电话和发微信，L2 有不同的看法。

打电话你能听出他的感受，比如说关心你，你说话的语气对不对等等。发微信只能看到一套文字的东西，语音有时候也不一定及时，也许你已经不需要安慰了才看见那个东西。[②]

个体根据自己的使用惯习对不同的媒介功能进行的个性化挑选反映了在对智能手机多功能的使用过程中媒介所逐渐具有的个体性与私密性。正是不同的媒介实践方式，使得每部手机都成为具有个体性的智能终端。它不仅为每个使用者提供独特的媒介环境，而且使每个使用者都在它创造的媒介环境中成为独特的个体。手机成为每个人在网络世界中行走的替代形态，每个手机号码都成为个体血肉之躯的代名词，这也是越来越多的应用程序需要与手机号码绑定的原因。它与人们的生活结合越紧密，人们在媒介实践中的主体身份就越真实。技术逻辑往往使个体性呈现出一种幻象：人们原以为通过自己独有的智能手机在独有的时空中对各种应用程序的使用是带有个体秘密的媒介实践行为，而实际上都变成了可被量化的、准确记录的数字轨迹。从使用行为上来看，每个个体在网络空间中的数据都是独特的，但是从数据本身的属性来看，每个个体也都是一样的。它增加了个体生活的丰富性，也使得整个社会的控制通过数据的收集、分析与使用更为便利和精准。对于每个个体来说，只要智能手机上的密码设置足够复杂，就能保护个人生活的众多秘密，而从智能手机的使用数据上来看，每个个体都是穿着"新装"的皇帝。

智能手机的物理属性所包含的几个方面并不是独立存在的，而是紧密结

① G1 访谈资料。访谈时间：2019 年 3 月 26 日。

② L2 访谈资料。访谈时间：2019 年 3 月 20 日。

合的，是一个有机整体，他们共同构成智能手机传播的个性特征。技术通过智能手机已经与人们的家庭生活紧密纠缠在一起，甚至已经对人们的身体本身产生了巨大的影响。智能手机使每个使用者个体能克服时空局限性，随时随地与更广阔的网络世界中的人、物、环境发生互动与联系，这种使用不仅改变了个体的媒介世界，还改变了家庭生活的场景。接下来本书将对智能手机介入当代城市家庭生活的具体场景进行描述。

第二节　智能手机在当代城市家庭生活场景中的嵌入

智能手机的物理属性及其根据人们日常生活需求而被开发出的多种智能化功能，通过个体日常生活的媒介实践，深深地嵌入到当代城市家庭生活场景之中。

手机现在使用频率非常高。早上叫醒我的就是手机闹钟，洗脸时我可以通过手机去听一些新闻、相声等可以让自己迅速苏醒的广播节目。这种状态直接持续到准备出门的时候。然后，在地铁上我会用手机软件背单词，到了办公室我们要在手机上用“钉钉”打卡，打开电脑登微信，这些全部都要通过手机授权。中午的时候，用手机赶紧学习一下“学习强国”。晚上回来吃完饭，在手机上看一下我想看的东西。睡觉之前躺在床上，也会玩一会儿手机。①

从 S4 的描述中可以看到，手机几乎参与了他一天之中除睡觉外的所有生活内容，如时间提醒、身体唤醒、碎片化信息获取、学习、工作、消费、娱乐等，所以手机已成为每个个体管理日常生活必不可少的工具，也成为每个个体度过闲暇时光的“亲密伴侣”。随着技术的发展，智能手机也逐渐参与到个体的睡眠过程中去。除了会挤占睡眠时间（在访谈中本书作者多次听到这样的内容），智能手机对睡眠也有积极意义。目前市场上智能手环这种可穿戴智能设备可以方便有效地监测个体的睡眠质量及深浅睡眠分别发生的时段，以给个体调整生活习惯和改善睡眠质量提供数据化的参考。而这种功能的实现，需要利用智能手机上的相应软件对手环收集的数据进行分析。如此说来，智能手机已

① S4 访谈资料。访谈时间：2019 年 5 月 12 日。

经24小时参与和管理人们的生活，并改变着人们的生活方式。这一节主要从智能手机对家庭内工作场景、消费场景、娱乐场景及人际交往场景四个方面来对其参与家庭生活场景的方式进行阐述。

一、智能手机与家庭内工作场景

在传统社会，城市家庭与工作场所是两个相对独立的空间。家庭成员通过参加工作为家庭生活获取经济和社会资源，这是维持家庭正常运转和发展的重要条件，也是家庭作为一个组织单位参与社会资源再分配的重要渠道。而随着智能手机的普及使用，工作逐渐渗透到家庭空间中来，并影响着家庭生活的节奏、家庭成员的交往互动场景及家庭关系的构建。本书作者在访谈中问了这样一个问题：究竟是什么因素会让个体产生在家工作的行为？访谈对象们的回答主要有两种情况：被动连接和主动接入。而在这两种情况中，智能手机都起到了重要的作用。

第一种情况是智能手机的具身性使用方式将工作场所的规定性逻辑强制性地延伸至家庭空间之中，本书作者称之为“被动连接”。这种连接主要通过智能手机的通话功能和以微信群为代表的线上交流功能来实现，其背后隐含着市场经济对资源的调配及个体对社会风险的应对机制。

在移动网络技术的推动下，智能手机具身性的使用方式将家庭成员个体与工作随时连接起来。L10在访谈中说：“在家里处理工作时接个工作电话什么的都太正常了，（如果只是接）电话还稍微好一点。”① 智能手机就这样“自然地”将工作从原本家庭之外的空间引入到家庭空间之中。它在协助家庭成员维持或增加家庭收入的同时，也使家庭生活的节奏和家庭成员的互动方式受到工作的规训。这种规训往往通过工作场域成文或不成文的“规定”表现出来。在访谈中本书作者了解到，有些单位规定员工必须24小时开机待命。如J1所说：“工作随时随地找到我，领导真的要找你，他可以通过各种方式找到你，甚至现在我们规定是不准关机的。”②

---

① L10访谈资料。访谈时间：2019年5月14日。

② J1访谈资料。初次访谈时间：2019年4月13日，二次访谈时间：2019年4月19日。

除了电话联系，微信群的使用也是家庭成员个体与工作保持“被动连接”的重要方式。

工作微信群对我的生活影响太大了，我很讨厌这个群，我非常不喜欢，因为我觉得我都没有说拒绝的机会，它就像一个通知一样，而且天天都有通知，我觉得很烦。虽然很便捷，我不用跑到办公室里去看通知了，但是始终让我觉得我必须召之即来、挥之即去。因为微信群就在那里，看不看它都在那里，而且如果你不看，领导还会说你为什么不及时回微信，还会艾特你，收到了必须要回复，现在随时通知你，你必须随时看得见。比如说今天下午要开会，早上或者中午发一个通知，下午就让你去了，你都没有预先准备的机会，因为它时效性太强了，而我经常会忽略这样的信息。其实这算是工作对自己生活的干扰，使人有一种非常强烈的入侵感。生活中的这种议程安排，干扰可能比较强。而且微信是不分时间和空间的，它半夜发给你也是可以的，所以我就觉得特别不喜欢。虽然它时效性很高，也有空间上的便利，但我还是觉得不爽。①

在访谈中本书作者发现，微信群已经成为工作中发布通知、进行沟通互动的重要方式。如果说打电话是通过手机直接实现个人与个人之间的联结，从而进行工作任务的口头传达，那么工作微信群则在信息发布链条上建构了一个虚拟的信息空间——微信群。群里的信息就像一个信息通知板，即时传达，不会随意消失。微信群既能给人思考的时间和空间，也能要求大家即时在虚拟空间上予以回复。换句话说，它给信息的同步交流与异步交流同时提供了机会。而如果工作单位要求个体必须即刻回复信息，就会给家庭成员个体带来一种强制性的生活“被入侵感”。这种“被入侵感”的基础是个体对手机普遍且随时的使用状况，以及工作单位对这一使用状态的默认和“想象”。智能手机因此成为“个人自我的反射”②。工作群意味着信息发布者不是与单位中的某个个体进行互动，而是与进入群中的所有成员进行互动，或者将与某个工作成员的互动置于全体观看和知晓的媒介环境之中。这种集中化的管理行为意味着智能手机的使用已经成为一种获得社会性认可的生活惯习，围绕这种认可逐渐生成了

① Z5 访谈资料。访谈时间：2019 年 4 月 11 日。

② 邹军：《移动传播研究：概念澄清与核心议题》，《新闻大学》，2014 年第 6 期，总第 128 期，第 74 页。

一种新的社会实践和管理方式。通过这种方式，智能手机将工作、家庭等空间的互动连接起来，并逐渐重构社会秩序。

不论是打电话还是用微信群，智能手机都将个体与工作进行了“被动连接”。这表明技术与现代性的合谋使得人们对效率的追求达到了一种异化的状态。技术就像一柄双刃剑，它在给工作带来便利的同时，也将个体与工作捆绑起来，从而模糊了公共与私人、工作与闲暇之间的时空界限。“不准关机”逐渐成为当代社会中市场经济对个体的一种重要规训机制。它意味着每个个体随时随地必须保持与工作连接的可能性，原本属于个体的媒介使用权力受到了来自于工作场域的逻辑干涉，这种干涉带有一定的强制性，而这种强制性又与整个社会的资源分配有关。不论是目前引起热议的“996 工作制”① 的纷争还是社会上对“过劳死年轻化”② 的讨论，不容否认的是，工作与家庭生活的融合已经成为当代城市家庭之中一种相对普遍的状态，并且因为智能手机随时随地的连接性及市场经济将人作为劳动力资源的异化（过度）使用而被现实生活所默认。在访谈中本书作者经常听到这样的话：“没办法，要挣钱嘛！”“没办法”不仅仅是一种无可奈何的态度，还隐含着个体作为一种劳动力资源，在面对市场经济的多种选择以及灵活配置的现实面前，对工作规定性的强制逻辑无法逃脱的客观现实。这种现实的背后不仅仅有个体对家庭承担的责任，还有整个社会在市场经济体制下对效率的极端追求及相应法律和社会保障体系在劳动权利保护上所可能存在的缺失。

第二种是智能手机为家庭成员个体提供了灵活的就业方式和收入渠道，个体可灵活调整各种资源和家庭生活安排，通过更新家庭生活中的“科技结构，使它成为‘家庭工作’的关键形式”③。本书将这种情况称为“主动接入”，

① 说明：“996 工作制”是指目前中国社会，尤其是互联网企业中普遍盛行的一种工作制度，这种制度规定早上 9 点上班、晚上 9 点下班，一周工作 6 天。

② 《“过劳死”呈年轻化趋势，全国人大代表建议：完善工伤保险，建“过劳死”补偿机制》，《三湘都市报》，2017 年 3 月 4 日，https://www.sohu.com/a/127874550_118779。

③ 参考以下内容：“我们不仅没有看到科技世界与家庭的简单对立，而且在这样的文化中，我们为了支持家庭活动保持和更新了科技结构，使它成为‘家庭工作’的关键形式。而且，这些科技甚至结构了家庭亲密关系的形态。”参见：戴维·莫利：《传媒、现代性与科技》，郭大为等译，中国传媒大学出版社，2010，第 206 页。

而“主动接入”又分为两种情形。

情形一是，在家庭空间中即使需要进行工作，家庭成员也必须面对复杂而又琐碎的家庭生活。作为一个参与市场经济的家庭成员，必须在工作与复杂的家庭生活中不断调整相应的资源和应对策略来适应现实生活的各种要求。智能手机为这种调整提供了重要的技术手段和工具。这一点对于既需要参加工作又需要照顾家庭的女性来说，尤其重要。

我们这一代，包括下一代，直接就离不开网络了，生活工作所有的事情都可以足不出户在网络上面办。现在网络特别是微信已经成为人与人之间最重要的一个媒介了。网络沟通没有歧义是最重要的。因为它图文并茂，会把彼此之间沟通的工作或者是各种其他的事情沟通得很清楚。图文并茂是最好的方式。①

访谈对象 M1 和丈夫共同经营着一家公司，平时如果没有必要，她基本不去公司，而是主要在家照顾两个孩子的起居和学习。智能手机为 M1 提供了兼顾家庭和工作的灵活性，而“图文并茂”意味着手机在传递信息的时候，可以用各种方式将尽可能拟态真实的环境和事件情况传递给她，也保证了她在家庭空间中对工作进行把控的一种安全感。这正是智能手机的物理属性对个体媒介实践方式及效果所提供的保障。

本书作者在访谈中发现，对于在家工作这件事情，家庭成员个体的态度与所属工作单位的性质之间有一定的关联。私营企业职工或经营者在家工作的情形非常普遍，个体及家庭成员对这一现实的接受度普遍较高。在当前的市场经济体系下，私营企业面对着自负盈亏的市场竞争结果。这不仅对经营者产生压力，也对私营企业的每一个员工产生压力。在巨大的市场竞争压力下，他们还同时面临着烦琐的家庭生活安排，比如对子女教育的兼顾。以本次访谈的情况来看，昆明市小学每天下午四点放学的教学制度给很多家庭成员产生了较大的压力。因为下午四点还是工作时间，如果家里没有其他人员可以帮忙接送子女放学，那么就只能将子女托管给社会上相应的第三方机构（这种托管可能又会引起家长对于子女课后教育的相关忧虑），或者是牺牲某一位家庭成员的职

① M1 访谈资料。访谈时间：2018 年 4 月 23 日。

业生活。这时如果智能手机可以提供一种灵活的技术手段，使家庭成员可以兼顾工作和家庭，那么无疑其就会成为家庭成员的主动选择。而本书作者在对一些公务员或事业单位员工进行访谈的过程中发现，他们在家工作的频率普遍较少，对于在家工作这件事情反对的态度也比较明确。

情形二是，智能手机的使用使得“微商”成为某些家庭成员取得经济收入的重要渠道。特别是对于没有其他工作的女性来说，“微商”不仅是取得收入的方式，还是重新确认自我的重要途径。

我产后患上了抑郁症。为走出困境，我认为自己不能再封闭下去。我首先是自己，然后才是母亲，把自己做得更好才能为家庭服务，才能爱别人。这时，微信正儿八经帮了我好大的忙，我通过微信圈来重返社会。我发现做微商可以争取收入，还可以兼顾家庭。收入和家庭地位紧密相关，工作和个人的精神状态也有很大关系。微商这种灵活的工作方式借助了智能手机的功能，微商对自我的主体性和人际交往有很大的影响。①

现在不妨看看 L1 在访谈中所提到的一些字眼。“抑郁”“封闭”表明了因为生育放弃工作的女性在抚育幼小的孩子的过程中可能面临的生活状态和人际交往困境。“自己”“母亲”及她在后续访谈过程中提到的夫妻关系中的“妻子”这三种身份表明了她在家庭生活中的三种角色。“收入”“人际交往”“家庭地位”是微商这一身份给她原来的家庭生活和精神状态带来的改变。“兼顾家庭”“重返社会”表明了她对“封闭”的人际交往和家庭生活的逆转状态。这种逆转通过“微商”这一身份来实现，而智能手机恰好为她“微商”身份的形成提供了重要的技术手段。在这个过程中，L1 通过智能手机上的微信应用来联结和扩大自己的人际交往圈层，并通过“朋友圈”或“微信群”的“交易市场”（L1 会专门费心思来发“养眼”的朋友圈，来吸引大家的注意，在其朋友圈的文字中也经常出现“文案”之类专业的营销字眼）的建设与维护（L1 提到自己经过长时间维护朋友圈来建构自己在朋友心中的“信任感”）将其转化为经济资源，并进而成为其主体性重建与提高家庭地位的重要保障。因此，智能手机提供了个体、家庭与社会之间经济上产生勾连的可能性和新的实践

① L1 访谈资料。访谈时间：2018 年 4 月 20 日。

方式。

智能手机通过为女性在特殊的生命历程阶段提供灵活的就业机会和方式，使女性在平衡工作与家庭的过程中重新掌握个体生活节奏与家庭地位的主动权。这种主动权是通过智能手机的“连接—转换”作用实现的。伴随着这种主动权的获取，个体的主体性也不断提高。这种主体性不仅是一种个体感受，还包括个体对自身在家庭生活结构之中的地位和权力的认知①。通过智能手机，女性将个体与（母亲等）家庭角色、家庭生活安排与工作安排、人际交往与经济资源获取、家庭情感亲密与家庭权力博弈紧密连接起来。在这些连接中，以智能手机使用为代表的媒介实践权力成为女性对个体性与家庭生活进行协调进而保持平衡的一种重要机制，也成为在当前的社会制度下，女性在生育过程中利用技术资源对某些制度或政策的缺失进行自主性弥补的一种重要手段。

不论是“被动连接”还是“主动接入”，智能手机都已经将工作与家庭紧密联系了起来。通过克服时空限制，“风险社会条件下灵活而多元的未充分就业市场”②得以形成。原来的家庭空间之中也产生出新的工作空间，工作空间与家庭空间之间的界限逐渐模糊。这一方面给人们带来便利，在维持或提高家庭收入的同时，也使得个体原本囿于工作固定时空的限制获得一定的解放，个体的工作和生活安排呈现更灵活自由的状态；另一方面也给家庭生活的节奏和家庭关系的维系带来不利影响。家庭生活的闲暇时间被挤占，这可能会使家庭成员个体产生工作和家庭无法兼顾的焦虑感，并在家庭成员之间引起矛盾和对抗。

这一现象产生的深层次原因是现代消费社会的逻辑对家庭生活的改造。一方面，智能手机将个体的媒介实践行为与全球化的信息流动和资源分配机制联系了起来。“企业的生产组织方式非常灵活，而且也允许人们的工作方式非

① 参考以下资料：“尽管‘主体’是现代个体性和自由概念的核心，但应该注意的是，它也暗含着某种屈从的意义，也就是个体在权力结构之中或借助权力结构来建构身份。”参见：马丁·李斯特，乔恩·多维，赛斯·吉丁斯，乔恩·格兰特，基兰·凯利：《新媒体批判导论（第二版）》，吴炜光、付晓光译，复旦大学出版社，2016，第317页。

② 乌尔里希·贝克：《风险社会——新的现代性之路》，张文杰，何博文译，译林出版社，2018，第178页。

常灵活……可以说，在以信息为基础的生产过程中，工作与工作时间的观念本身都可能发生永远的改变”①。另一方面，工作进入家庭是资本对人们闲暇时间进行干涉和控制最明显的特征，背后隐含着对理性、效率等现代化逻辑的遵循。智能手机在这个过程中充分发挥了“勾连”的作用，它勾连起家庭空间与工作空间，使个体的工作角色与家庭角色在家庭空间中发生互动与冲突，并进而影响整个家庭生活的状态。

二、智能手机与家庭消费场景

如果说对家庭与工作的连接是智能手机在“怎么赚钱”这件事情上对家庭生活场景的参与和建构，那么这里本书作者想再讨论一下在“怎么花钱”这件事情上，智能手机在家庭生活场景方面的参与机制。

在目前的中国城市生活中，网络消费已经成为一种被普遍接受的生活方式。移动支付使得几乎所有的家庭消费需求都能通过智能手机在全球性的网络消费市场中得以满足。吃饭可以使用“美团外卖”“饿了吗”，衣、食、用品在淘宝、天猫、京东等网络市场平台上应有尽有，出门可以使用滴滴打车、神州租车等，住宿可以使用携程预订酒店和行程，还可以利用安居客租房买房，甚至可以网购别墅送给父母②。各种应用程序通过智能手机创造出极其繁荣的网络市场。这改变了原来家庭成员在现实时空中的亲身参与、现金及现实交易市场等多种因素共同参与才能完成的消费实践。智能手机的媒介逻辑修改了这些“曾经被视为理所当然的、基本的社会规则”③。繁荣的虚拟市场将全球性的商品搬到手机屏幕之上，个体可以根据自己的时空条件、经济资源、喜好及需求，随时随地利用自己的工作或闲暇时间来完成家庭生活的购物活动。这就解除了家庭购物实践所具有的时空限制，并将工作空间、家庭空间及其他空间随

---

① 谢俊贵：《当代社会变迁之技术逻辑——卡斯特尔网络社会理论述评》，《学术界》，2002 年第 4 期，第 195-196 页。

② 《年终网购农村别墅送父母成热点，宝家乡墅走进江浙受追捧》，2020 年 1 月 8 日，http://pingquan.jiaju.sina.com.cn/zixun/q/20200108/6620600656657188766.shtml?from=singlemessage。

③ Altheide D L.Media Logic and Social Interaction.Symbolic Interaction，1987，10(1):132.

时与智能手机所提供的虚拟空间交叉融合起来。这种购物实践不仅对社会经济变革产生重要的影响，而且使家庭生活场景也发生了巨大的改变。

首先，现场购物逐渐减少，网络消费逐渐增多，现场购物对于热衷于网购的人来说，逐渐变成一种偶尔施行的娱乐化活动。如果说现场购物是一种目的明确、有计划、路线确定的经济行为，那么网络购物则是在网络市场提供的选择范围中进行不确定性挑选的购物表现。胡春阳等人曾经用“移动的转向”这一术语来描述移动传播过程中人们社会生活去物质化的变化过程，并认为在一个“虚拟移动繁盛的社会中”，人们需要重新思考生活、政治与经济等各系统之间的关系①。

现在如果有手机，我几乎不去超市，日用品、洗衣粉都可以买到，多方便啊。你说我带着小孩，要是我去超市买个洗衣液，就算我开车到超市门口，我还得把那么重的东西拎到车库，多不方便。如果我在京东网上商城上买，快递员帮我把货送到电梯里，按我住的楼层，我在电梯口拎一下就拿到家了。所以现在基本上只是偶尔逛一下超市，比如临时需要，或小孩子想逛逛超市，才陪着去逛一下，现在逛超市就像娱乐一样。②

L2 购物习惯的改变与网络消费的便利性密切相关。现场购物可能产生的体力、时空等障碍在网络消费面前被技术予以克服。个体通过媒介使用时间的增多来减少现场购物可能在体力和时空上的限制，也减轻了对家庭成员共同参与购物活动的依赖。而整个社会配送体系的高度完善，也为家庭网络消费的实现提供了重要的助力。家庭生活消费从原来个体（或家庭成员组合）—市场—家庭的流程变成了个体—智能手机—网络市场—实际商品—配送体系—家庭的消费过程。虽然后者看起来中间环节增多，但是对于个体来说，几乎只需要

① 参考以下内容：“社会生活在‘移动’，或者说远离了‘家’；物理变迁看来成为‘去物质化’的联系，因为人类、机器、形象、信息、权力观念和危险一并在‘运动’，并以一种极快的速度在整个世界塑造和重新塑造联系。这个时代由此被称为第二现代——一个移动加速的社会，一个虚拟移动繁盛的社会。这样一种‘移动转向’，迫使人们重新思考社会生活、政治和经济关系。”参见：胡春阳，姚玉河：《移动·传播·第二现代——手机传播的形而上学解释》，《学术月刊》，2012 年 4 月，第 44 卷 4 月号，第 29 页。

② L2 访谈资料。访谈时间：2019 年 3 月 20 日。

做一件事情，那就是管控好自己的手机。个体通过智能手机搜索相应的产品，网络消费市场根据个体的搜索提供来自全球的商品信息，个体根据自己的经济情况和实际需求、智能手机所提供的产品图片、视频及别人的购物体验（商品评论）对这些信息进行判断和匹配（这个过程中可能还需要和网络店铺的“掌柜”进行线上或电话交流），最终选择最适合自己需求的物品进行网络支付，然后只需每天关注一下产品的发货和物流信息即可。

在这个过程中，个体与网络市场、产品信息、网络店铺工作人员及该产品的其他使用者、网上银行、物流配送之间都产生文本或语言上的互动行为。而这种互动都是通过智能手机来完成的。在网络消费市场上，每个人都以智能手机的号码为代码，成为一个独特的网络主体。智能手机的号码成为每个网络消费主体独特的身份信息中重要的部分。通过将手机号码与个人身份证、银行卡等信息绑定，建立在手机号码基础之上的网络主体就具有了相对真实的特征。这种相对真实不仅使自由的网络主体承担一定的法律道德义务，还构成了整个网络消费信任系统的重要部分，为具体消费实践的完成提供必要的保障。智能手机不仅成为个体参与网络消费的一个具身性的代表，而且还成为个体搜索、挑选、匹配、购买、了解配送信息的重要把关机制。因此，网络消费的便利性是在技术发展的基础上，个体通过智能手机等媒介对个人信息的让渡、市场信息的判断及网络资源的整合等多方面因素在虚拟空间中进行把关的结果。智能手机不仅为个体网络消费提供入口和平台，其本身还与个体真实的身份信息紧密结合起来，成为个体在虚拟空间中进行媒介实践的“替代者”。因此，在网络消费活动中，智能手机实现了对个体身份的嵌入，也完成了个体在网络市场上的嵌入。

第二，原本可能需要家庭成员共同参与的现场购物活动逐渐变成每个家庭成员个体在智能手机或电脑上的网络购物之旅。每个家庭成员都可以根据自己的需要和时空条件灵活地选择各自的购物时间、所选择的商品或服务，而不用征求他人的意见，这就使得网络购物本身获得了个体性和私密性的过程特征。这与当代城市家庭之中夫妻之间对经济资源的支配方式有关。D1 表示，自己和妻子之间最大的矛盾就在于妻子特别喜欢网购，并且买回来的东西过多。他说："家里面堆得乱七八糟，到处都堆着那些（她网购的）东西。我提过也没效，反正也管不住，她说，她用的是自己的钱。"[①] 网络购物过程的私密性一定程度上改变了原来家庭成员在消费实践中可能产生的协商场景。当原本可能需要家庭成员商议才会购买的物品突然出现在家庭空间中，就可能引起家庭矛盾。

第三，智能手机的具身性使用特征，使得每个使用者都成为随时随地与消费社会紧密相连的个体。以网络消费为代表的媒介实践是个体在社会生活中对自我身心、时间乃至金钱等各种资源进行调节的重要手段，也成为家庭这一组织在社会资源分配过程中的重要参与机制。通过智能手机或电脑，个体可以在广阔的网络市场上尽情地"逛"，将消费过程变成一种娱乐。网络消费市场在为个体提供众多选择的同时，还通过各种筛选机制与家庭成员个体的媒介实践行为进行互动，给个体和家庭提供最合适的产品类比。这种互动不仅可以提高个体网络消费的效率，而且还通过网络匹配行为，为个体提供相应的阶层认同。

在淘宝上我原来买的比较多的是小朋友的东西。但是小朋友用的东西我现在更多是在考拉[②] 买，考拉上实在没有的才会去淘宝上找。在考拉买我觉得要稍微容易点，没有那么难找。通常性价比也还可以，淘宝上面好坏都有，不是很好去找，比如去买衣服，感觉这件也可以，那件也可以，最后就发现一件都不想要，淘宝就给我这种感觉，就是搜着搜着我什么都不想买了，反正东西太多太杂又有点乱，你得一点点去看。考拉上我搜出来的东西可能刚好是我需要的，这个东西不是特别便宜，也不是特别贵，可能我觉得跟我自己的消费能力或者需求刚好是匹配的。它不会像淘宝那样，比如说，搜件衣服出来 9 块 9 的或十几块钱的，就很明显不会是我想要的。而且像我前几天刻意去做过一个试验，就是去搜那种很贵的东西，像什么 LV[③] 的包包，考拉上搜不出来，所以这个平台它应该是之前做过市场调查，刚好和它消费人群定位相符的那个价

① D1 访谈资料。访谈时间：2019 年 4 月 3 日。

② Z2 所提到的"考拉"即"考拉海购"，是一个综合性的跨境海淘网站。https://www.kaola.com/。

③ 说明：LV 即 LOUISVUITTON（路易威登）的缩写，法国奢侈品牌。

位的东西才会有。考拉上面更多是 COACH[①] 的，然后 GUCCI[②] 的也会有一点点。但是真的非常贵的那种，几万几十万的那些它反而没有。淘宝上就什么都有，而且相对来说可能考拉上的东西还是要更保真一点。[③]

从 Z2 对淘宝平台和考拉平台使用的对比分析可以看出，消费者在网络购物时会根据自己的使用习惯挑选最适合自己需求的产品。这种需求不仅包括产品的使用需求，还包括产品本身对自我乃至群体性阶层身份的标签性表达需求。良莠不齐的网络商品虽然给了消费者巨大的选择空间，但是也给挑选商品本身带来了巨大的难度。“在物质尚不丰裕的中国社会，并没有达到某一个人群精确地对应一种网络购物平台的程度。因此，电子购物平台的大众化和小众化过程几乎在中国同步发生。”[④] 它不仅要求消费者对自我需求非常明确，而且还要求消费者能够在复杂的网络环境中具有良好的媒介素质，这种媒介素质包括对复杂的网络信息进行甄别，从而作出最准确的消费判断。这些判断不仅要求个体能够对消费品本身的质量、安全、价格等信息进行甄别，还需要对复杂的网络促销活动进行理智的计算。这时候消费者对于购物平台本身定位的认知和判断就成为网络消费环节中的重要过滤机制。这种过滤是自我认知与网络消费活动匹配的过程。通过这种过滤，个体完成在网络消费实践中的自我管理和群体身份认同。

通过网络消费，个体被纳入世界性的消费市场之中。在这个过程中，个体和家庭是整个消费环节中的一个个节点数据，甚至会被转化为“受众商品”[⑤]。智能手机的使用，将消费行为从家庭外空间直接带入家庭空间之中，并使每个家庭成员都与全球性的消费网络直接相连，这也就使得家庭空间被纳入

① 说明：COACH 即蔻驰，美国高端品牌。

② 说明：GUCCI 即古驰，意大利奢侈品牌。

③ Z2 访谈资料。访谈时间：2019 年 3 月 30 日。

④ 刘锐：《转型期中国在线消费地理与城市日常生活》，《传播与中国 · 复旦论坛》，2012 年 12 月。

⑤ 娜塔莉 · 芬顿认为，由于人们的数字化媒介行为，其行为习惯被作为数据贮存起来，并被用于精准的广告投放以盈利。在这种情况下，互联网上的数字用户就成为了“受众商品”。参见：娜塔莉 · 芬顿：《互联网与社会化网络》，詹姆斯 · 柯兰，娜塔莉 · 芬顿，德斯 · 弗里德曼：《互联网的误读》，何道宽译，中国人民大学出版社，2014，第 147 页。

全国乃至世界性的市场空间之中。网络消费行为从每个家庭成员个体的生活和心理需求出发，最大限度地刺激了每个人的消费能力和范围，使得现代社会中的消费主义在类似于“双 11”这样的一场场网络消费狂欢中被推向极致。

家庭成员之间围绕网络购物也会产生各种互动和交往、合作与矛盾。在访谈中本书作者发现，除了前文 D1 与妻子之间围绕网络购物产生的矛盾，还存在不同代际之间的网络交往与控制，比如访谈对象 Q1 就提到利用“网络亲情账号”对自己热爱网络购物的父亲进行把关的问题。网络购物可以使成年子女克服时空的障碍，对父母的日常照顾更为便利，并且可以控制父母在科技发展的环境中进行网络消费可能产生的风险。智能手机的使用使得现实购物活动中购物者与支付者统一的身份特征发生了变化，购物者可以是父母或未成年子女，支付者则可以是成年子女或父母，这就使购物主体和支付主体通过网络购物这一媒介实践实现了情感上的表达和现实生活中的互动。

三、智能手机与家庭娱乐场景

除了工作和消费，娱乐休闲也是家庭生活中最重要的活动之一。智能手机的出现改变了家庭生活中“看电视”这一娱乐场景。原来全家人围坐在一起观看电视的场景在当代城市家庭生活中已经大大减少。现在，家庭成员经常各自盯着自己的手机屏幕，电视可有可无。即使是在对部分不使用智能手机的家庭成员（比如老人或孩子）观看电视的陪伴过程或带有家庭仪式性的电视节目观看活动中，家庭成员也经常出现一边使用手机一边陪伴他者观看电视的多屏互动行为。

或许我们可以从“玩手机”这一常见的说法中得到更多的启发。作为一种被贴上了统一标签的描述，“玩手机”往往意味着这样一种家庭生活场景：一个人拿着手机坐着或躺在那里，眼睛直直地盯着手机屏幕，随着视线的上下移动，手指会在手机屏幕上进行滑动。每个人“玩手机”的动作都如此的单一，以至于其他家庭成员仅仅根据手机使用者的表现很难判断该使用者到底是在进行娱乐、工作、学习还是消费，而这种“难以判断”可能会引起家庭矛盾。还有一个问题值得关注，那就是家庭成员个体对于“玩手机”这一行为的理解。

我觉得，有些时候我在沙发上玩手机，其实并不是想玩手机，而只是觉得那个时候是属于我的世界，觉得这一个小时我是为我自己活着的。其实大部分手机上的内容我没觉得有多好看，并没有注意，但是看手机时感觉好像你从家庭空间遁入了个体的空间，所以有时候真的一坐就会坐很长时间那种，但其实并不是说对手机就有多感兴趣。①

J1 对智能手机的这种使用感受并不是个别现象。本书作者在访谈过程中发现，很多人都有类似的感受，即"玩手机"时看什么并不重要，重要的是自己可以自由地"玩一会手机"。在这种行为和心理中，手机使用过程本身成为个体获得自我主体性认知的重要方式。"玩手机"的时间成为"为自己活着"的时间，在这个时间中，个体通过进入一种虚拟的时空来"屏蔽"现实家庭生活的疲惫和劳累。因此，智能手机为个体提供了身心调节的机制和空间，使家庭成员成为个体化的自己。换句话说，智能手机通过对个体闲暇时间的占有和填充，不仅为个体提供娱乐化的内容，也成为使用者通过自我开放和释放构建闲暇生活的重要态度和方式。②

此外，智能手机使用的具身性及移动网络提供的丰富的娱乐信息，可以让使用者充分利用各种碎片化的家庭时间随时随地满足自身的娱乐需求。智能手机的连接性还可以使家庭成员在线上共同进行娱乐活动。比如，家庭成员一起玩联机游戏的过程就相当于通过智能手机建立了一个虚拟的家庭娱乐空间。家庭成员在这一空间中进行互动、沟通、合作或对抗，并与现实家庭空间内家庭成员之间的交往产生互动。与原来电视提供的娱乐休闲活动相比，以聚合场景出现的电视娱乐观看对于家庭成员个体来说，是在家庭这一私密现实空间中具有一定开放性的媒介实践行为。而在家庭现实空间中以独立应用场景出现的"玩手机"的场景，则是家庭成员从家庭私密空间进入虚拟的线上开放空间并保持自我个体性的媒介实践行为。

---

① J1 访谈资料。2019 年 4 月 13 日初次访谈，2019 年 4 月 19 日二次访谈。

② 皮珀认为："闲暇的态度不是干预，而是自我开放，不是攫取，而是释放，把自己释放出去，达到忘情的地步，好比安然入眠的境界。"参见：约瑟夫·皮珀：《闲暇：文化的基础》，刘森尧译，新星出版社，2005，第 42 页。

四、智能手机与家庭人际交往场景

为使用者提供随时随地的人际交往是手机最传统也最主要的功能之一。智能手机通过对多种技术的融合，使得人们之间通过媒介产生联结的方式和场景从原来的单一的语音通话向多样化发展。在当代城市家庭生活中，家庭成员之间利用智能手机中微信、QQ 等应用软件进行文字、语音或者视频交流已经是一种常见的交流方式。家庭微信群的出现更是直接通过网络在每个家庭成员的智能手机中建立起一个虚拟的家庭生活空间。丈夫与妻子之间、父母与子女之间甚至更多的代际之间围绕智能手机的使用形成各种不同的生活场景。由于第三、四章将对夫妻以及亲子之间围绕智能手机开展的家庭生活进行专门的讨论，所以这里不予赘述。

通过以上分析，本书作者认为，智能手机的物理属性是它在家庭生活的各种场景中发挥作用和参与建构的重要逻辑基础。这一方小小的屏幕，“控制并推动着对信息的访问，同时使得文化以特殊的方式、在特定的场所进行生产与消费[①]”。智能手机不仅打开了每个人进入网络虚拟世界的大门，而且通过对各种智能化技术的融合，使得每个人和家庭都可以便利地使用海量的互联网资源，大大拓展了个人和家庭的生活空间。同时，也正是智能手机所具有的独特的物理属性，使得智能手机成为当代城市家庭中不可或缺的生活工具之一。家庭成员围绕智能手机进行的生产、消费、娱乐和交流活动，使其成为一个新的角色参与到家庭生活中来，对家庭成员的互动及家庭关系的建构产生影响。

① 尼古拉斯·盖恩，戴维·比尔:《新媒介:关键概念》，刘君，周竞男译，复旦大学出版社，2015，第 64 页。

第四章　媒介化的夫妻关系：中介化的亲密

我国在现阶段“实行婚姻自由、一夫一妻、男女平等的婚姻制度”①。这对夫妻关系建立的心理情感基础、组合形态及权力地位进行了相应的规定。作为具有“深刻性”和“密切性”的家庭关系②中最重要的一环，夫妻之间因为婚前的情感基础和婚后的家庭生活而产生亲密的互动特征。吉登斯曾经用“纯粹关系”这个概念来表达“一种基于感情交流的关系”，并且认为，开放、平等及沟通对于亲密关系的建立具有非常重要的意义③。媒介作为一个重要的工具和环境变量，参与夫妻之间的交往互动过程并且对夫妻的个体认知、社会性别角色观念及彼此之间的家庭分工和权力地位产生影响，进而在当代城市家庭新的媒介环境中对夫妻关系进行重塑。因此，本章的论述主要沿循这样一种思考逻辑：智能手机对夫妻现实交往的影响及基于现实互动基础之上的虚拟互动关系的建构，使得夫妻双方在家庭生活中的交往与情感表达都逐渐出现了变化。这种变化可以从夫妻之间的交往互动方式、礼物交换及对信任风险的调适来予以洞窥。通过智能手机在夫妻家庭生活中的参与，可以看到以智能手机为中介，夫妻之间如何建立起既联结又区隔的“中介性亲密”关系，以及这种关系背后所隐含的更深层的社会动因和机制。

第一节　智能手机对夫妻现实交往的影响

夫妻在现实空间中的互动交往对整个家庭的生活合作和情感氛围具有重

---

① 详见《中华人民共和国民法典》第一千零四十一条。

② 潘永康认为，与其他社会关系相比，以婚姻为起点、以婚姻和血缘为纽带的家庭关系与其他社会关系发生的依据不同，家庭成员之间特殊的交往和互动是家庭关系特殊性的体现，家庭关系具有深刻性和密切性。参见：潘永康：《婚姻家庭社会学》，北京大学出版社，2018，第 120-121 页。

③ 安东尼·吉登斯：《失控的世界》，周红云译，江西人民出版社，2001，第 57-59 页。

要的引导作用。媒介在此过程中对夫妻之间的日常沟通、合作方式及情感交流的影响是显而易见的。智能手机一方面使得夫妻之间的交流呈现出形式多样、方便灵活的特征，另一方面也通过技术赋权使得夫妻个体与外界的接触更为广泛和密集，从而可能使夫妻之间的亲密关系面临着相应的信任风险。那么，智能手机是如何充分发挥自身的媒介特性，参与和影响夫妻之间现实交往的呢？本节主要通过智能手机在夫妻家庭生活合作、闲暇互动和情感交流中发挥作用的机制，来阐述智能手机对夫妻关系的影响。

一、智能手机：生活合作的连接器

家庭成员围绕日常生活进行互助合作是家庭得以维系和发展的重要条件，也是家庭社会建构功能的重要表现。其中，家庭经济合作和对子女的抚育合作，是夫妻在家庭生活中进行合作的两个重要方面。家庭经济合作为家庭生活提供物质保障，而对子女的抚育合作则是社会延续的重要机制。在当代城市家庭生活中，智能手机的使用对夫妻在家庭生活合作中的模式及协调机制都产生着深远的影响。

1. 合作养家：电子化支付的弊与利

在当代城市家庭生活中，夫妻之间在家庭经济上的合作主要包括家庭经济收入和支出两个方面。在家庭经济收入的获取上，前文在智能手机参与家庭内工作场景的过程部分具体分析了它将家庭成员个体与工作连接起来的两种方式。不论是“被动连接”还是“主动接入”，智能手机中介化的逻辑特征将家庭成员个体与工作场所通过灵活多样的方式紧密连接起来，实现了“劳动的去标准化”[①]，从而为家庭经济收入的保障和增加提供了灵活流动的市场机制。而在家庭经济的支出方面，前文也论述了智能手机的使用使得个体利用媒介在网络消费市场购物的行为带有了个体性和私密性的特征。然而，在婚姻家庭之中，不论是家庭经济收入还是支出，都不仅仅是家庭成员个体的行为和选择。

① 乌尔里希·贝克认为，工业社会就业体系的主要维度都是高度标准化的：劳动合同、工作场所和工作时间。而随着现代化的发展，工作与非工作的边界具有了流动性的特征，终身制全职工作的标准破裂。参见：乌尔里希·贝克：《风险社会——新的现代性之路》，张文杰，何博文译，译林出版社，2018，第 170-178 页。

当两个个体通过婚姻关系组建新的家庭，就意味着对个体获取的经济收入或多或少进行让渡，并使其成为家庭经济资源以供家庭这个组织管理和使用。这是家庭得以维持和发展下去的重要经济支撑，也是婚姻关系为夫妻情感亲密提供一定安全感的重要经济保障[①]。换句话说，婚姻关系的缔结在一定程度上使两个个体在家庭这一组织中成为一个经济结合体。对家庭经济收入的管理和分配由此就与家庭生活的质量及夫妻情感亲密的建设产生了紧密的关联。因此，本书作者在这里想重点探讨智能手机在夫妻对家庭经济收入的管理和分配上，具有怎样的功能特征及矛盾应对机制，从而使夫妻在亲密情感与经济合作之间保持一种平衡。

（1）“贴身化”的家庭经济管理

智能手机的多样化功能及具身性的使用方式，使得家庭成员对经济收入的管理和分配已经呈现出“贴身化”的特征。个人可以利用智能手机对自己每个月的收入及支出情况进行查询、统计和记录，也可以根据家庭财务需要对相应收支进行灵活的市场配置和管理。在市场的驱动下，智能手机成了一个复杂连接的终端，它将现实生活的产品和服务储存于虚拟的网络市场之中，并将这一市场与每一个使用智能手机的个体紧密相连。智能手机在家庭经济管理和分配中驯化的过程，也是各种市场配置、管理规则及新的消费文化逐渐成熟的过程。

在ML县[②]，2018年初的时候，就连我们的网吧都不实行微信支付，都是现金交易的，现在基本上除了农贸市场可能没有实现微信支付，只要有个小店的话，基本都可以微信支付。我前几年回ML的时候很搞笑，因为在昆明习惯了用手机支付，我吃饭的时候没带钱，其实我都没想起来我没带钱，后来我要去付账的时候，我哥他们问我带钱了没有，我说没有。我哥说那你还请我来吃饭？（笑）后来还是我哥拿钱给我付的。但是现在你去店里面都可以手机支付，现在吃碗米线都可以用微信支付了。[③]

① 《中华人民共和国民法典》第一千零五十九条规定：“夫妻有相互扶养的义务。需要扶养的一方，在另一方不履行扶养义务时，有要求其给付扶养费的权利。”

② ML县是云南省某县，距离昆明约120千米。

③ L2访谈资料。访谈时间：2019年3月20日。说明：L2在家乡县城开着一家网吧，所以她谈到网吧的收款方式问题。

从L2的访谈材料可以看出，在她所常住的昆明市，利用微信等方式进行手机支付已经成为普遍的消费支付方式。这不仅改变了她的消费方式，也改变了她的行为习惯。在某些生活领域中，货币电子化支付方式对现金的“取代”[①]不仅对个体消费产生影响，还使家庭经济资源的管理和分配方式发生变化。

当家庭经济收入和支出都以现金方式进行时，家庭经济资源的管理方式以银行存折、银行卡和现金等物化载体为依托。个体在对家庭经济进行管理时必须保持身体与这些物化载体使用的时空一致性，如个体可能需要去银行、柜员机所在地等不同的空间，根据需要填写各种不同的表格或签名，反复核对存取款的金额甚至对纸币的真伪进行鉴别。这些都需要家庭经济管理者的身体参与，并在不同的现实时空之中辗转。这种方式可以使家庭的经济收入更方便地被夫妻中的某一人予以归集和统一管理。在这种管理方式中，家庭内的存折、银行卡或现金等物品的管理者往往拥有家庭经济的管理权。

智能手机的普及使用显然使得这一状况发生了巨大的变化。虽然存折、银行卡等家庭经济的物化载体依然存在，但是货币电子化收付方式使得每个人的收入和支出都能以数据的形式保存于手机之中。智能手机逐渐替代了存折、银行卡和现金，成为家庭经济管理和分配的重要物质载体。而这一载体通过各种智能技术的融合，在社会信任体系逐渐完备的情况下，将经济流通的多种环节统一到一系列的电子化流程之中，从而使人克服了时空的障碍，减少了各种繁复的程序，便于对家庭经济的“贴身化”管理和分配。

（2）货币的电子化支付方式带来的诸多改变

智能手机对家庭经济管理和分配的重要基础之一就是电子化的收付方式成为社会生活中常见的货币使用方式。在电子化的收付过程中，原本物化的货币呈现出信息化和虚拟化的特征。作为社会抽象体系中的特殊“象征标志”之一[②]，货币的这一转变对个人、家庭乃至整个社会的影响都是深远的。从个体

① “取代”这里是指“媒介部分或完全代替了社会行动以及社会机构，且改变了它们的性格”。参见：Schulz A.Reconstructing mediatization as an analytical concept.European Journal of Communication，2004(19):87-101. 转引自戴海波，杨慧《媒介与媒介化的互动机制》，《编辑之友》，2018年3月，第52页。

② 安东尼·吉登斯在《现代性的后果》中提到了诸多相关的概念，其中象征标志指的是“相互交流的媒介，它能将信息传递开来，用不着考虑特定场景下处理这些信息的个人或团体的特殊品质”，而“抽象体系”是象征标志和专家系统的一类统称。参见：安东尼·吉登斯：《现代性的后果》，田禾译，黄平校，译林出版社，2011年版，第19、69页。

使用的角度来说，货币的电子化使得对经济收入和支出的管理可以被纳入具身化使用的智能手机媒介实践之中。智能手机的使用可以为个体提供更灵活的收入来源和渠道，从而也为其消费提供了一定的灵活权限，家庭经济的管理和分配由此呈现出更复杂的特征。货币的电子化收付方式减少了个体在对家庭经济管理和分配中曾面临的时空障碍及可能存在的诸多问题，为家庭经济的便利管理提供了重要的技术基础。而从社会层面来看，货币的电子化收付并不改变它依然是家庭重要经济资源的现实，只是意味着家庭经济收入与支出的虚拟化。在中国传统社会，“眼见为实”的现实交往是社会信任的重要机制，但货币的电子化收付方式这一虚拟化的象征体系的使用过程大多通过网络完成，这就必须有一个强大且完善的社会信任体系来做保障，这也是智能手机成为家庭经济管理和分配智能终端的重要条件。

在家庭经济管理和分配的过程中，这一信任体系的搭建依然与智能手机密切相关。首先，个体需要去银行柜台开通相关账户的网络支付或者手机支付功能，银行会将个体的身份信息、手机号码与相应的账号捆绑起来。然后，个体利用智能手机将这个账户与某类应用软件进行关联，在这个过程中，需要通过手机对相应的应用软件进行授权，而这种授权往往不仅包含对个体账户的信息使用，还包括对手机中相机、通话等功能的使用。个体通过对智能手机中储存的信息使用权限的让渡，将相应账号与智能手机的支付功能联系起来。同样，在支付的过程中，个体也可以通过设置支付密码或指纹验证来进行相应的风险控制。

货币的电子化收付的过程中存在的重重风险控制往往由多个不同的社会系统如银行、应用平台和智能手机的使用者来完成。个体通过重重授权获得参与货币电子化收付的权限，这种授权行为的安全感来自个体对银行、相关应用平台以及其他社会系统所具有的“专家系统”① 的信任，而个体往往成为对风

① “专家系统”在吉登斯的现代性理论中指“由技术成就与专业队伍所组成的体系，正是这些体系编织着我们生活于其中的物质与社会环境的博大范围。绝大多数非专业外行仅以不定期的间断方式去咨询律师、建筑师、医生及其他‘专业人士’，但是融专业知识于其中的这些体系却以连续不断的方式影响着我们行动的方方面面。”参见：安东尼·吉登斯：《现代性的后果》，田禾译，黄平校，译林出版社，2011，第 24 页。

险进行控制的直接把关人。在这个过程中，智能手机本身也成为“专家系统”的一部分。这不仅体现于智能手机相对开放的信息环境可以随时给人们的日常生活提供相应的专业知识检索，还体现在智能手机作为一个技术融合的产物，其本身也是一个复杂的“专家系统”的重要构成部分。对于很多个体来说，在货币的电子化收付过程中对某类应用所需要的媒介授权究竟意味着什么并不清楚。换句话说，想参与到互联网经济的流通环节中去，个体对于自己本身让渡了哪些权力，并不完全是知晓的。技术与利益的结合形成了人们在对智能手机使用过程中的“后台”和“暗箱”，而这可能使个体在遇到问题时对整个信任体系的认同产生危机。

由此，货币的电子化收付方式、智能手机和社会信任体系就共同形成了个体、家庭对传统经济交换关系的“脱嵌”及新型的互联网经济关系的再嵌入。通过智能手机的具身性使用，个体便利地将经济资源纳入社会经济和信任体系之中。而在这个过程中，智能手机也通过将个体的手机号码、个体身份证号及相应的授权验证信息结合起来，在互联网经济市场中形成一个独特的“虚拟化参与主体”。这种虚拟建立在真实的个体身份之上，带有数据的普适性特征。个体通过与智能手机之间的真实互动来完成这一虚拟主体在互联网经济中的参与过程。由此，智能手机不仅仅是个体参与互联网经济的综合平台，还是“虚拟化参与主体”的物化代表，并且充当着个体对机会与风险进行控制的重要“阀门”。

（3）管理与控制：自由组合

前文分析了智能手机在家庭经济管理和分配中使用的普遍性以及运行的逻辑机制。对于作为家庭角色的丈夫和妻子来说，智能手机的使用对二者在家庭经济合作过程中的互动又会产生怎样的影响呢?

本书作者在访谈中发现，通过参加社会劳动获取经济报酬依然是城市家庭获取经济资源的重要渠道。在关于家庭经济收入的管理上，存在以下几种情况。

第一种情况较为普遍，即平时夫妻双方根据各自的收入情况承担一部分家庭支出，比如女性承担家庭日常支出，或者家庭遇到支出的时候，谁遇到就谁支付，而家庭内房贷、车贷等数额可能更大的支出则由男性承担或者夫妻根据双方的经济情况“一起凑”。

我们各管各的，各自拿各自的工资卡。如果家里需要购置大件，一般是他在弄，我一般挣的钱就是我自己花，以及给小孩买东西。我和他提出过为孩子单独建一个储蓄账户，他不同意。他觉得没必要搞那些，好像要限制他一样。反正需要钱的时候，他拿得出来就行。①

在这种管理方式中，夫妻既保持对各自所拥有的经济资源的所有权和支配权，也在夫妻情感亲密和家庭合作的基础上贡献一部分自己的经济资源，以供家庭生活正常运行。智能手机与家庭经济资源的绑定使得家庭经济的管理和分配过程中个体性增强。货币的电子化收付方式使得传统的家庭经济管理方式逐渐发生了改变。智能手机的使用使得丈夫与妻子的收入方式更为灵活，便利的支出手段及手机密码等控制机制则使个体在虚拟市场上的支出也更加具有私密性。而且，随着社会的发展，丈夫与妻子在彼此都能获得经济收入的情况下，对彼此的消费隐私也更为尊重。特别是对于女性来说，通过参加社会工作获得的经济收入是其获取家庭地位、争取平等的家庭权力的重要资源保障。这样，就在家庭生活的经济合作之中形成了这样一种状态：夫妻双方对各自拥有的经济资源具有一定的独立使用权，与配偶之间围绕家庭生活而进行的经济合作是一种基于双方经济收入、不同的性别责任意识及夫妻情感状态等多因素综合考虑并通过日常家庭生活互动进行协商的结果。这就使得家庭这一“经济合作体”在新的媒介技术及家庭观念更新等因素的影响下，具有了基于夫妻之间个体性尊重和权力平衡趋势上的相对稳定结构。

第二种是由夫妻双方中负责家庭日常事务管理的人对家庭经济资源进行掌控和管理。这种职责往往由家庭中的妻子来承担。在访谈中，L2 和 F1 这两位“全职太太”均表示拥有家庭财政的绝对主导权。L2 在访谈中表示，由于自己放弃了职业生涯，而且在抚育孩子的过程中较为抑郁，所以其丈夫从不对她的消费进行控制，甚至鼓励她利用消费来释放压力。F1 的丈夫常年在外工作，每个月的收入都交给 F1，F1 通过微信给丈夫转一定数量的零花钱。在丈

① L10 访谈资料。访谈时间：2019 年 5 月 14 日。

夫额外需要用钱的时候，也可以随时予以支持。这种方式在夫妻双方均参加社会工作的家庭中也同样存在。如在Z6家中，丈夫在外地工作，每个月工资都由她根据家庭生活需要灵活支配。她说："我觉得夫妻双方谁管钱都一样，无所谓。我告诉他，如果你想管也行，我也可以给你管。他说不想管，因为他知道不好管。"① 访谈对象M4在访谈中提到了"家庭基金"的问题。夫妻两个将每月收入除开支外的结余存在一个账户中，将其称为"家庭基金"，"一起出去玩或者有大额开销（如购置大件家电）时就会用'家庭基金'。"②

在这种方式中，智能手机的使用既为夫妻之间经济互助提供便利的条件，也为夫妻之间进行经济控制提供了重要的工具。这种控制又分为以下几个层面。

第一个层面是，利用智能手机进行网络消费的数据化呈现方式可使个体或以家庭为单位的消费过程清晰化。数据的记忆和归档功能能够使家庭生活通过消费这一环节被予以数据化呈现，比如每年年底淘宝等购物网站都会给每个消费者出具"年度账单"。当然，这种控制也会出现有趣的"意外"。因为智能手机使用的具身性和私密性，如果家庭经济的绝对管理者对自己的支出情况进行刻意隐瞒或拒绝分享，那么配偶在让渡了家庭经营管理权力的同时，很可能也无法知晓家庭支出的详细情况。

我们才领证，他就把所有钱都上交了。所有的开支都是从我这边走……但是我的淘宝账单、支付宝账单之类的，如果他想看，我一般都不给他看，因为他看了会说我乱买东西。③

第二个层面是妻子通过家庭经济资源的控制来获取家庭生活的安全感及夫妻权力中的主导地位。这一点在有"全职太太"的家庭或者夫妻双方异地生活的家庭中尤为常见。在当代城市家庭生活中，夫妻中的一方（往往是丈夫）在外地工作的并不少见。如果丈夫因为工作原因长期驻外，那么基本上由妻子掌握家庭内的经济权力。如在Z6、F1和M3这三位访谈对象的家里，由于丈

① Z6访谈资料。访谈时间：2019年4月12日。

② M4访谈资料。访谈时间：2019年5月10日。

③ Z2访谈资料。访谈时间：2019年3月30日。

夫都在外地工作，经济大权基本都掌握在妻子手中。远在外地工作的丈夫愿意将家庭经济大权交给妻子，希望通过家庭中经济权力的让渡，让妻子在丈夫无法陪伴在侧的情况下，通过对家庭经济权力的掌控来获得家庭生活的安全感，进而维持整个家庭的稳定运转。尽管从妻子的角度来看，家庭经济的复杂性使得女性并不认为掌握家庭内经济权力是一件轻松愉悦的事情，但从这三位访谈对象身上，本书作者发现与其他类型的夫妻关系相比，他们明显显露出对丈夫更为信任的心理。通过智能手机提供的灵活便捷的经济管理功能，妻子可以方便地做到既掌握家里的经济权力，又随时满足丈夫的消费需求而不对夫妻之间的亲密感情造成影响。

第三种是由夫妻双方中具有特定知识的人对家庭经济进行管理和支配。比如在 D3 家中，由于丈夫是银行职员，所以家庭经济主要由丈夫进行管理。她认为："不然，恐怕钱都被我交给淘宝了。"[①] 而在 M5 和 Y3 家中，家庭经济全部由 Y3 进行管理。如果要买什么东西，M5 就会告诉 Y3，由 Y3 负责购买，甚至 M5 的手机微信上不绑定储蓄卡。

自己不用操这个心。如果我们出去玩的话，她的手机很关键，我们所有的航班信息、酒店信息全部在那儿，要是丢了就没办法了，特别是在国外旅游的时候。因为 Y3 把各种 App 用得很透彻，我想买个什么她就会马上看一下，淘宝、京东等平台分别是什么政策，有多元化的比较，所以，虽然我尽量阻止她在一些关键时段用手机，但是我承认确实大家也离不开这个东西。[②]

M5 的话其实描述出了在当代家庭中很常见的一种消费状态。要购买某件商品时，会在"线上"货比三家，并且通过比较来选取最合适的消费渠道。在已婚家庭中，这个过程通常是由妻子这个角色来完成的。M5 之所以会让 Y3 来完成相应的家庭消费，是因为他认为 Y3 比自己对网络消费更为熟练。对智能手机的熟练使用成为妻子在新的消费环境中需要完成的"角色期待"，技术开始成为家庭生活顺利进行的重要保障措施，进而减少夫妻之间因为生活琐事产生矛盾的概率，从侧面保障了夫妻之间的互动与交往的亲密感。在消费层

① D3 访谈资料。访谈时间：2019 年 5 月 13 日。

② M5 访谈资料。访谈时间：2019 年 6 月 4 日。

面，部分女性因为其丰富的经验，可能会在家庭消费过程中享有更多的权力。

当代城市家庭经济收入和支出的复杂性以及不同的家庭观念之间的冲突，决定了家庭经济的管理和分配存在极大的复杂性。在家庭经济合作的过程中，夫妻之间既有对传统家庭经验的遵守，也有在新的媒介环境中对家庭经济合作所进行的观念更新或行为实践。随着家庭观念的变化，对家庭经济资源的追求已经不再是家庭生活的唯一目标，丈夫与妻子都参与社会劳动并获得经济收入的现状，使得双方在经济上的依赖感下降。很多家庭中的妻子希望丈夫能够平衡工作与家庭其他需求的关系，在照顾子女、情感建设上投入更多的时间和精力。Q2 是一位大学老师，丈夫是一位知名律师，自己开着一家律师事务所，事业发展蒸蒸日上。但是因为丈夫特别忙，基本照顾不到家里。

我就觉得我下辈子我再不找你这种情况的人了。虽然经济上你让我觉得我买东西用钱都无所谓，买菜我都不讲价，但是我也失去了很多。我失去的包括两口子一起享受家庭剧，每一天的生活有点盼头，等等。我现在都是麻木地过，没什么事情让人觉得很开心、很快乐。经济上我要求不高，所以，我觉得如果找个朝九晚五的人，可能幸福指数更高些。吃的穿的用的基本的满足就可以了，我也不过多奢靡的那种生活。①

在对社会共同价值②进行塑造的过程中，媒介起到了重要的作用。在一定社会发展时期，媒介对某种价值理念的倡导和宣扬，总是为人们的价值共识提供相应的理解框架。智能手机同样参与这种价值共识的框架塑造，同时其灵便的交往特征及丰富的信息环境使得人们对不同观点的信息接触频率更高，在这种情况下，个体对共同价值的判断及在日常生活中依据共同价值进行的社会交往可能会随着社会变迁而发生变化。曾经建立在职业和经济基础上的个体成就不再是家庭共同价值的唯一标准，如何同时兼顾个体发展与家庭需求成为每个家庭成员必须面对的问题。家庭作为一个社会组织单位，家庭成员之间除了经

---

① Q2 的访谈材料。访谈时间：2019 年 5 月 15 日。

② 布劳认为，社会共同价值是在社会交往过程中产生的共识、“共同同意的价值标准”，“这些标准使得超越个体之间的交易并发展间接交换的复杂网络成为可能”，从而成为社会生活的媒介，“价值背景是塑造社会关系形式的媒介，共同价值是广泛的社会交往和社会交易的起媒介作用的联结物”。参见：彼得·M. 布劳：《社会生活中的交换与权力》，李国武译，商务印书馆，2008，第 62 页、第 358 页。

济合作，还有情感上的交流及彼此分享时空的陪伴需求。个体需要在家庭生活的各个需求环节之间灵活调整以保持一种平衡稳定的状态。“家庭是一种文化的建构，一种‘社会存在所必要的想象’”。① 夫妻双方对于“集体战略”② 和个人目标的不一致性可能会导致家庭生活节奏以及内容上的冲突与矛盾，而对家庭生活的不同想象则使个体性在夫妻对家庭问题进行协商的过程中处于矛盾的中心位置，这种矛盾如果不可协调，那么家庭就可能面临着解体的风险。

在 Q2 的描述中，我们可以看到她和丈夫之间对于家庭目标的理解是不一样的，而这种目标也都是从个体需求出发的。她说：“他不好的地方是以自己为中心，不是以这个家为中心。他把自己的事情安排完了再安排家里的事。而我自己是先以家为中心，再来安排自己的事。” ③ 当 Q2 的丈夫还是以经济收入作为自己个体性获得以及对家庭生活贡献的主要标准时，Q2 对夫妻之间亲密关系的诉求已经与之产生了分歧。这种分歧不仅是夫妻个体性需求的分歧，其背后还有着深刻的传统文化规约与现代化进程之间个体性的矛盾对立。“家庭建构的逻辑真正的变化在于人们从经济和亲密关系两个视角确定了自己的家庭成员，并且在不同的语境中会选取适当的概念来解释” ④。从这个角度上来看，个体对事业的追求与家庭生活之间存在的矛盾并不是一个时间争夺的问题，而是个体基于价值判断之上的个人理性选择问题。这种选择充分体现了现代化过程中，面对市场提供的诸多机会，个体基于效率考量的市场价值与家庭“亲密”情感建立之间的张力关系。这从一个侧面反映出个体在与家庭成员进行经济合作与情感亲密建构之间可能存在的冲突状态。个体在面临这种状态时不同的选择，有着更复杂的原因和动力机制。从性别的角度来看，传统的社会性别分工及现代性的性别平等观念，在夫妻对个体发展与家庭生活需求的平衡过程

---

① 阎云翔：《中国社会的个体化》，陆洋等译，上海译文出版社，2016，第 82 页。

② 布尔迪厄认为，“集体战略”是婚姻的各种利益有关者赋予婚姻的目的以及他们为实现战略可动用的手段的总和。参见：皮埃尔·布尔迪厄：《实践理论大纲》，高振华、李思宇译，中国人民大学出版社，2017，第 150 页。

③ Q2 的访谈材料。访谈时间：2019 年 5 月 15 日。

④ 沈奕斐：《个体化与家庭结构关系的重构——以上海为例》，博士学位论文，2010 年，复旦大学社会学专业，第 218 页。

中都可能产生影响。而夫妻之间对于家庭合作的不同观念，也会影响彼此之间的合作模式及矛盾平衡机制。

2. 合作养孩子：分享与冲突

家庭在对子女抚育过程中的重要作用一直受到学术界的高度重视。“男女相约共同担负抚育他们所生孩子的责任就是婚姻”[①]。潘允康对家庭在生殖、抚育过程中具体的作用机制也进行了介绍[②]。本书作者在访谈中发现，夫妻之间围绕子女的抚育进行的合作是家庭生活合作中极为重要的一个方面，并且夫妻在抚育子女过程中的互动与沟通行为，对夫妻关系产生着重要的影响。本书作者在这部分将生育、抚养和教育三个部分统称为父母对子女的“抚育”功能。智能手机在夫妻合作抚育子女的过程中，不仅起到分享和沟通的作用，还会引起相应的矛盾和冲突。

（1）智能手机在子女抚育合作中的分享和沟通

本书作者在前文分析家庭经济合作时曾提到，男性往往在家庭大额支出上承担着更重要的职责，然而在抚育孩子上，绝大多数家庭中女性依然比男性付出更多的精力和时间。特别是夫妻中有一方在外地工作的情况下，基本上对子女的日常抚育就成为夫妻中单方面的生活承担行为。在这种情况下，智能手机的使用往往非常重要，它成为夫妻之间围绕子女抚育这一家庭生活实践进行分享和沟通的重要方式和渠道。

她爸爸在外地工作好几年了。我们一般靠微信来沟通。我女儿每天做完作业，习惯性地跟他爸爸聊天，早上她爸爸也会向她问好。一般早上来得及的话，我们就视频，来不及的话就发语音。她爸爸每天都祝福她，她也祝她爸爸每天好心情。邻居一起出去玩，她爸爸不在，都是我带着她，反正就像单亲妈妈带着。其他的事情倒也不明显。她爸天天都给她发微信，每天晚上只要有时间都会跟她视频。每天孩子做作业的时候，他都会问什么状况，做完作业的时

① 费孝通：《生育制度》，群言出版社，2016，第 33 页。

② 潘允康在对家庭的功能进行介绍时，认为家庭具有生殖功能、抚育功能和教育功能，教育功能又包括对子女进行基本生活技能教导、社会规范学习、生活目标指点、社会角色培养四个方面。详见潘允康：《婚姻家庭社会学》，北京大学出版社，2018，第 164-170 页。

候，他就要约着她女儿一起视频，然后跟她道晚安。①

智能手机构建的虚拟交往空间延展了家庭空间的范围，并在虚拟的网络世界中构建出新的家庭沟通空间。丈夫和妻子之间可以通过智能手机分享子女成长过程中的照片和趣事，也可以进行相应的讨论并制定共同的教育方案，还可以通过“转发”等功能灵活地实现对智能手机提供的众多专业知识的分享和学习。因此，通过这种虚拟化的互动交往与合作，智能手机成为夫妻之间对抚育子女的观念、态度和行为进行一致性协商的重要机制。

此外，夫妻之间也可以通过智能手机共建子女成长的“电子档案”。以本书作者自己的亲身经历为例，在孩子刚刚出生时，丈夫就在手机上下载和注册了一个“亲宝宝”②应用软件。本书作者和丈夫都可以将自己和孩子相处时拍下的照片或视频上传到这个空间与对方分享，也可以随时进入这个空间对孩子成长过程中的照片及音视频进行浏览。夫妻在对子女抚育的过程中，对子女成长信息的记录和分享已经具有了电子化的特征和趋势。这种“电子档案”建立的过程，是子女成长的过程，也是夫妻之间利用智能手机对育儿合作进行分享、沟通和学习的过程。这种合作不再要求夫妻共处同一物理空间之中，甚至在对子女成长的某一场景的虚拟化参与中，也不再保持同一时间进行。夫妻根据各自的时间安排对相应素材进行灵活处理，上传分享的时间与对方参与分享过程的时间都没有强制性的要求，但是夫妻双方都希望通过对这一空间的共建来实现对子女抚育信息的学习和共享。

（2）智能手机成为子女抚育合作中的矛盾与冲突

本书作者在访谈中发现，子女的出生往往是夫妻交往方式和情感互动交流的一个重要转折点。与没有生育子女的时候相比，夫妻开始面临新的家庭实践活动，并且都以监护人的身份主体对这一实践保持积极参与的态度。这就意味着双方都可以在对子女抚育的过程中根据自己的认知进行相应的抚养或教育实践。当夫妻双方之间有分歧时，就会产生相应的矛盾。本书作者在这里主要

① F1 访谈资料。访谈时间：2019 年 4 月 23 日。

② “亲宝宝”是一款由家人共同分享和记录子女成长过程中的音频、视频、照片等资料的亲子互动空间。它还提供一定的育儿知识及亲子教育等服务。详见：https://www.qinbaobao.com。

想探讨智能手机在抚育孩子过程中的使用给夫妻合作带来的矛盾和冲突。

我儿子上小学之前，我每天睡觉前会坚持给他讲故事，我拿着故事书给他念，想培养他阅读的兴趣。但他上小学之后，有一段时间我嫌麻烦，就让他爸爸给他讲，他爸爸给他讲了两晚上就不想讲了，他就下个“喜马拉雅”[①]给我儿子听故事，听着听着我儿子就不感兴趣了，就说：“爸爸我们来看看小视频吧。”他爸就说可以看一会儿。于是我儿子就有点得寸进尺，有时候他还会说：“爸爸，要不玩下游戏吧。”他爸爸一看坚持不下去，就说可以玩几分钟，玩着玩着我儿子就对手机爱不释手了。[②]

L2及其丈夫在对儿子抚育的过程中，培养儿子阅读兴趣的目标是一致的，但是围绕这一目标产生的实践行为不一致。L2认为应该利用书籍，由家长亲自给儿子讲故事，而丈夫则会选择利用智能手机的多样化功能来替代自己在这一抚育实践中的主体角色和参与过程。这种“替代”就使得原本应该由家长和子女之间进行的互动交往变成了子女与智能手机之间的互动交往，这也导致了这一互动过程中主导权力的变化。在父母与子女的互动过程中，父母根据抚育目标对子女起到引导的作用，而在子女与智能手机的互动过程中，子女对智能手机的多种功能具有主导使用的权力。这相当于将主导权交给了自控能力和媒介素养都并不成熟的未成年人。在这个过程中，如果父母没有起到切实的监督作用，或者夫妻之间对智能手机的参与本身及监督的权限、程度存在分歧，就会引起夫妻之间的矛盾和冲突。

妻子将给儿子讲故事这一教育活动交给丈夫，是希望丈夫在抚育子女的过程中与自己承担同样的合作责任。然而，对这一过程不同的媒介实践方式及控制手段，会成为夫妻在同一目标追寻过程中的矛盾爆发点。这意味着夫妻在对子女的抚育合作过程中，当不同形式的媒介成为其中不可避免的参与者之一，夫妻首先需要对媒介参与这一过程的态度、方式及控制手段达成一致意见。换句话说，当媒介成为夫妻对子女抚育过程中几乎无法绕过的一个变量因素，夫妻之间就应该对这一变量参与的机制进行预置性的协商并达成一致意

① 喜马拉雅是目前国内最大的移动音频分享平台。

② L2访谈资料。访谈时间：2019年3月20日。

见。这就改变了原来夫妻二者围绕子女抚育进行互动沟通的结构，而变成了夫妻、媒介与子女几方面复杂的互动实践过程。由此，智能手机在参与当代城市家庭媒介环境的过程中也参与到家庭生活实践具体的运行机制中来。

二、智能手机：闲暇互动的陪伴者

对于个体来说，家庭不仅是一个合作共同体，还是彼此情感沟通、交流、共同度过闲暇时光的重要空间。吉登斯在对《家庭与亲密关系》进行讨论时，着重强调了平等、交谈或对话、信任及远离暴力在良好的两性关系建立过程中的重要作用[①]，并将交流在亲密关系塑造过程中的作用置于基础性的地位。那么，在当代城市家庭生活中，智能手机的使用对夫妻之间在闲暇时间的交往互动与情感交流又会产生哪些影响呢？

1. 你玩你的，我看我的

家庭是个体度过闲暇时光的重要空间。在智能手机出现之前，夫妻双方之间往往通过共同看电视、交谈或者进行户外活动来度过家庭生活的闲暇时光。智能手机的出现使这些场景逐渐发生了变化。

第一，智能手机的使用替代了部分夫妻之间的闲暇互动与情感交流。

我怀二胎六七个月的时候，有一天（丈夫）陪我去吃早餐。我最记得在那个米线馆，他边吃边刷头条，我吃了一半，摆着碗（不吃了）我就回家了。我觉得他应该尊重我一下，对不对？陪我吃个早餐能不能好好地陪我吃？他吃完了才发现我已经走了。[②]

当个体沉浸于智能手机所提供的媒介环境之中，往往会忘记周围的现实交往场景。不间断的媒介信息更新使得对手机的“刷屏”行为可以一直进行下

---

① 吉登斯在《家庭与亲密关系》的社会学讨论中表达了这样的观点：“良好的两性关系被假定为是平等的关系，即双方拥有平等的权利和义务。在这样的关系中，每个人都保有尊重，并希望对方获得最好的东西。交谈或对话是使两性关系顺利好转的基础。现代人往往认为，当两个人并不过多地彼此隐瞒时，两性关系能发展到最好的状态，这需要相互信任。这种信任是双方共同努力的，而不能简单地认为是理所当然的。最后，良好的两性关系是远离专制权力、高压强迫和暴力的。”参见：安东尼·吉登斯，菲利普·萨顿：《社会学（第七版）》，赵旭东等译，北京大学出版社，2015，第 364-365 页。

② L2 访谈资料。访谈时间：2019 年 3 月 20 日。

去。在这种情境中，使用者仿佛陷入了一个信息漩涡之中难以自拔。这种使用者与智能手机之间的沉浸式交往使得其他个体被排斥在交往场景之外。“疏离是技术不可避免的副产品。”① 在L2看来，丈夫的这种行为是对自己的“不尊重”，因为既然陪伴的是自己，就不应该将视线集中在智能手机之上。对智能手机的过度关注所导致的对配偶的疏忽于夫妻亲密感情来说，是一种极大的伤害。

我非常反感和生气。他回家吃完饭、洗完碗就躺在床上开始玩（手机游戏），这本应该是属于交流的时间，他却全程不做家务，也不跟我讲话。后来，我就逼着他把游戏卸载了。②

“社会联系的实质是行为和情感”。③ 在某些家庭的闲暇生活中，当夫妻之间的交往与情感交流从配偶转移到智能手机上时，家庭中的个体对智能手机的依赖和过度使用使得智能手机就像“入侵者”一样与家庭成员个体紧密连接在一起，不断夺走原本应该停留在配偶身上的目光、对配偶的陪伴及进行交流和分享的快乐。而这种被替代的互动场景原本是夫妻之间亲密感建立的重要条件。在这种情况下，如果夫妻中的一方对此表示不满，就可能引起夫妻矛盾的爆发。而要解决这一矛盾，使家庭生活正常进行下去，双方就必须对智能手机的使用进行规定性的讨论和协商，这就将媒介使用纳入家庭生活规范的建立过程之中。

第二，夫妻之间对智能手机的这种“替代”持一种默认的态度。如果说第一种情形出现在夫妻双方对智能手机使用态度不一致的家庭中，本书作者在访谈中还发现，在很多家庭中，夫妻双方对使用智能手机替代彼此之间的闲暇互动与情感交流持一种默认态度。S2认为，睡前或者一起吃饭时各自看各自的手机是“正常”现象④。C2也提到：“睡觉前半个小时有时候会刷一下手

---

① 尼古拉斯·卡尔：《浅薄：你是互联网的奴隶还是主宰者》，刘纯毅译，中信出版集团股份有限公司，2015，第264页。

② M4访谈资料，访谈时间：2019年5月10日。

③ 潘允康，约翰·罗根，边馥琴，边燕杰，关颖，卢汉龙：《住房与中国城市的家庭结构——区位学理论思考》，《社会学研究》，1997年第6期，第78页。

④ S2访谈资料。访谈时间：2019年4月10日。

机。各自靠手机哄睡，手机不影响夫妻之间的沟通，因为两个人都是这样子的（笑）。”① 在很多家庭中，夫妻之间已经意识到这种场景可能会对彼此之间的沟通与互动产生影响，但是都没有从行为上进行改变以改善这种局面。

睡觉前我们两个坐在床上玩手机，他玩他的，我玩我的，互相不干涉。他看他的电视剧，我弄我的。其实原来可能大家会在一起交流一下家里的生活什么的，但是现在基本上也全部都被手机占据了。②

如果各自都看手机，肯定（对夫妻沟通）会有影响，因为都没有实际的交流了，各玩各的。③

如果说夫妻之间现实生活中的互动与交流代表了以“我们”为主体的情感共建行为，而个体对智能手机的使用则代表了以“我”为主体的家庭生活休闲方式，那么这种基于“我们”与“我”的需求之间的矛盾其实体现了家庭在现代化过程中的适应性问题。“心理上的距离是施加控制的前提……有些情况下，疏离恰恰就是工具的价值所在。”④ 在“玩手机”这一现象的背后，“我们”和“我”其实代表了两种不同的主导价值形态，基于“我”和“我们”的问题区分意味着家庭生活之中个体性与家庭生活的团结性之间的区分。

我现在要求他（丈夫）在我面前不可以玩手机，如果只有我和女儿的时候是不能玩手机的，也不能玩游戏。我说：“我们两个就那么一点点单独在一起的时间，你还要打游戏吗？你回到家里就放下手机！”⑤

从 L7 对丈夫使用手机的要求可以看出，夫妻双方对于个体性的追求与整个家庭生活的团结性紧密相关。当个体性与家庭团结冲突时，就需要夫妻双方之间以协商的姿态进行解决。这种协商性主要体现在夫妻双方对一些家庭规约的制定上。

每天都会有两个人都玩手机的情况，如果孩子照顾好了，我们就玩一会

① C2 访谈资料。访谈时间：2019 年 4 月 24 日。

② Y2 访谈资料。访谈时间：2019 年 4 月 1 日。

③ Y4 访谈资料。访谈时间：2019 年 4 月 3 日。

④ 尼古拉斯·卡尔：《浅薄：你是互联网的奴隶还是主宰者》，刘纯毅译，中信出版集团股份有限公司，2015，第 265 页。

⑤ L7 访谈资料。访谈时间：2019 年 4 月 19 日。

儿。如果都在玩，两个人都没有意见。睡觉前他专门跟我强调过，不要用手机，但是我都在弄。这样，他就觉得手机对生活的影响太大了，即使早上起来也在那里弄，第一件事情是拿手机，睡觉之前最后一件事情也是拿手机。像吃饭时候不准用手机这些，他说了我能遵守，但是睡觉前不准用，说了我也没遵守，他自己也没有遵守。[①]

本书作者在访谈中发现，夫妻之间会对诸如“是否能将手机带入卧室”“是否能将手机带上床”“什么时候允许看手机”“陪伴孩子时候不允许开声音”等问题作出相应的约定，以此来“规范”可能会引起家庭矛盾的媒介使用行为。这种规约说明了在当代城市家庭生活中，丈夫与妻子之间试图通过彼此监督和约束来建立一种新的家庭秩序。这种秩序的建立需要夫妻双方都对自我的媒介使用行为保持克制和管理，并在个体性需求及家庭的情感共建之间尽量保持平衡。从这个意义上来讲，夫妻双方既是这种秩序的试图创建者，也可能是对这种秩序的破坏者。它需要夫妻对自我个体性需求的满足保持足够清醒且有距离感的认知，并在个体性需求与家庭亲密之间保持一种平衡的状态。

第三，智能手机的使用改变了夫妻之间的闲暇互动及情感交流习惯。对于需要抚育子女的夫妻来说，繁重的工作、家务劳动和子女抚育活动使得孩子睡着以后、自己临睡之前的时光成为重要的休闲时光，而个体在这段时间内自由使用智能手机的行为往往是在个体性驱使之下的心理需求和媒介实践。这也是夫妻双方对于智能手机使用替代彼此之间互动交流采取“默认”态度的重要原因。这种“默认”意味着对智能手机的使用已经成为夫妻双方都需要且彼此之间都认可的相处环境。换句话说，双方认可了彼此对手机使用的个体性需求比双方之间的亲密感建构更重要。这种隐含在行为背后的价值判断从侧面肯定了智能手机的使用增强了夫妻日常交往中的个体性。而在智能手机出现之前，这段时间是夫妻之间彼此谈心、交流甚至酝酿性生活的过程。在和访谈对象探讨这个问题时，类似于“信息避孕药”“靠手机哄睡”等描述字眼并不少见。

我睡觉前不玩手机，但是我媳妇玩，这个时候我们两个没有任何交流，手机就像避孕药一样。原来没有手机的时候，我俩可能会在一起交流一下娃娃

① Y3 访谈资料。访谈时间：2019 年 4 月 2 日。

的事情，甚至是谈一下感情，现在不会了。为什么现在生二胎这么少，一个同学说是因为“信息型避孕药”出来了，手机就是这个避孕药。我一想还真是这回事。①

如果说对手机的使用可以使人随时随地进入一个“虚拟世界”，那么当夫妻二人同在双人床上时，彼此使用手机就分别进入了不同的虚拟空间之中。这时，夫妻二人虽然身处同一个现实空间，情感和思想却已分属不同的虚拟世界。夫妻之间在临睡之前以智能手机的“屏幕”为区隔建构起家庭生活和个人生活两个不同的空间。家庭生活以责任、义务及情感勾连为特征，个人生活则以个体独处的需要及个体性为特征。正是因为智能手机的出现，使得家庭生活与个体生活之间，作为家庭角色的“我”与作为自己的“我”之间，有了更灵活多变的相处模式。在这个过程中，夫妻在共同生活中对个人独处的时间和空间有所需求，这种需求通过智能手机的使用得以实现。当双方认可这一行为时，夫妻之间的相处是和谐的；而当夫妻之间因智能手机使用导致家庭生活的目标和感受出现分歧时，矛盾就会产生。

他爸每天拿着手机看头条、看朋友圈，有时候晚上起来上厕所，还拿着手机点，点到睡着了，手机都掉了。因为我睡觉浅，他爸睡觉玩手机的话，我就不要他和我睡了。这样影响我的睡眠。②

家庭作为一个社会组织，主要的功能之一就是满足夫妻双方合理的性需求。智能手机的具身性特征使得夫妻双方在临睡前各自沉浸于网络的虚拟世界的机会增多，减少了夫妻之间的情感交流和性生活，从而降低了夫妻之间的亲密感。

第四，智能手机的使用增加了夫妻之间在线上的交流时间和频率，但是一定程度上减少了现实空间中的互动交流频率。这种状态可能会对夫妻之间的亲密感产生影响。

在访谈中被问到“和老公微信交流多还是面对面说话的时间多”时，L2表示：

① Z4 访谈资料。访谈时间：2019 年 4 月 9 日。

② L2 访谈资料。访谈时间：2019 年 3 月 20 日。

我觉得这是我最讨厌的东西。有段时间我老公回来以后，关于明天要做什么事、最近怎么样，都是通过微信来和我交流，我说我们之间的交流就剩下用手机了吗！（愤怒的语气）我心里面觉得自己情绪上都有问题了，心情已经很糟糕了，他也不关心我一下，没有安慰我一下，每天只用手机来问一下。每天要的问题，还都是通过微信来问。①

在这种情绪状态下，L2 往往会采取不回丈夫的微信信息、不接电话等行为表示反抗。L2 与丈夫之间因为智能手机的使用导致的线上交流增多而线下交流减少的状况使 L2 产生了"自反性"②的媒介使用态度和行为。L2 对丈夫的微信或电话不予回应表面上看来是一种夫妻交往过程中的暂时中断，实际上表达了 L2 对整个媒介环境给夫妻交往方式带来的改变所具有的一种拒绝性态度和行为。通过拒绝回应的方式，L2 既表达了对丈夫的这种交流方式的对抗，也表达了对自己身处并且也参与其中的媒介环境的自我对抗。如果说夫妻之间面对面的互动与交往代表了一种传统的相处模式，而线上交流代表了一种新的社会交往模式，那么 L2 的丈夫在矛盾爆发之前的表现就是试图对传统相处模式脱嵌的行为，尽管这种脱嵌只是出于媒介使用习惯而不是一种主观上的情感意图。而 L2 对丈夫的这一脱嵌行为并不认可，她依然希望获得现实交往给她带来的夫妻情感亲密的感受。夫妻之间对传统相处模式脱嵌的不一致性就导致了 L2 与丈夫在这个过程中交往的矛盾，而双方对自身行为的调整过程就是夫妻在传统相处模式与新的交往方式之间对自我家庭生活观念的表达及夫妻情感进行调适的过程。线上交往虽然可以达成一定的传播目的，但是对于交往的双方来说，"线上"依然意味着不可触摸性和不确定性。这种不确定对于夫妻情感的建构来说，可能会产生风险。因此，线上的频繁交流并不能取代现实交往中的互动与交谈。

① L2 访谈资料。访谈时间：2019 年 3 月 20 日。

② 乌尔里希·贝克认为："'自反性'并不是指反思，而是（首先）指自我对抗……且让我们把自主的、不受欢迎的、看不见的从工业社会向风险社会转化的过程称为自反性。那么自反性现代化指导致风险社会后果的自我冲突。"参见：乌尔里希·贝克：《再造政治：自反性现代化理论初探》，乌尔里希·贝克、安东尼·吉登斯、斯科特·拉什：《自反性现代化：现代社会秩序中的政治、传统与美学》，赵文书译，商务印书馆，2014，第 9-10 页。

“场景不单单是各种技术和社会要素的关联、匹配、组合，而且是对人类在具体环境下、情境下活动的支持、管理、控制、再现，是人与环境之间的实践性关系的数字化记录”①。智能手机的参与改变了夫妻之间的日常交往场景，而夫妻之间对交往方式的不同认知及由此采用的不同的实践行为会对夫妻关系产生不同的影响。智能手机在使夫妻之间建构社交亲密的同时，也会引起现实生活中的矛盾和冲突。由于个体的心理期待不同，社交工具能够利用其丰富的符号特性建构社交亲密，也可能会在夫妻建构情感亲密的过程中失利。而“在线的”情感亲密度明显也会影响到现实生活中夫妻之间的情感亲密度。这就使得夫妻之间线上和线下的交往因为智能手机的出现呈现出复杂的、动态的互动过程。在这个过程中，夫妻之间会根据家庭生活的需要及个体的需求，对媒介使用的方式和节奏进行控制和管理，以维持夫妻关系的平衡和稳定状态。

2. 私人空间：争取和协调

本书作者在访谈中发现，不论是利用智能手机进行的线上交流还是现实空间中的互动与交谈，夫妻之间交往的内容主要集中在“解决课题的交流”②上。比如，G2 说：“我和老婆之间的沟通基本都是家里的事情，我们结婚都十年了。现在感情谈得比较少。”③夫妻间的交流的内容，“相互告知的交流”居于第二位，对于“感情治疗”的交流却极少，其中孩子的出生是夫妻之间情感交流减少的明显时间节点。

有了孩子以后，其实大部分的精力只能放在孩子身上，夫妻之间的情感交流和维系我觉得没有时间，娃娃不在身边的时候，我才有时间、有精力来处

① 阎峰：《场景即生活世界：媒介化社会视野中的场景传播研究》，上海交通大学出版社，2018，第 10-11 页。

② 望月嵩认为，可以将家庭成员之间的交流分为“相互告知”“解决问题”及“感情治疗”三种类型。其中“相互告知的交流就是指家庭成员将各自在其生活领域中体验到的事情，或是自己想到的、感受到的东西相互告诉对方的交流形式”。“解决课题的交流，就是为了解决家庭生活中所出现的各种各样的问题而在家庭成员之间进行的交流。也可以说是家庭中决定意志的交流”。“感情治疗的交流是指为了得到精神安定，通过家庭成员之间互相理解内在的、情绪性的内心世界，互相包容而进行的交流。这种交流是现代家庭中新出现的、重要的交流方式”。望月嵩：《家庭关系学》，牛黎涛译，中国大百科全书出版社，2002，第 109-110 页。

③ G2 访谈资料。访谈时间：2019 年 5 月 13 日。

理这样的事情。那两天很少吵架，我们去吃饭、逛街、买东西、看电影，我都不会跟他吵架。我们两个的矛盾很多就是为娃娃，没有娃娃好像也没有矛盾。每天上班我就很忙，一直忙到下班就赶快弄娃娃。娃娃睡了实际上已经十点多十一点，你说哪有时间去增进夫妻感情，真的没有精力了，时间久了也确实可能会有问题，但是这个东西现在我也解决不了。我觉得我顾不过来。①

在访谈中当本书作者问到夫妻之间会不会经常有一些充分深入的情感交流时，大家的普遍回答是“很少”或者“不多”。只有 W5 和 Z11 明确表示双方的这种交流非常多，这一点令人印象极为深刻。

我俩面对面的沟通多，我们可以深夜聊到两三点，有的时候不睡觉都会沟通。平时生活压力很大，现在只会跟父母报喜不报忧，有的时候我会跟老公讲，老公也会来开导我，他也会说一些工作上的事情。我们两个微信交流不多，不见面的时候是打电话。我觉得和老公之间这种单独的、深入的对生活的一些沟通很重要，我们俩可能每天都会沟通，不管是坐在沙发上，还是在床上，或者是我们俩出去或者讨论个什么，沟通都比较多，我觉得这点是最好的。我们彼此还是很信任对方的。②

我跟我老公有时候聊天聊得很晚。我们两个是大学同学，感情还是很好的，我们两个可以随时聊，什么都可以聊。有的时候聊着聊着就把时间给忘了。这几天我觉得真的太累了，我就和我老公把两个娃娃整睡后看电视剧，看那个《都挺好》。娃娃一睡我们两个就赶快在沙发上躺好，边看边聊，看到差不多睡觉。这方面我是很幸运的，我承认我整体的家庭幸福感还是很强的。③

在对这两位的访谈中，本书作者发现，夫妻之间深入且充分的交流对于女性的家庭幸福感感知有着重要的作用。“只有当夫妻间可以永久对话并且可以启发新的人生观时，婚姻对个人来讲才是人生的决定事件。只有当双方遵守这项条件时，家庭才是夫妻双方的：两个人应该彼此交谈，使每个人自身得到

① J1 访谈资料。初次访谈时间：2019 年 4 月 13 日，二次访谈时间：2019 年 4 月 19 日。

② Z11 访谈资料。访谈时间：2019 年 5 月 15 日。

③ W5 访谈资料。访谈时间：2019 年 5 月 8 日。

重建”①。通过夫妻之间充分的交谈，彼此对对方的个体需求会产生新的认知与理解，而这正是双方彼此尊重的重要前提和基础。这不仅是一个对对方认知的过程，还是通过互动交往实现自我认知的过程。虽然很多访谈对象都表示夫妻之间的情感沟通很重要，但是现实生活中，夫妻之间这种“感情治疗的交流”很少，导致这一现象的一个原因是夫妻双方既要工作又要操持家务。特别是照顾孩子会使得双方之间（或其中一方）的沟通欲望降低。

小朋友睡了以后我会玩手机，也只有这个时间刷一下，我觉得和媳妇之间现在这种独处的时间或者是深入交流的时间很少。我觉得这个时间还是挺重要的，但是在主观上没有把这个事情作为一个事情去对待，总有各种各样的事情跳出来摆在这个事情之前。比如工作，做完了感觉就到那种精疲力竭的时候了。②

G3 的叙述其实暗含了这样一个选择过程，即夫妻之间的情感交流被安排在了工作及诸多日常事务完成之后，根据彼此精力和心情来决定是否需要完成。这种顺序本身就暗含了现代化过程中理性选择的特定价值取向。它意味着工作、抚养孩子甚至玩手机都是重要的，而夫妻双方即使都知道彼此之间的情感交流很重要，却在实际行动中将其置于“可做可不做”的地位。情感交流本身是当代城市婚姻建立的基础，也是家庭生活的重要基石。但随着家庭生活中的琐事越来越多，夫妻之间的情感沟通已经逐渐被家庭合作的契约性义务所取代。智能手机的使用只是一个突破口。通过将这一媒介使用的地位置于夫妻情感交流之前，很多人完成了对自己的睡前“伴侣”的选择，并将之前与之保持紧密互动与情感交流的配偶变成了家庭生活中紧密的合作伙伴。智能手机也通过对生活时间和内容的议程重组，更改了原有的家庭生活惯习，并逐渐培养出一种新的有媒介参与其中的家庭生活惯习。

在这个过程中，女性受教育程度的提高及媒介环境对女性社会角色的塑造，使其在面临类似的家庭交流境况时可能存在不适应或自我调整的情况，例如，在前文中提到的 L2 的“自反性”媒介使用行为。此外，家庭生活中丈夫

① 弗朗索瓦·德·桑格利：《当代家庭社会学》，房萱译，天津人民出版社，2012，第 1 页。

② G3 访谈资料。访谈时间：2019 年 5 月 27 日。

对妻子的角色期待如果与妻子对自我的定位不相符，也可能影响夫妻之间的沟通互动及亲密感的建构。

有了孩子以后，我们争执的频率相当高。我和他有过一些激烈的争吵，原因是自己又要带孩子又要工作，太疲惫了，我一点（自我的）空间都没有。有一次我有事想出去，但是他不让去，那次他就明确说了一句话，说女人在家带孩子天经地义。我当时真的想砸门而出、离家出走。我没有想到在这样一个时代还有人这么想。我们接受的教育都是男女平等。我总觉得都到这个时代了，怎么还有人这么想，所以非常失望。而且，你能够感觉到他的这个观念是发自内心的真心话，不是一时冲动，不是因为吵架才说这样的话，而是他一直以来就是这么想的。我跟他沟通过，但是你要让他完全理解你是不可能的。特别是在有了孩子之后，我就觉得我跟他的分歧越来越大，特别是在教养孩子这个问题上分歧很大。①

在 Z5 看来，自己虽然愿意为家庭生活全力付出，但是依然希望获得一定的自我空间以调整自己疲惫的身心状态。这是教育及社会环境在“这样一个时代”给女性的新定位，即“她”不仅仅是一个母亲或妻子，还是她自己本身。但是，丈夫对女性的社会性别角色认知还停留在传统层面，所以，当丈夫还是以传统的女性家庭角色期待来对她提出家庭合作的要求时，Z5 就对本应理解自己的丈夫表达了失望之情。弗朗索瓦·德·桑格利在提到夫妻相处时的自主性与可协调范围时，表达了这样的观点：“要想获得某些私人空间，配偶双方不能把它看作一项不可协调的权利（如约定俗成地认为男性或者女性应该怎样为名义），但是我们又需要这种权利来建构自我，而不是为了躲避伴侣逃避夫妻生活。”② 在 Z5 看来，她对丈夫的失望源于丈夫对于女性角色认知的偏差，这种认知带有浓厚的传统社会家庭权力色彩，并且在他的沟通过程中呈现出不可协调的特征。这种特征与 Z5 的个体性认知是冲突的，这种冲突不仅体现在夫妻双方对于传统和现代社会中性别角色的社会期待上，还体现在双方对这种期待认知的可协调性上。这种基于夫妻之间彼此个人价值的辩驳，往往会变成以

---

① Z5 访谈资料。访谈时间：2019 年 4 月 11 日。

② 弗朗索瓦·德·桑格利：《当代家庭社会学》，房萱译，2012，第 99-100 页。

"爱"作为情感主线的争吵。"在争吵中，每一参与者不是针对他人而言，而是为自己的排他主义利益和情感辩护"[①]。

我原来觉得吵架吵完了之后，应该有一个解决问题的方法，但是我后来发现这只是自己小时候的一个梦想而已，有时候吵架就真的只是吵，吵架只是平衡下彼此的心理而已，完全不具备解决问题的可能。明白了他的心意之后，就很少跟他就这个问题争论，经过了几轮这样争吵之后，现在我再也不抱怨，也不说了，如果我累了，我就请阿姨领着孩子，我自己出去休息一下，自我解决、自己调节。我完全放弃了原来预设的解决家庭矛盾的路径，完全走了第二条道路，完败的感觉。[②]

家庭生活协商过程中的争吵问题是一个特别有意思的话题。阿格妮丝·赫勒曾经讨论过关于争吵和争辩的问题。他认为二者的共同之处在于都存在着意见的冲突和矛盾，而区别在于争辩是一种与道德价值和意识形态有关的"真正的讨论"，双方只有互相在意彼此的观点，才能在讨论的基础之上对生活方式有所改变，或者解决矛盾冲突点，而争吵则"一切在本质上依旧如故"[③]。从Z5的故事中可以看到，夫妻之间的矛盾和冲突并不仅仅是"能否陪伴孩子"这类日常安排，而是隐含着双方彼此价值观念的冲突。Z5是大学老师，其对自我的认知很明确，当她发现与丈夫之间对女性的角色认知存在冲突之后，她选择了"自我调节"的方式来结束这种争吵，而没有进一步以一种争辩的方式与丈夫完成对价值观念的相关讨论。建立在情感亲密基础之上的夫妻双方因为价值观念不同而产生争吵，恰恰是婚姻生活中的个体自我认同的一种重要途径。由此看来，在社会急剧变迁的过程中，家庭在面临各种风险时"呈现出一种极为难以维持作为家庭的集团性、统一性的困难状态"[④]。家庭成员必须保持频繁、深入的交流才能使彼此通过理解和自我确认维系家庭成员之间的亲密关系。

通过对彼此价值观念差异性的认知和可能存在的婚姻破裂风险的理性考

① 李霞：《个性化的日常生活如何可能——赫勒日常生活理论研究》，人民出版社，2011，第126页。

② Z5访谈资料。访谈时间：2019年4月11日。

③ 阿格妮丝·赫勒：《日常生活》，衣俊卿译，重庆出版社，1993，第267-271页。

④ 望月嵩：《家庭关系学》，牛黎涛译，中国大百科全书出版社，2002，第45页。

虑，当 Z5 发现和丈夫不能彼此理解，沟通也并不十分有效后，她选择了自我调节的方式来解决问题。与丈夫之间的这种沟通状况对 Z5 的职业观念产生了重要的影响，而 Z5 在个体资本积累的过程中又强化了个体性的相关认知。

我必须要坚持我的工作，因为我对婚姻期待太低了。如果再不对自己有所期待的话，最后就是一败涂地，而且还是带着孩子一败涂地，很悲壮。不是英勇牺牲就是壮烈牺牲，所以应该是出于这个原因（我一定要坚持自己的工作）。①

或许可以从 Z5 的故事中来观察当代城市家庭生活中女性的个体化过程到底是怎么逐渐变化的。在生育孩子之前，夫妻双方都能享受和安排自己的生活时间。而当有孩子之后，丈夫依然用传统社会性别的角色期待来对 Z5 提出合作要求——女人带孩子天经地义。这一定位与受过高等教育的 Z5 对家庭生活的理解存在严重的冲突，在 Z5 看来，女人参与家庭生活的同时也需要实现其他的自我价值。丈夫所言的这种“天经地义”在“这样的时代”是应该受到极大质疑的。在这个过程中，双方有一系列通过争吵试图对家庭生活进行协商的过程，然而这种协商最终失败了，Z5 最终选择利用自我调整方式在工作、家庭及自我感受等“个体化螺旋”之中进行协调自主自决，从而在家庭“多样化的歧义抱负”② 中保持一种自我身心状态的平衡。在这种平衡机制中，坚持参加工作是对抗婚姻可能存在的风险的重要方式，而 Z5 也通过对家庭、夫妻亲密关系及自我的重新认知，完成了夫妻之间的亲密关系从需求共同体到选择性亲密的转变。③

① Z5 访谈资料。访谈时间：2019 年 4 月 11 日。

② 乌尔里希·贝克认为，教育机会的平等化使女性具有了更强的事业动机。“包括劳动力市场、教育、流动、职业规划等在内的个体化螺旋，开始给家庭带来双重乃至三重的影响。家庭成为持续上演杂耍的舞台，上面充斥着多样化的歧义抱负，诸如职业及其流动要求、教育的约束、互相冲突的孩子抚养义务，以及千篇一律的家务劳动”。参见：乌尔里希·贝克：《风险社会——新的现代性之路》，张文杰，何博文译，译林出版社，2018，第 133 页。

③ 参考以下内容：“在当代社会之中，家庭生活中的每个个体都需要将自己的兴趣 / 利益、经验、打算都带入家庭，并在与其他家庭内个体的互动中进行选择、商量并决定这种‘自主自觉’的关系的细节。家庭逐渐由前工业社会中由于团结的义务而结合在一起的需要共同体，逐渐变成一种选择性关系，变成一种个体的联合。”参见：乌尔里希·贝克、伊丽莎白·贝克 - 格恩斯海姆：《个体化》，李荣山，范譞，张惠强译，北京大学出版社，2011，第 112 页。

皮珀认为："闲暇乃是文化的基础。"人只有在闲暇的时间和状态中，才能用一种平静的状态去观察和理解这个世界。[①] 由以上论述可以看出，智能手机的使用对夫妻之间的家庭合作与闲暇互动交流都产生了重要的影响。家庭中夫妻双方依然围绕家庭生活进行紧密的互动合作，但是个体性却逐渐提高。智能手机对个体与工作之间的紧密连接为这种个体性的提高提供了经济与技术保障。而双方在家庭闲暇时间的互动与交流场景的改变，意味着智能手机的使用已经逐渐改变了夫妻之间的互动方式及情感交流状态。在当代城市家庭生活中，传统的社会性别分工依然部分存在，智能手机也为夫妻之间的日常交往提供新的方式，夫妻之间需要在家庭与个体需求之间灵活地进行调适以保持家庭生活的平衡稳定状态。在这个过程中，智能手机的使用不仅为夫妻之间的合作与互动交往提供相应的媒介环境，还以一种具体的角色参与到夫妻的互动相处中来，并成为夫妻对家庭生活进行调整及风险控制的重要机制。

第二节　智能手机对夫妻虚拟互动关系的建构

在智能手机出现之前，夫妻之间利用媒介进行的交流互动主要体现在现实空间之中。智能手机的使用使得夫妻之间的交往具有了新的空间，即数字化的虚拟空间。这个空间使得夫妻之间的交往有了新的方式，并与现实生活的交往呈现出互动的状态。本书作者在访谈中发现，所有的已婚访谈对象都有配偶的微信，并在彼此的交往互动中发挥着不同程度的作用。前文对夫妻之间的现实交往进行论述时，已经对微信交流在夫妻虚拟交往中的作用和影响进行了一些对比性的论述。本节主要希望通过对夫妻在微信朋友圈的互动情况的阐述，来探讨这种虚拟互动对夫妻关系的影响。

一、我的点赞我做主

本书作者在访谈中发现，夫妻之间在微信朋友圈的互动主要有评论、转

① 皮珀认为："人的存在并非只是为了工作，工作只是手段，闲暇才是目的。有了闲暇，我们才能够完成更高层次的人生理想，才能够创造更丰富完美的文化果实，因此，闲暇乃是文化的基础。"参见：约瑟夫·皮珀：《闲暇：文化的基础》，刘森尧译，新星出版社，2005，第3页。

发和点赞三种方式。访谈对象对评论和转发普遍没有特殊要求，但是在对点赞这件事的态度上，根据夫妻双方互动的频率，可以分为两种不同的类型。

第一种是若有若无型。这种类型的朋友圈互动具有较大的随意性。D1在访谈中说："给媳妇点赞是随机的，有时间就看一下，觉得合适就点个赞。"① "随机""有时间就看""觉得合适就点"这些话语表明了这种互动行为的随意性，也从侧面表明了夫妻在朋友圈互动中具有充分的自主权。如果说现实家庭生活中夫妻双方的互动具有一系列角色要求和社会文化制约，那么朋友圈中的互动显然更加随意和自由。在这个强关系聚集的场所之中，所有互动的个体都以"朋友"这一身份出现，从而模糊了夫妻之间亲密关系的特征。换言之，个体在朋友圈如何发布信息及采取何种方式与他者互动，都是个体自主决定的结果，体现了个体对媒介使用的自主权力，即这个媒介空间不会对夫妻这一亲密关系设置特别的规范或者要求。

在自主决定是否点赞的过程中，配偶所发朋友圈的内容是一个重要的考量因素。在访谈中，"合适的""好的""正能量"等词语经常出现，且被访谈对象用来作为是否对配偶所发朋友圈内容进行点赞的标准。"正能量"这个带有社会价值评判准则的词语频繁地出现在不同访谈对象的描述中，说明整个社会所倡导的价值标准会对家庭成员的价值观产生重要的影响。社会共同价值标准通过个体的内化与实践，也成为家庭成员交往过程中的重要规约。M3在访谈中说："我自认为我朋友圈里面都是属于正能量的东西，我不会说在朋友圈抱怨、发布负能量的东西。"② 个体通过对自己朋友圈内容的审核和把关，也通过是否对他者朋友圈内容进行点赞这种态度性表达的媒介实践，将个体与他者之间在朋友圈的互动交往纳入共同的社会价值目标体系之下，也将夫妻之间在虚拟空间的交往纳入整个社会价值的规约之中。

个体在对朋友圈这一虚拟空间进行自主把控的过程中，也会呈现出主动的表演行为。"每位用户都是个人朋友圈的'把关人'……这在某种程度上体现出用户普遍具有印象管理意识"③。这种管理往往通过对朋友圈内容发布与互

① D1访谈资料。访谈时间：2019年4月3日。

② M3访谈资料。访谈时间：2019年5月9日。

③ 李华伟：《青年群体在微信朋友圈的自我呈现》，《青年记者》，2017年8月中，第49页。

动的筛选来表达一种带有个人价值判断的倾向性文化特质，从而使个体“始终处于一种展览的状态”[①]。而当朋友圈内信息的编码和解码都采用某种标准的时候，这种标准就具有了社会整体文化的部分特质。华维慧用“秀”来描述这一自我审查机制：“网络空间的‘秀’即是一种以技术为中介的自我表演。”[②]这种表演的主角是智能手机的使用者本人，表演的内容也是自我选择和编写的生活脚本，而观看者则是以“朋友”这一身份存在的众多他者。在这种表演与观看、互动之间，个体与他者都会对彼此形成新的认知，并将此作为是否与对方继续保持同一“圈层”关系的重要衡量依据。通过朋友圈传播这种“基于符号手段的动态交换结构，个人借此完成社会化过程，并将自身编织进更大的网络之中，从而成为复杂社会系统中的一分子”[③]。

朋友圈作为一个个体表达平台，为什么“抱怨”等负面情绪的表达会被认为是“负能量”呢？这或许与朋友圈到底属于公共领域还是私人领域这个问题密切相关。而对这个问题，访谈对象们的意见各不相同，并且不同的认知与他们在“朋友圈”内的互动行为呈现出明显的相关性。

我老公认为朋友圈更多的是一个公共空间，所以他不太愿意发朋友圈。我觉得朋友圈是一个固定的圈子，外人很少，都是熟人。通过朋友圈可以了解别人的生活，是一个相互分享交流的过程，“彼此看见”就是一种交流。[④]

正是因为微信具有部分强关系的属性，所以能看到自己所发的朋友圈的人，都是自己较为熟知且得到过自己“允许”的人。这时候，朋友圈内的互动更像是熟人之间对彼此私人生活的窥视和互动。“以微信朋友圈、群聊为代表的微信空间具有鲜明的私密性特征，它联结着熟人交际圈，排斥不明身份的闯入者，营造出一种安全、信赖、彼此熟知的圈内氛围”[⑤]。在互加微信好友时对“是否看对方的朋友圈”或者“是否让对方看自己的朋友圈”这一权限

① 尼古拉斯·卡尔：《数字乌托邦：一部数字时代的尖锐反思史》，姜忠伟译，中信出版集团股份有限公司，2018，第215页。

② 华维慧：《“秀”：技术“中介化”与人际传播中的“自我”分析》，《编辑之友》，2017年第8期，第57页。

③ 吴飞：《社会传播网络分析——传播学研究的新进路》，《中国人民大学学报》，2007年第4期，第55页。

④ L10访谈资料。访谈时间：2019年5月14日。

⑤ 李宝华：《微信私密空间公共化的隐忧与解决路径》，《青年记者》，2017年3月下，第41页。

的设置本身就是一种重要的把关机制。这种机制体现了互相加为好友的双方能否参与彼此的朋友圈互动，是对双方亲密关系的一种认可和判断。然而，由于不同个体对朋友圈“公私”属性及媒介的使用态度不同，当朋友圈内出现大量微商刷屏广告的时候，朋友圈慢慢就具有了更多的类似于线上市场的公共属性。而且，为了让更多的人看见，微信使用者可能不再会把彼此之间的关系亲密度作为是否成为好友的衡量指标。

C3 从执法者的角度出发，认为微信朋友圈是一个公共领域，“因为如果大家在里面做一些违法的事情会受到法律的约束和惩罚”[①]。这说明即使是自主把控的朋友圈，也必须遵守相应的社会法律和规定。个体在网络空间上的言行与社会现实空间中一样，也受到国家的规定性制约和监督管理。因此，朋友圈确实具有一定的公共属性。但是，朋友圈内容的私人化特征，又很难让人以公共或私人这两种标准对其进行明确的性质界定。

我觉得没有特别明确的界限，我认为还是跟个人相关。当我可能要记录特定时刻的状态或者我想让某些特定的人看到时，我就会发出来分享。[②]

在具有个体性特征的媒介使用过程中，个体可以通过对朋友圈中发布的内容的审核和判断来对朋友圈中的他者再次进行细分，比如可使用朋友圈中的分组策略或“仅某人可见”的操作行为。朋友圈内的隐私性与公共性，意味着“有关公共生活领域中人的‘自我’实现及良性社会秩序的形成机制”[③]。因此，微信朋友圈成为一个范围可松可紧的复杂空间，给人提供个性化的表达平台，受到以“朋友”身份出现的他者的窥探和审视，也必须在相应的法律和道德规制下存在和运行。窥视和分享、私人与公共、制约与自由同时存在于这个空间之中，并在互动中产生复杂的权力关系。正是朋友圈公共与私密的模糊界限特征，导致很多家庭中夫妻之间在朋友圈互动的不同态度和行为。

第二种是“必点型”。

---

① C3 访谈资料。访谈时间：2019 年 5 月 10 日。

② W8 访谈资料。访谈时间：2019 年 5 月 14 日。

③ 许轶冰，张骏，吴迪：《“朋友圈”的公共性分析》，《江南大学学报（人文社会科学版）》，2019 年 1 月，第 18 卷第 1 期，第 33-42 页。

老公会给我点赞，不点会被我骂。我的朋友圈发的内容都与孩子有关，他如果不点赞，会让人家觉得他女儿是单亲妈妈妈带大的孩子。①

智能手机的使用会改变每个个体的关系联结来源和范围，但是“不会改变中国人的关系导向——差序格局关系网、圈子文化及关系动态变化的一些原则”②。媒介空间中的个体展演与现实紧密相关。L3 和 L5 都将丈夫对自己朋友圈内所发的关于子女成长的内容不点赞的行为与“单亲妈妈”“单亲家庭”联系了起来。父亲在孩子日常教育中参与行为的大量缺失、社会变迁中家庭结构的多样性及人们家庭观念的变化，都使得 L3 和 L5 会对丈夫不“点赞”的行为产生芥蒂。当夫妻这种现实生活中的“强关系”在朋友圈互动中处于“弱联结”，个体可能会因为害怕承担相关家庭污名化的后果，对配偶在朋友圈与自己的互动行为提出具体的要求，这种要求成为夫妻之间对彼此线上关系进行经营的一种策略。

在这种情况下，丈夫的“点赞”不仅是对不能及时参与子女抚育过程的一种补救措施，还是夫妻之间关系维系的一种协商，更是在朋友圈这一虚拟空间中面对强关系的诸多围观时，“父亲”这一角色的自我表现和强调机制，尽管这种表现和强调可能出于社交需要而带有迎合、泛化或被迫的特征。③通过这种参与和“强调”，现实生活中的家庭在朋友圈互动中也保持相应的完整性，以避免朋友圈内其他成员对自己的家庭进行“单亲家庭”的想象性误解。当然，也有人将之作为家庭生活相处的一种行为策略。Z3 在访谈中说：“一般如果是家里人的话，都是必点，不管他和我有什么关系。”④这种行为策略通过一种不加区分的“点赞”来凸显家庭关系的普遍性亲密特征，以减少没有“点赞”可能带来的情感疏离。

① L3 访谈资料。访谈时间：2019 年 3 月 28 日。

② 罗家德认为，中国社会生活中非兴趣团体的“小圈子”是一个自我中心社会网，主要由强连带（包括家人和熟人等）组成，并且有差序格局结构。人情交换使得圈子具有弹性且边界模糊。参见：罗家德：《复杂：信息时代的连接、机会与布局》，中信出版集团股份有限公司，2017，第 50 页。

③ 张冠文，刘红心：《微信朋友圈“点赞”的情感诉求与主体异化》，《编辑之友》，2018 年 6 月，第 44-48 页。

④ Z3 访谈资料。访谈时间：2019 年 3 月 30 日。

二、为什么不点赞

前文讨论了夫妻在朋友圈互动中点赞的类型及自主审核机制。如果说点赞是夫妻在虚拟空间中交往亲密性的表现，那么夫妻之间不点赞的行为又该如何理解呢？通过对访谈资料的梳理和总结，本书作者发现夫妻之间不给对方点赞的原因主要有以下几个。

1）夫妻中的一方（一般是丈夫）因为工作太忙而忽略了对方发朋友圈的行为，没有给对方点赞，或是夫妻之间没有类似的互动习惯。Y1在访谈中说："我的微信，我老公会关注的，但是我发朋友圈他基本都不点赞。我觉得可能跟每一个家庭的交流方式有一定的关系。"[①] 长时间的相处使得夫妻之间已经具有了相对稳定和常规的沟通模式，新的沟通方式的出现，不一定会马上改变原有的沟通惯习。

2）如果对方发布的是工作内容，就不愿意点赞。J1在访谈中说："我老公发的基本上都是工作，所以我不点。"[②] 夫妻之间对彼此朋友圈所发的工作内容一般很少点赞。这说明，夫妻在朋友圈互动过程中会对工作与家庭生活有一个较为明确的区分，双方希望多交流与家庭生活有关的内容，而工作则被隐形地列为与对方个体更相关的事务。从心理层面上来看，这意味着夫妻双方通过对不同内容的认可来建立彼此之间家庭关系的联结。在这个过程中，夫妻之间对于配偶所发布的相关微商信息的互动态度和行为很值得关注。

我好像不怎么发朋友圈，我老婆发得多一点，因为她做微商。她知道我的个性，我可以陪她去摆地摊，也从人际关系等各方面可以支持她，但是不一定会给她点赞。她发与微商有关的微信朋友圈，我没时间看，也从来不点赞。因为这个东西我（转）发一次朋友圈，人家看在我的面子上会买，但是如果没效果，可能就会觉得我骗了他。[③]

据本书作者观察，Z4确实没有对妻子所发布的微商产品的相关内容点赞过，但是与家庭有关的内容，一般还是会与妻子进行线上互动，比如点赞或评

① Y1访谈资料。访谈时间：2019年3月22日。

② J1访谈资料。初次访谈时间：2019年4月13日，二次访谈时间：2019年4月19日。

③ Z4访谈资料。访谈时间：2019年4月9日。

论。这体现出当代城市家庭生活中夫妻之间一种彼此尊重又亲密的关系。亲密体现在夫妻之间同甘共苦的家庭经历和密切的家庭联系上，而尊重体现在对对方职业选择及不同的生活方式的包容上。此外，Z4 还将自己不参与妻子所发布的相关微商信息的互动行为与他者对自己的信任联系起来。在 Z4 看来，正是因为朋友圈强关系的特征，如果他对妻子发布的微商产品信息“点赞”，这种行为可能会给自己带来信任风险。这意味着丈夫对妻子发布微商信息“点赞”的行为在与夫妻双方都具有强关系的他者的解读中具有信任捆绑的意义，即丈夫对妻子工作内容的点赞，意味着对她所销售商品的支持和认可。他者可能因为信任 Z4，所以看见他点赞了就购买相关产品，而不管是何种问题导致的他者对所购买产品的不满，都会影响他者对 Z4 的信任程度。

在这个过程中，夫妻关系之外的朋友圈他者具有双重属性。对于 Z4 的妻子来说，他们可能是顾客资源，而对于 Z4 来说，他们是朋友资源。当这两种资源融合在点赞引起的购买行为中时，就可能引起朋友之间的信任关系在经济交换关系中的受损。正因为出于类似的风险控制的考量，Z4 不愿意对妻子所发布的微商的内容点赞。这说明夫妻在朋友圈互动过程中，会根据自己与朋友圈内他者的交往性质，自主决定与对方的互动内容和方式。而通过对妻子朋友圈内不同内容的互动方式的选择，Z4 既保持了与妻子在家庭生活上的亲密性，也保持了作为一个独立个体，其社会交往方式的独立性。

与 Z4 的妻子能理解他的不点赞行为不同，另一位访谈对象 L5（也做微商）对于丈夫不给自己朋友圈微商内容点赞的行为表现出明显的不满。

因为我每天都发，所以他觉得天天给我点赞太烦了、太累了，点赞和不点赞是一样的。我说：“不一样，你的态度意味着你对我做的事情的认同度。你要表明你的态度，因为毕竟两口子还有一些共同的朋友，如果人家看不到你的存在，人家会觉得我做的事情连我老公都不认可，怎么可能指望别人认可？”①

L5 的观点提供了对这个问题进行认知的另一种视角。夫妻双方与现实生活中的共同朋友会在朋友圈中建构出彼此信息相通的媒介联结关系。朋友圈内

① L5 访谈资料。访谈时间：2019 年 4 月 2 日。

的他者会根据媒介互动经验来对人们的现实生活情况进行判断。在朋友圈中，不仅有夫妻彼此之间的看与被看，还有两个人共同的朋友在线上对夫妻关系的观看。因此，如果丈夫不对自己的微商内容进行点赞，可能会被他者解读为具有亲密关系的丈夫不信任、不支持 L5 所销售的微商产品，进而影响他者对 L5 的信任关系。因此，L5 要求丈夫必须对自己的微商信息进行点赞，这就将夫妻之间的亲密关系纳入微商销售的市场关系之中。本书作者认为，这是一种亲密关系的异化。

3）夫妻中的一方或双方都不认可朋友圈的私人化属性，不愿意点赞，或认为夫妻之间的私人亲密没有必要公开表达。

L5 在访谈中提到丈夫不给自己朋友圈点赞时提出一个猜测，那就是“越亲近的人越不需要关心”。这种猜测其实隐含了两种假设。第一种是，智能手机的使用能够促进人与人之间的社交联系，这种社交可能通过个体与线上他者的密切联系而影响线下真实生活中家庭成员之间的亲密互动，这种状态被一些研究者认为带有一定的“反社会”性质[①]。第二种是，对配偶“线上的关心”的程度是判断线下亲密度的一个标准。正因为线下具有亲密关系，所以线上也应该通过点赞这种行为表达亲密特征，而不点赞就成为一种“不关心”的表现。在对这个问题的处理上，丈夫往往会采取一种理性选择的策略来应对这种情感性的指责。“网络关系的产生是成本与收益的权衡，只有收益大于成本时，网络关系才能产生。当然，这里的收益和成本不一定是经济性的，也可能是心理和情感上的”[②]。夫妻之间现实生活中稳定的“亲密”关系可能会使丈夫觉得不需要在网络上使用过多的时间和情感成本来进行相应的亲密互动行为，因为得不到更多的“收益”。或者说，不进行相应的网络互动也不会使既有的“收益”减少。但是，当妻子因此而产生不满时，对于成本和收益的评估会使得丈夫采取不同的行动，或者说“策略”。

① 参考以下内容：“有些观察家担心，社交媒体其实是反社会的，因为它鼓励人们在网上和素不相识的人交流，却忽视了真实生活中与家人、亲友的关系。”参见：汤姆·斯丹迪奇：《从莎草纸到互联网——社交媒体 2000 年》，林华译，中信出版集团股份有限公司，2015，第 360 页。

② 马磊：《机会、选择与目标——社会网的形成机制及其对新媒体研究的启示》，《社会科学》，2015 年第 9 期，第 190 页。

除了朋友圈互动，这一点在夫妻微信交流中也存在类似情况。

有一段时间我发微信给他，他好像因为忙还是其他原因，不太回我信息。人就是会对亲近的人反而忽略，他可能对别人都要有回复。有一天，我给他发消息，他一整天都没回我，到了晚上我看他的手机，信息还在，他根本就没有看，所以我就很生气。我跟他说，要是不看我的消息，那我们两个就可以互相删掉了，也不需要发什么，没有必要存在。存在就要有它的道理。发了消息不看就等于没发。然后，他说确实是太忙了。可能从那个时候开始，他就会象征性地、敷衍地，尽量回复我一下。①

这种基于理性选择基础之上的协商互动在夫妻交往的很多场景中都有所体现。例如，D3 的丈夫是银行职员，当她提出要丈夫对其朋友圈内容点赞或转发时，丈夫有时候会拒绝。本书作者发现，在银行、政府等单位上班的人，即使发朋友圈也大多与工作有关，生活类或者微商类的内容则发布较少。这一方面说明微信在个体工作、生活中的普遍使用使得朋友圈具有了一定公共领域的性质，另一方面也体现了个体通过媒介使用控制，将这一空间与日常生活进行界限和分区，从而使个体的媒介使用与社会整体的媒介环境及相应的社会规约紧密联系起来。

4）对朋友圈这一互动空间中的内容持批判性怀疑态度。在 L6 和她丈夫看来，生活中的事情没必要通过朋友圈来进行展现，因为朋友圈展现的内容并不一定是真实的或有意义的。L6 在访谈中说："我不会点他的，他也不会点我的。"② 但是对于某些女性来说，丈夫是否在朋友圈及时与自己进行互动，并不是一种炫耀或者"秀"，而是一种增强彼此之间亲密感的重要方式。"理解'点赞'文化本身就是探索意义如何通过'点赞'符号被构架到一个特定情境中，通过双方互动的解读约定规则来生产可被理解与认知的意义"③。如果夫妻双方对于"点赞"这一符码所代表的文化意义的解读不统一，就可能引起夫妻交往中情感和情绪建构的障碍，从而影响双方在现实中的互动交往过程。夫妻双方

① Y3 访谈材料。访谈时间：2019 年 4 月 2 日。

② L6 访谈资料。访谈时间：2019 年 4 月 4 日。

③ 魏宝涛，王爽：《微信朋友圈"点赞"文化与网络情绪传播》，《中原文化研究》，2014 年第 6 期，第 75 页。

之间线上的互动不及时，也会影响到现实生活中夫妻之间的亲密行为。

我们为了（他不给我点赞）这个事情吵了很久。我不知道他一天拿着手机在干什么。他说他不看朋友圈。我以前朋友圈发得很多，现在少一点，我所有朋友都在点赞，但他就不点赞。我问他为啥不给我点赞，他才点一个。我说："你这太刻意，我要求你才点。如果你不看我的朋友圈，我就拉黑你，把你屏蔽掉。"他后来甚至没发现我把他拉黑了。反正为这个事情反反复复地吵了很多次，到现在我也不拉黑他了，我也无所谓了，不管他点不点。为什么我要求他必须点？因为我觉得他应该关心我，我现在的生活状态或者心理状态是什么样的，他应该关注一下。因为，如果像他说的他的微信没有几个人发朋友圈，我不应该是被刷屏刷掉的那种，他应该是可以刻意地去看一下的。①

L7 将丈夫线上与自己的互动缺失与现实生活中对她的关心和爱护不足联系起来，认为线上交流带有重要的情感特征，并成为 L7 判断夫妻之间亲密度及情感状态的一个重要标准。如果说"朋友圈中用户之间的互动属于符号互动，彼此之间经历了刺激、解释、反应这样一个互动过程"②，那么夫妻之间在朋友圈的互动也存在这个过程。当妻子在朋友圈发布一条消息，如果丈夫看到了却没有反应，可能是因为双方对信息互动过程中意义的理解不同。例如，L7 认为丈夫对她的朋友圈点赞或留言是必须的，因为微信是她展示自我生活的窗口，也应该是丈夫了解她的重要渠道。给她的点赞是关心她的日常生活的重要表现，是体现双方现实生活中的亲密感的重要途径。但丈夫的解释是，关心和关注并非一定要通过线上表达来实现，线上表达是一种"浮于表面"的行为。双方对朋友圈互动这一问题并没有达成一致意见，因此，L7 所看重的丈夫与自己在线上互动的问题也没有最终解决，反而使双方的线上沟通呈现出另一种状况。

现在的状态，不管是心里不高兴还是有什么事情，他说他很忙，我也无所谓。③

① L7 访谈资料。访谈时间：2019 年 4 月 19 日。

② 唐魁玉，唐金杰：《微信朋友圈的人际互动分析——兼论微生活方式的兴起及治理》，《江苏行政学院学报》，2016 年第 1 期，总第 85 期，第 83 页。

③ L7 访谈资料。访谈时间：2019 年 4 月 19 日。

从 L7 描述的语气和态度中，本书作者依然感受到了她对这件事的耿耿于怀。当夫妻双方发布一条朋友圈，在接受其他“朋友”围观的同时，可能会因为夫妻双方现实中的亲密关系，对彼此有更高的互动期待。L7 因为这件事与丈夫进行的反复沟通、带有情感自反性的“拉黑”行为及现在无所谓的态度，实际是她对丈夫失望后自我保护的表现。由此看来，线上的交往关系可能会被认知为线下关系的映射。“如果说‘被爱’是朋友圈中被普遍渴望的情感，那么，‘点赞’作为爱的外在化表现，成为了礼物，朋友圈同时亦化身为一个‘礼物社会’”①。夫妻之间的长期相处及繁琐的日常生活，可能会使配偶中的一方对表达爱意的需求呈现出一种麻木状态，而另一方则对这份爱意一直饱含期待。夫妻之间对线上交往的不同认知，决定了对这种交往方式的价值判断，进而影响相应的行为和结果。

三、朋友圈中的“他”或“她”

朋友圈可作为夫妻双方彼此了解的重要窗口。同时，通过朋友圈还可以看到别人对自己配偶朋友圈内的内容进行点赞的情况。所以，夫妻之间的点赞“不共振”会产生冲突，夫妻之间也可能会因为配偶与其他异性的互动“过于共振”而产生矛盾和冲突。

我遇到过这种事情，还造成了家庭的一个小危机。我老公上大学的时候，有一个喜欢他的女生，但我老公没有跟她好过，我知道他们俩一直都有合作关系，很多朋友包括我妈都认为这个女的和我老公关系不正常。本来我不在意，但是有一段时间，很多因素综合在一起，这个事情就被强化了。有一天他睡着以后，我无聊地查他的手机，虽然我以前从来不这么做。然后就发现问题了。比如，我们俩一起回老家去买鸡枞送人，我老公发了朋友圈，这个女生没有点赞，只评论写了三个字“我要吃”，没有标点符号、没有前言、没有后语、没有称呼。这三个字我感觉像命令、又像撒娇、又像嗔怒。我想了很多，我觉得怎么会这样，然后我就很无聊地点进女生的朋友圈看，看到她拍的一张我老公

① 王欣：《从镜像到凝视：微信中的看与爱》，《山东社会科学》，2015 年第 12 期，总第 244 期，第 135 页。

公司的窗户照片，发这条朋友圈也没有前言、没有后语、没有称呼，只配了两个字“到了”，然后下边就有人评论，她就跟着回复：“你们有时间过来坐，过来喝茶。”我一看，我就觉得俨然一副她是女主人的样子，你懂吗？到公司门口说“我到了”，我老公买了鸡枞说“我要吃”，这种话我都不会讲。我当时火一下子就起来了，就跟我老公摊牌，吵架，要求这个女的离开公司。①

社交媒体“所创造的情感流动、日常体验、个体表演与关系场景塑造，已然构成了虚拟却又比现实更为直接和生动的话语场域”②。如果说夫妻之间在线上互动的频率不共振会影响亲密关系的建构，那么，夫妻之中的任何一方与其他异性之间共振过于频繁也是个问题，很容易让另一方解读为夫妻的亲密感受到了威胁，成为“家庭危机”的预警之一。L9 通过其丈夫在朋友圈与其他女性的互动感受到了婚姻危机。这里我们可以发现三个层次的互动关系。

第一个层次是，朋友圈作为个人主导的信息发布平台，个体在朋友圈发布图文信息，就建构了自我展示和表演的舞台。第二个层次是，朋友圈作为信息展示的公共平台，其他朋友只要被“允许”，就有和个体进行沟通互动的权力。虽然 L9 的丈夫没有主动去和其他异性过于频繁的互动，却也没有阻止别人与自己的互动。如果说朋友圈内发布的内容是个体表演的“前台”，那么相关的点赞、转发和评论就构成了第二重的图文互动关系。在这重关系里，不仅有夫妻个体的表演，还有以“朋友”身份出现的他人对这个主题的参与和交流，反映出夫妻个体平时的朋友圈层及彼此之间关系的亲疏。第三个层次是，夫妻个体与他人之间现实互动或情感交流的程度在朋友圈中的体现，为夫妻中的另一方对这种关系的认知和判断提供了基础和“证据”。而当这种认知和判断与婚姻中的风险因素结合起来时，就会引起夫妻之间的矛盾和冲突，甚至导致夫妻关系的解体。当然，夫妻双方也可能用某一方妥协的方式来解决这一矛盾。

我老公之前有个女性朋友，相当于是他的红玫瑰、白玫瑰，随时都是放在心里头的那种。虽然现实生活中没有什么，但是那个女的只要发朋友圈他都

① L9 访谈资料。访谈时间：2019 年 5 月 12 日。

② 吴炜华，龙慧蕊：《传播情境的重构与技术赋权》，《当代传播》，2016 年第 5 期，第 95 页。

会点赞。这看着就觉得烦躁。对这个事情我现在看开了，甚至从此之后我就把我老公屏蔽了，我不愿意让他看到我的一些东西。我只能慢慢调整，因为我不想放弃这段婚姻，为了孩子或其他东西，只能学习去妥协。①

是否对对方开放阅览自己朋友圈的权限，本身就是一种对亲密关系的把关机制。而正是因为夫妻关系的亲密性，才能对相关的文本做出独特的解读。"关系密切者才能体会文本背后的意义，感知发文者的意会和心境，使圈文超越信息本体变成承担精神交往的'容器'载体"②。从 L9 和 Z10 的故事中可以看到，丈夫在朋友圈发布的信息及他者对相关信息的点赞或者评论行为，在 L9 和 Z10 的眼中形成了一个互动的文本，她们将这个文本的解读纳入了自己、丈夫及他者之间的现实关系网络之中。正是将现实中的情感链接与朋友圈互动联系起来，才产生了现实生活中的矛盾和冲突，从而在现实与虚拟的互动之中进行彼此之间关系的对话与重构。

通过夫妻之间在朋友圈中不同的互动方式可以发现这样一种相处模式：夫妻基于情感基础建立婚姻关系，对双方有共同联结的生活内容会引起彼此的共鸣，如孩子的情况、双方都熟知的家庭事务及共同的朋友情况 . 但丈夫与妻子是两个独立的个体，朋友圈作为一个社交平台，还存在着双方与其他朋友之间交往互动的情况，这些互动可能是普通的日常交流，也可能带有隐秘的情感特质。"朋友圈的朋友都是生产型消费者，每个人都可以成为演员和观众，每个人都可以'看'和'被看'，这就使朋友圈中的情感沟通在透明的'剧场'中进行，所有的演出并无前台和后台之分"③。

当夫妻中的一方与其他异性朋友之间的互动出现异常，并且这种异常损害了夫妻之间的情感或契约关系，就可能导致现实生活中夫妻之间的矛盾甚至夫妻关系的解体。家庭生活中个体性的提升意味着家庭成员在对自主人生追求的过程中，可能面临更多冲突和矛盾，不确定性的增加往往会导致原有关系的异化状态。这种异化的呈现方式因为媒介的介入而具有了多样化的特征。例

① Z10 访谈资料。访谈时间：2019 年 5 月 11 日。

② 王会，李娜：《微信朋友圈精神交往的路线与生成》，《青年记者》，2018 年 8 月中，第 12 页。

③ 蒋建国：《微信朋友圈泛化：交往疲劳与情感疏离》，《现代传播》，2016 年第 8 期，总第 241 期，第 70 页。

如，夫妻中的一方通过互动频率的比较（隐含着更关心“谁”）或对对方以往情感交往历史的了解（隐含着对对方的偷窥）等方式来表现。而不论关心还是偷窥，都会对现实生活中的夫妻关系带来影响。智能手机的使用使得夫妻双方有了了解彼此的新窗口，友好的线上互动会增强亲密感，而线上互动的矛盾会减弱亲密感。

朋友圈不仅是一个社交平台，还是夫妻之间的情感互动平台，这种互动与夫妻现实空间中的交往及朋友圈内他者的互动都存在密切关系。通过朋友圈互相加入好友，现实中的丈夫和妻子都在虚拟的社交网络中又为彼此建立了一个“数字化的丈夫好友”或“数字化的妻子好友”。而彼此线上的交流与互动，与线下的日常生活形成了紧密的互动关系。“以转发、点赞和评论等有形化行为轨迹表征认同和共鸣，与发文者精神交往的同时再造双方关系”[①]。如果说夫妻双方在朋友圈彼此或与他者的互动是精神交往的一种形式，也是对双方关系的再次塑造，那么对朋友圈这个窗口的观看和把关行为，则既表达了个体对媒介使用的自主权，又体现了夫妻在虚拟互动之中亲密关系本身所隐含的种种敏感性及相应的权力。

第三节　智能手机与夫妻之间的礼物赠送行为

前文分析了智能手机使用中的微信交流与“朋友圈”互动对夫妻情感交流的影响，本节继续讨论智能手机参与夫妻情感交流的第二种重要方式——微信红包。据统计，2019 年春节共有 8.23 亿人收发微信红包。[②] 随着微信红包的流行，夫妻之间出于情感表达和沟通目的而进行的礼物交换行为也发生了很大的变化。微端红包（还包括支付宝红包等）开始加入原来由鲜花、首饰等实物为代表的“礼品包”之中，以“电子红包”的形式重新阐释夫妻之间礼物流动的意义。微信红包作为一种虚拟的礼物形态，是夫妻在当下的技术和社会生活

① 王会，李娜：《微信朋友圈精神交往的路线与生成》，《青年记者》，2018 年 8 月中，第 11 页。

② 《微信发布 2019 春节数据报告：8.23 亿人收发红包》，腾讯科技，2019 年 2 月 10 日，https://tech.qq.com/a/20190210/004291.htm。

环境中对彼此情感表达的独特方式。那么，这种表达方式与夫妻之间传统的赠礼相比有什么不同呢？对于夫妻之间的情感和关系建构来讲，与传统的赠礼有着同样的作用吗？

本书作者在访谈中发现，夫妻之间在结婚纪念日、生日、春节等特殊日子的互动中，礼物赠送情况比较复杂，有的会送礼物，有的会发红包，有的由丈夫支付妻子所选礼品的网络账单，有的根据情况灵活选择，也有夫妻根本不在意这些事情。这些灵活多样的礼物赠送方式或许正好说明了夫妻在社会变迁过程中情感表达所具有的一种复杂状态，而这种表达又与当代城市家庭夫妻之间亲密关系的建构紧密相关。这里分三个问题来进行讨论：一是夫妻之间为什么要赠送礼物；二是对于“买礼物”与发微信红包两种礼物表达方式，大家的认知是什么样的；三是这两种不同的礼物赠送形式对夫妻关系会产生什么样的影响。

一、过日子需要“仪式感”吗

婚姻关系的建立使得夫妻在长期的家庭生活中既需要保持各种具体事务上的合作，又需要保持对彼此亲密情感的关注和维系。在这种情况下，夫妻之间的礼物赠送行为就成为一种家庭生活的仪式性建构活动。

每个家庭对这个事情的处理方式都不一样，但是这个东西一定要有，因为生活本来就是平淡的，如果你不注重这些东西，马上就会觉得还是会有危机感，所以生活要靠自己经营调节。其实，我想要的东西自己都能买，但是他给我挑礼物带来的那种惊喜比我平时自己告诉他我要买什么要大得多。我很希望能够收到这种惊喜，我也想给他制造这种惊喜。[①]

在当代城市家庭中，女性参与社会劳动的比例大大提高，这降低了女性在经济上对男性的依附性。这种经济独立性的提高使得夫妻双方在家庭中的地位更加平等，但是也可能给家庭的稳定性带来风险和危机。在这样的情况下，生活的平淡与礼物产生的惊喜可形成张力，使夫妻之间通过仪式化的情感表达

① Y3 访谈资料。访谈时间：2019 年 4 月 2 日。

化解因日常生活的繁琐可能导致的危机。因此，仪式化的情感表达更像是夫妻在家庭场域内为了将长期合作进行下去刻意为彼此所创造的消解危机的策略化行为。这种行为将个体的情感需求凸显出来，将夫妻关系从家庭生活中多重角色关系的扮演中凸显出来。这种凸显强调了夫妻婚姻关系建立的情感基础及双方在日常生活中对情感的维系状态，从而稳定夫妻双方在婚姻家庭中的心理状态，确保家庭组织在社会运转中正常发挥作用。

本书作者在访谈中发现，虽然女性参与社会工作的比例很高，但是家务劳动和子女教育往往也由女性承担。有数据显示，“中国男性家务参与率为世界倒数第四，仅高于日本、韩国、印度。一个家庭中，无偿的家务劳动主要由妻子（65%）和老人（23%）承担”[①]。特别是对于丈夫在外地工作的家庭来说，妻子往往在身体和心理上都要承受更多的压力。这时丈夫对妻子的仪式化情感表达就显得更为重要，它往往成为妻子继续维持现有的家庭生活模式的重要动力。

我老公还是挺会整（节日纪念品）这些事情的。他如果回不来就发红包、发信息，如果能回来就送花、送礼物。平时都是我一个人在家管，你说如果他做不到这些，我心里面肯定不高兴，我会想（在家里）我也干不了。他送礼物当然就不一样了，我心里会舒服。[②]

然而，并不是所有的夫妻都会一直保持彼此之间的礼物赠送习惯以建构这种仪式感。有些访谈对象表示，原来觉得这种仪式感很重要，现在感觉没那么强烈了。导致这种情感变化的因素主要有两个。一个是随着时间的流逝，夫妻之间平淡的熟悉感使得“激情”慢慢消失。而物质生活的极大丰富和满足也使得夫妻为彼此进行的礼物挑选过程显得越发困难。另一个因素是女性经济地位的提高，对男性的经济和情感依附减少。S2 在访谈中说：“这些东西都无所谓，他给我也可以，我就接受。如果他不给我也没事，我会自己给自己。”[③] 在这种情况下，丈夫的情感表达成为一种“锦上添花”的行为，如果没有，也不

① 《中国女性劳动参与率全球第一：干活多，地位高了吗？》. 2019-4-16.https://gongyi.ifeng.com/c/7lvCHDVpg7b。

② Z6 访谈资料。访谈时间：2019 年 4 月 12 日。

③ S2 访谈资料。访谈时间：2019 年 4 月 10 日。

影响彼此在家庭生活中的合作状态。这时女性的个体性就显得尤为突出。

还有一种情况是，因为家庭生活忙碌或者配偶性格上的原因，可能会使这种礼物赠送行为带有较大的偶然性。L11 在访谈中说："我老公出差或者去某个地方，遇到合适的，他就会给我送个礼物。然后就甭想着今年情人节、圣诞节还想收他的礼物了，他就这种性格。"① 这种偶然性与日常生活的惯习形成了张力关系。夫妻之间的长期相处会形成固定的某种模式，这种模式会给个体的生活惯习及彼此的情感期待形成一定的阈值限制，当某次情感表达突破了这种期待，那么一方希望表达的"惊喜"可能会成为"惊吓"，成为家庭生活中带有异化特征的表达。

对于通过礼物建构家庭生活仪式感的问题，并不是所有的夫妻之间都可以达成一致意见，如果夫妻中的一方看重这种仪式感而另一方不看重，就可能引起家庭矛盾和夫妻亲密情感的损伤。

没有红包和礼物，啥也没有，他说天天都是情人节就不用过了，我最不满意他的一点就是没有仪式感。我暗示过这个问题，但他还是这样，说了几次没用就没必要说了。看他平时表现还不错，也就不太在意这些东西，因为我觉得日子长长久久，对吧？②

在诸多访谈对象中，W5 是很特殊的一个。她与丈夫的关系非常好，而且线下的交流互动非常多，使其觉得在现实的家庭生活中能够降低自己对于仪式感这种情感表达需求的期待。但是，如果平时夫妻线下沟通互动不那么到位，当夫妻中的一方有仪式感，而另一方没有仪式感时，可能就会给夫妻关系带来矛盾和伤害。

别提这个事了，过生日可能还会买个蛋糕什么的，其他的时候，比如情人节还有什么节，从来都不买，我要求了半天啥也没送，还搞得怪尴尬的。他觉得玫瑰花这些很不实用，他说，要买什么东西，他给我钱，自己去买。发红包也得强烈要求才会发，不会主动发。我肯定期待他给我送礼物或者发红包。③

① L11 访谈资料。访谈时间：2019 年 5 月 17 日。

② W5 访谈资料。访谈时间：2019 年 5 月 8 日。

③ L10 访谈资料。访谈时间：2019 年 5 月 14 日。

从 W5 和 L10 与丈夫不同的相处模式可以发现，不论是送礼物还是发微信红包，夫妻之间以礼物为中介的情感表达在新的媒介环境中形成了线上和线下两种互动方式。线下频繁且顺畅的沟通与线上的礼物性表达会形成一种互补的状态，或者增强某一方面情感表达的效果。不同性格的两个个体以婚姻为纽带组合成一个家庭，亲密情感要在共同的家庭空间中接受平淡生活的长期检验。两个个体在家庭生活合作过程中，会对自我形成新的认知，并通过不同的策略来应对家庭生活可能面临的风险，这种风险就包括家庭生活的重复、平淡乃至矛盾可能对亲密感带来的威胁。在这种情况下，以礼物或微信红包建构起的仪式感，就成为夫妻之间建立“陌生感”① 的一种方式，收到礼物的惊喜或没有收到礼物的落寞，都会对夫妻感情产生影响。婚姻生活中的两个个体通过情感的表达再次确认夫妻关系建立的情感基础，将夫妻之间的情感关系从家庭角色合作关系中凸显出来，从而维持家庭生活的稳定运转。

二、“送礼物”与“发红包”

本书作者在访谈过程中发现，夫妻之间对于礼物交换的情感表达意义是普遍认可的，但是在家庭经济条件、夫妻日常相处的模式及生活习惯等不同因素的影响下，对于“买礼物”② 和发微信红包两种不同形式的情感表达方式，访谈对象们的认可程度却不一样。具体而言，这些不同主要集中在两个问题上。

1）发微信红包只是货币在夫妻之间的一种电子化流转过程。对于它是否能够代替“买礼物”来表达夫妻之间的亲密情感这个问题，不同的访谈对象的观点也不一样。

第一种观点完全否认微信红包的礼物意义，也拒绝接受。

① 参考以下内容：“由日常生活现象到日常生活化，日常变成了一个动态的过程，它是掏空时间的过程——标准化的时间致使日常生活变得程序化、削平一切经验的个性化特征和深度，日常的时间性被体验为使人麻木的百无聊赖。在日常生活现象被掏空了时间经验深度与差异性的同时，日常也有提供‘陌生感’的机能，而这种陌生感正是日常存在的前提。”参见：贡少辉：《电视媒介的神话与日常生活化》，《现代广告》，2010 年第 13 期，第 33 页。

② 本书作者在书中所谈到的“买礼物”，是指夫妻双方之间具有实物载体的礼物赠送行为。

发红包我不收，没意思，还不如买束花送给我，还更有感觉。现在我买东西付钱的时候，不管淘宝也好，微信也好，不管哪里付钱都是用他的银行卡。我觉得发红包没意思，我们家没有这个概念，我虽然不工作，但我要用钱的时候，家里面也会有零钱备着，对不对？我要刷卡的时候，我的信用卡也是和他的绑定的。你说给我发红包，还不如买一束花给我，我还感动一下。①

L2要的感觉是丈夫对自己表达爱的感觉，这种爱是夫妻双方建立婚姻家庭关系的基础，也是L2获得自我价值认同的重要指标。L2对于“红包”和“花”这两种符号所表达的情感意义的解读不同，她认为“花”更能表达“爱情”的情感文化意义。“鲜花”以一种看得见摸得着的形式提醒L2，在琐碎的家庭生活中，丈夫通过某种仪式感的情感表达，在不断巩固双方之间的婚姻基础，而礼物正是她所看重的夫妻之间情感交流的重要指标和支撑她继续全身心为家庭付出以维系现有稳定的家庭生活状态的重要动力。

Z3和Z2是一对夫妻，他俩都接受了本书作者的访谈。本书作者从Z2和Z3的访谈中发现，夫妻双方对于微信红包的意义的一致性与双方的金钱观念有很大的关系。Z2表示，送礼物和发微信红包的差异主要在于看对方需求什么。

从跟Z3结婚以后，过节他都给我送礼物。感觉给再多钱，好像也就那样。东西可以不是很贵，但是确实比较有心意，这个可能跟我们接触的环境有关系，因为我两个对钱不是很在意。②

遇到节日可以一起出去吃顿饭，或者买个小礼物什么的，我们不会用微信红包这样的方式，因为它就像虚拟账户一样，它实际上缺乏真实感，感觉就是个数字。③

在这两位访谈对象的认知中，微信红包更多的是一种货币的电子化流动，并不是适当的表达情感的选择。这种选择的实质是把金钱与情感区别开来。吴震东将微信红包的礼物性意义解读为一种“复合性交换”④，即通过符号和象征

① L2访谈资料。访谈时间：2019年3月20日。

② Z2访谈资料。访谈时间：2019年3月30日。

③ Z3访谈资料。访谈时间：2019年3月30日。

④ 吴震东：《仪式、礼物与狂欢——“微时代”网络社区红包的人类学阐释》，《民族学刊》，2017年4月，总第42期，第30页。

意义的复合交换，夫妻之间可实现互动交往的目的。夫妻之间在情人节或者七夕发放数值为“520”“1314”的红包给对方，其实是一种以情感表达为主的符号互动行为。从访谈的情况来看，如果夫妻双方对礼物的符号意义解读不一致，或者不认可微信红包的礼物表达意义，这种情感表达就是失败的互动行为。

第二种观点是，微信红包能表达的情感意义很少，但也是一种补救性的措施。对于很多夫妻来说，主观上并不愿意用发微信红包的方式来表达情感亲密。但在实在想不出送什么礼物的时候，发微信红包可能就会成为一种“补救性”的选择。

我觉得发红包不需要准备，因为它更像是一种补救。点开红包的时候，其实这个东西可能会误导很多，但我不管。但这个东西，我觉得对我而言，是个非常简单的事情。可能我什么礼物都没送，但我在那纠结了很长时间，这个纠结是非常难的一件事情。去做难的事情更有诚意，但是这些过程往往大家会忽视，所以我觉得人家说的、看到的都不一定是真正的事情发展的过程，因为大家站的角度不同。当然，也可能有人纠结完之后没办法才选这条路，所以我刚才说更像一种补救措施。我实在是没招了。我都努过力了，总比我什么都不做要好，那发个红包也行。[①]

在 M5 看来，给妻子发微信红包的行为是一种经过纠结和挣扎之后的“补救性”措施，这种补救是对无法挑选出合适的礼物的补救，虽然它可能显得没那么“有诚意”，但是却以一种“聊胜于无”的形式补救了夫妻之间礼物赠送习惯可能产生的断裂风险。这种“补救”将智能手机在当代城市家庭生活中的灵活参与与过往的家庭生活惯习重新连接起来，并作为一种仪式，以习惯性的实践行为，将个体、家庭与过往的时空重新联系起来，并成为约束家庭的“行为代码”，从历时性的角度将家庭纳入“共同的家庭时代”[②]。此外，本书作者

① M5 访谈资料。访谈时间：2019 年 6 月 4 日。

② 安德烈·比尔基埃，克里斯蒂亚娜·克拉比什-朱伯尔，马尔蒂纳·雪伽兰，弗朗索瓦兹·佐纳邦德主编《家庭史——现代化的冲击》，袁树仁，赵克非，邵济源，董芳滨译，生活·读书·新知三联书店，1998 年版，第 733 页。

在访谈中还发现，在丈夫为妻子挑选礼物感到为难时，智能手机中相应的信息资源，如网络购物平台上的“热搜”，便将网络市场中的众多他者的礼物选择转化成了个体重要的参考资源。这使得网络消费过程中的数据本身成为一种重要的市场引导力量。例如，C3 就会选择下载使用“小红书”App[①] 以观察他者购买礼物的类别，并作为自己礼物选择的参考。

我从来没有想过说不知道送老婆什么，然后就给她发个微信红包。如果真是这样的话，这个事情就很简单了。为了买礼物，我下了“小红书”App，可能一年就用那么两次，在她生日前或情人节，因为实在想不出来她需要什么。我搜索一下“情人节礼物”或者什么礼物，命中一个关键词，然后再去买。[②]

便利的线上支付使得微信红包的发放具有随意性。在 M5、C3 看来，微信红包是一种虚拟的数字显示，只是借助智能手机完成的一种符号表达，显得具有敷衍性，不足以表达对夫妻亲密感的重视。正因为如此，M5 才会觉得微信红包更像一种“补救措施”。“赠送‘礼物’时所蕴含的仪式感及其准备礼物时所凝结的心力和时间使得人群之间的交往有了感情的温度，这绝非数字化的微端红包所能完全代替”[③]。正如弗朗桑索瓦·德·桑格利所说：“在现代家庭中，情况正相反，亲缘关系不再倚仗家庭成员共有的财产物资：事物越来越不能在家庭社会中充当有效的精神纽带。是男人与女人、父母与孩子之间的交往交流使家的灵魂得以鲜活。”[④]

家庭生活中的妻子们似乎也能理解丈夫在挑选礼物时遇到的困境，因为她们在为丈夫挑选礼物时也会遇到类似的情况。所以，对于很多女性来说，不论是礼物还是微信红包，她们都可以接受。Y3 认为，“买礼物”和“电子红包”，自己都可以接受。正因为当代城市家庭中夫妻双方都具有一定的经济能力，能够在日常生活中自给自足，所以“选择一个合适的礼物”就成了一个可

① “小红书”是一个生活方式平台，通过文字、图片、视频的分享来引导相应产品的消费。目前用户已超 3 亿。https://www.xiaohongshu.com/。

② M4、C3 访谈资料。访谈时间：2019 年 5 月 10 日。

③ 吴震东：《仪式、礼物与狂欢——“微时代”网络社区红包的人类学阐释》，《民族学刊》，2017 年 4 月，总第 42 期，第 33 页。

④ 弗朗桑索瓦·德·桑格利：《当代家庭社会学》，房萱译，天津人民出版社，2012，第 8 页。

能会令人产生心理负担的问题。

要说仪式感，肯定是买礼物。发红包就没有那种惊喜和高兴的感觉，对我来说就只是一个数字。一个数字进来一个数字出去。红包只是一点心意，但是有总比没有强，买礼物这个东西是最难的，也是最麻烦的[①]。

2）夫妻之间的情感表达与日常生活的实用主义是否存在矛盾和冲突。与前文 Y3 等访谈对象的观点不同，在很多女性眼中，正因为“买礼物”存在难度，所以与其丈夫送的礼物让自己不满意，还不如发微信红包，这是一种基于现实婚姻生活基础上的理性主义选择，其出发点不是情感的表达，而是“过日子”的实用主义。

现在有孩子了，一天就是柴米油盐，还是不要浪漫了，实际点算了。与其买一些废的东西不喜欢，还不如给钱喜欢买什么就买什么更好。[②]

他买的东西我看不上，我都不喜欢，所以我就不要他买，而是直接发个红包给我。[③]

礼物的重点在其符号意义，而非物质载体。[④]

微信红包兼顾了礼物表达的符号意义和实用主义。此外，家庭经济状况也是对微信红包接受度的重要考虑因素。Z5 觉得在她目前家庭经济压力较大的情况下，“发红包比蛋糕值钱[⑤]。

我会给老婆送礼物，有的时候我给她买个花。有时候也会发红包，我觉得发红包和送礼物不一样。目前条件有限（因为做生意失误导致家庭经济出现问题），发红包可能比送礼物会好一些。[⑥]

此外，本书作者还发现，对微信红包的接受度还与夫妻双方对男女性别的认知有关。Z5 认为，作为女性，自己会觉得给男性“发电子红包”有点怪。D3 则表示，因为男性“比较木，不会主动去找浪漫”，所以一般自己会主动把

① Y3 访谈资料。访谈时间：2019 年 4 月 2 日。

② H1 访谈资料。访谈时间：2019 年 3 月 28 日。

③ F1 访谈资料。访谈时间：2019 年 4 月 23 日。

④ 赵星植：《礼物作为社会交流符号的诸种类型》，《江苏社会科学》，2013 年第 6 期，第 163 页。

⑤ Z5 访谈资料。访谈时间：2019 年 4 月 11 日。

⑥ G3 访谈资料。访谈时间：2019 年 5 月 27 日。

选好的网络购物车链接直接发给丈夫让其付款，丈夫也很乐意。不管用什么形式，丈夫能主动表达心意当然比被动好。而关于礼物的形式，D3 则觉得无所谓。她在访谈中说："我觉得要看在什么条件下以及整个家的相处关系是什么样子的。" ①

技术的发展为人们的情感表达提供了更多的选择。通过智能手机，夫妻在对礼物的认知观念一致的情况下，有了更为灵活的情感表达和建构方式。夫妻之间以"买礼物"和发微信红包为表征的礼物交换活动虽具有同样的情感表达出发点，但是正因为礼物本身物质性与符号的差异，导致不同个体对其符号意义与情感表达意义的解读不同，从而使夫妻在日常生活的复杂性中产生了不同的互动和相处方式。微信红包为夫妻在新的技术和媒介环境中的互动提供了新的情感表达方式，同时其也是技术在日常生活的仪式感与现代理性、效率之间进行调和的产物，是夫妻的主观情感需求与婚姻生活的实用主义之间协商和妥协的结果。

三、"用心的礼物"与情感亲密

既然在不同的家庭中夫妻对"买礼物"或微信红包存在不同的意义认知，那么，这种认知会对夫妻关系产生影响吗？"礼物可以被视为一种符号，或一种依靠关系这一社会基础传达人情的工具" ②。礼物的重要意义在于表达情感，这一点在夫妻之间尤为如此。在智能手机参与礼物的循环过程之前，夫妻之间的礼物流动主要是"仪式性礼物"，它以指称性作为主要功能，侧重于创造一种情境，比如 L2 结婚十周年纪念的聚会就是很典型的代表，这时候礼物传达的情感意义是很明确的。通过这种仪式性，夫妻在日复一日的家庭生活中重建或加强了彼此之间情感的平衡性及家庭生活的秩序性，从而保持家庭生活的稳定和有序。

微信红包的出现对这种仪式性的文化意义有哪些改变呢？对前文访谈对

① D3 访谈资料。访谈时间：2019 年 5 月 13 日。

② 阎云翔：《礼物的流动：一个中国村庄中的互惠原则与社会网络》，李放春，刘瑜译，上海世纪出版股份有限公司，2017，第 239 页。

象的观点做一些归纳可以发现，微信红包作为当代城市家庭中夫妻之间的一种赠礼，是在新的技术发展条件下出现的特殊形式。网络社会的兴起为移动支付技术的发展提供了重要的条件，而智能手机的普遍使用则是移动支付成为消费者普遍采取的消费方式的重要物质前提。智能手机的随身性及操作上的便利性，一方面使夫妻之间的情感表达具有了更多的途径和方式，增加了夫妻之间情感互动的频率，另一方面，夫妻双方对礼物的文化意义的不同解读，也使得微信红包这一“礼物”在维系夫妻关系的过程中产生不同的效用。

在家庭与家庭之间的交际行为中，金钱作为赠礼的常见形式之一，是表达情意的重要方式，但是夫妻之间，这种表达方式是否合适往往与夫妻之间的日常相处模式、对礼物的意义的解读及对配偶的情感表达期待有关。日常相处过程中情感表达少、对配偶情感表达期待低的夫妻之间往往能够认可微信红包作为礼物所代表的情感意义，反之则可能会认为微信红包不足以表达夫妻之间情感互动的重要意义。由于夫妻之间采用微信红包这种“虚拟礼物”的人际交往形式与其他朋友之间采用“微信红包”展开人际交往具有同质性，从而淡化了夫妻之间情感表达和交往互动的亲密性。这也是为什么有访谈对象认为，以整个社会普遍承认的中介等价物替代饱含情感与心仪的礼物时微信红包只是一种数字化的补救措施的原因。“微信红包是一种反复存在于日常生活中的行为，将其挪到原本具有神圣性的非日常生活空间，可能会导致对神圣空间的解构，致使其神圣性消解并变得世俗化”①。因此，很多访谈对象在评价发微信红包替代“买礼物”时提到“俗气”“虚”。如果夫妻中的一方对发“微信红包”的意义不认可，那么这种方式对于彼此情感的维系就没有积极的意义。

智能手机使用的便利性使得发微信红包的行为被很多访谈对象认为“不够用心”，而对彼此是否用心正是衡量夫妻情感亲密的重要标准。微信红包作为一种虚拟的数字化礼物，对于物质生活极大丰富的一些夫妻个体来说，这种符号表达并不是一种稀缺的资源，并不能代表“礼物”来表达相应的情感意义。这时微信红包很容易被配偶解读为与日常的消费活动具有等同意义，因为两者

① 万华颖：《论微信红包对人际关系的影响》，《文化与传播》，2018 年第 7 卷第 5 期，第 20 页。

都是货币的一种电子化流动，这就消解了微信红包作为礼物的情感表达内涵。消费主义在现代社会中的盛行使得人们对情感表达的方式、情感价值判断的思维都产生了变化。

尽管有人持这种观点，但也有人从实用主义的角度出发来看待这个问题。家庭作为夫妻之间以婚姻为基础建立的一种长期合作的契约组织，本身就是一个复合的经济体，家庭生活是家庭成员围绕个体与彼此的成长而进行的复杂的实践过程．要将家庭生活维持下去，实用主义是不可避免的一种思维方式。当代城市家庭基本都建立在爱情之上，但是随着婚后生子等新变化，家庭生活呈现出更为复杂的特征。原本只需要维系两个人情感关系的夫妻双方面临着养育子女、赡养老人等更多的社会责任与义务。家庭的社会组织功能逐渐显现出来，从而冲淡了原本对情感建构的主动性和积极性。在这种情况下，夫妻双方如果没有精力和时间去为对方挑选一份合适的礼物，而又为了表示心意，可以随手发一个微信红包。爱情婚姻“具有个体内在性，比如重视吸引力、理想化、激情等，其延续机制在于加法”[①]。但在实际的运行过程中，爱情婚姻很多时候都在做减法。在这种情况下，智能手机的出现使得虚拟礼物成为一种新的情感表达方式。

“虚拟礼物的盛行使我们看到，‘纯粹交际性礼物’的偏移媒介性特征使得礼物交换向 Erving Goffman 意义上的‘日常生活仪式’方向上转移”[②]。这种从原有仪式固定时空的特殊性到日常生活随意性的转移往往通过媒介来完成。智能手机的出现改变了原有夫妻之间礼物流动的时空结构，将现实中的礼物交换行为搬到了线上虚拟空间。很多人将配偶送给自己礼物或者微信红包的行为晒到“朋友圈”，延长了原有的礼物交换行为，并将夫妻之外的众多他者纳入礼物交换的文化意义解读过程之中。这就通过礼物的交换行为将家庭这一私密空间与社会空间在虚拟的网络空间中展示出来，实现了对家庭空间的意义再生产。

① 翟学伟：《爱情与姻缘，两种亲密关系的模式比较——关系向度上的理想型解释》，《社会学研究》，2017 年 2 月，第 128 页。

② 赵星植：《礼物作为社会交流符号的诸种类型》，《江苏社会科学》，2013 年第 6 期，第 165 页。

“21 世纪将似乎注定在两个平行但是正在融合的世界——一个现实的，一个虚拟的——中发展前进，并且伴随着我们每个人在搜寻最满意的和最健康的方式来融入这两个世界之中。”[①] 不论是线下还是线上，夫妻之间保持一定的礼物赠送，对夫妻关系的维系及整个家庭的稳定性都起着重要的作用，因为在当前的社会环境中，女性在家庭中往往承担着比原来更多的家庭和社会责任。在这种情况下，礼物的流动会不断从心理上让女性重新确认夫妻之间的爱情基础，从而在繁复的家庭生活中为其提供一种重要的情感支持力量。不论是线下的礼物还是虚拟礼物，礼物的情感表达属性都使其具有重要的凸显特征，即将夫妻关系从其他家庭关系中凸显出来。由于情感表达代表的是夫妻个体，所以它也将夫妻个体从家庭角色的合作关系中凸显了出来，礼物成为一种中介，将夫妻个体与夫妻家庭角色这两种属性特征既区别又联系在一起，从而产生了复杂的文化互动意义。

第四节　智能手机对夫妻信任关系的影响

在当代社会，婚姻关系的建立本身是以一定的信任关系为基础的。而在持续的家庭生活中，夫妻个体依然与整个社会继续发生联系与互动，特别是智能手机的使用，在增加夫妻线上沟通与交流频率的同时，也为夫妻个体提供了更多的家庭外人际交往机会。婚姻观念的变化及对个体性感受的重视可能会使夫妻个体与他者产生婚姻之外的情感关系，从而使现有的家庭生活产生危机。在这种情况下，智能手机一方面成为个体的隐私集合空间，另一方面也成为夫妻采取不同的方式和策略来应对可能出现的婚姻风险的重要机制。因此，本节主要讨论智能手机的使用给夫妻亲密关系带来的风险及夫妻在面对风险时所采用的不同策略。

一、个体权力与亲密风险

智能手机作为一种具身性使用的媒介产品，其广泛的网络连接性将使用

① 查尔斯·斯特林：《媒介即生活》，王全安，崔元磊，张祎译，中国人民大学出版社，2014，第 202 页。

者的人际交往纳入全球性的广阔范围之中，这种连接一方面给夫妻交流带来便利，线上虚拟空间成为夫妻线下关系在线上的延伸与扩展，另一方面也为夫妻与其他个体之间的关系建立提供联结和便利，对夫妻关系带来潜在的风险和威胁。“随着移动技术和智能手机的发展，社交媒体会像漩涡一样把我们卷入人与人之间的网络化世界之中，吞噬着人们的时间和生命，人与人之间的关系变得复杂而充满不确定性”①。具体而言，当处于婚姻关系中的个体通过广泛的社交网络与其他异性进行情感交往时，就违反了夫妻之间基于爱情基础上的婚姻契约性，从而破坏了夫妻之间的信任关系和亲密感，甚至会引起婚姻关系的破裂。正因为如此，智能手机在个人日常生活各个环节的参与和使用，不仅为家庭生活提供便利，还成为个体隐私的集合空间，当夫妻关系出现变化时，往往会成为夫妻矛盾的爆发口。这不免让人产生一种想象：如果电影《手机》②放在现在的媒介环境中来拍，又会产生什么样的故事情节？

手机这个东西我觉得已经超过了拍《手机》那部电影的时候所蕴含的信息，因为那个时候的手机没有现在这么智能。现在可能有的人回家第一件事就是将手机先清一道。反正我觉得有无限种可能。夫妻之间可能现在会有太多那种经不起查的东西。我就觉得手机秘密太可怕了。只要你愿意查，手机会留下太多信息，比如你买的是两张票，你在美团上什么时候看的电影，你和谁去的，都会有记录，有的人甚至蠢到拿这个订房。③

我内心隐隐地觉得，每个男人的手机要检查都会有问题。如果非要找出问题的话，肯定能找得出来。但是，别给自己找麻烦。因为，我身边有好多朋友都是离了婚的。我跟你讲，十个有九个是从手机起的。④

从“父母之命、媒妁之言”到自由恋爱，再到婚姻关系中个体的崛起，对婚姻关系的建立会产生影响的因素经历了从他者代表的文化传统到情感亲

① Hinton S，Hjnorth L.Uderstanding Social Media［M］.Los Angeles:SAGE Publications Inc，2013：32.

② 《手机》这部电影由冯小刚导演，葛优等主演，于 2003 年底上映，2004 年获得第 27 届大众电影百花奖最佳影片奖。这部电影改编自刘震云同名小说《手机》，讲述了手机在主人公严守一对待情感问题中的复杂作用，从而引起了观众对这部影片的众多讨论。

③ Z10 访谈资料。访谈时间：2019 年 5 月 11 日。

④ Q1 访谈资料。访谈时间：2019 年 4 月 15 日。

密的需求再到个体性的选择这样一个过程。个体的情感和权利保障需求逐渐超越了其他因素，成为婚姻关系建立及运行的重要影响机制。这一改变导致了“人类纽带的脆弱性”以及夫妻在这个过程中对于自由与安全感双重追求的矛盾状态①。智能手机在为每个使用者提供便利的同时，其具身性的使用特征及数字化的传播方式也使每个人的生活呈现出数据化的记录状态。这种数据如果被他者获取，则有可能造成隐私的泄露。在这种情况下，如果从夫妻关系的角度来看这把“双刃剑”，它又产生了不同的意义。对于使用者个体来说，它意味着媒介使用的自由和隐私受保护的权利，但是，如果从配偶的角度来说，它也可能意味着对方超越婚姻关系的限制进行人际交往所产生的婚姻风险。

复杂的社会环境、便利的社会交往、情态各异的家庭关系及媒介对风险社会的拟态化展现，种种原因杂糅起来，都可能导致夫妻双方对于婚姻的风险感知不同，从而对对方手机使用行为的看法也不相同。为了保护自己的秘密和隐私权，也为了捍卫婚姻关系、对抗风险，夫妻之间也可能会对智能手机的使用采取各种措施和策略。在媒介化社会中，“关系的隐秘和敞开成为新的矛盾指向”②。这种矛盾指向反应在智能手机的使用上，就具体表现为夫妻之间如何既尊重彼此的隐私，又保证彼此之间的信息敞开以确保信任和亲密关系得以正常维系。

二、手机密码：隐私还是信任

张冠文用“同构”来隐喻当代社会生活中“人与互联网之间同构成一个密不可分的数字化生存体”③的状态。智能手机的普及使用使得人在媒介化社会

① 吉登斯在对《爱与亲密的转型》这个话题进行讨论的时候提到了鲍曼关于“人类纽带的脆弱性”以及由此导致的亲密关系松散、持续变化和缺乏持久结合的观点，认为这种情况导致的结果是在关系建构中重视数量而不是质量。参见：安东尼·吉登斯，菲利普·萨顿：《社会学（第七版）》，赵旭东等译，北京大学出版社，2015，第404-409页。

② 周翔，李镓：《网络社会中的“媒介化”问题：理论、实践与展望》，《国际新闻界》，2017年第4期，第150页。

③ 张冠文：《人与互联网的同构——媒介环境学视阈下互联网交往形态的演化》，中国广播影视出版社，2015，第214页。

中的实践过程呈现出一种“数字化生存”[①]的动态结构，智能手机逐渐成为个体隐私的集中空间。在这种情况下，手机密码往往就成为个体对隐私保护及风险防御的重要控制机制。作为一种“隔离的技术”[②]，手机密码的设置可以采取数字、图形、指纹等多种方式。不论采用哪一种形式，手机密码都展示了手机使用者对他者表达的一种“非请勿入”的拒绝态度和姿态。夫妻作为具有亲密关系的两个个体，婚姻关系的建立本身就意味着对个人权力的部分让渡。吉登斯在对亲密关系的讨论中认为，个体之间彼此开放的态度对感情交流具有重要的影响。然而，对于夫妻关系来说，这种“开放”到底应该控制在一个什么程度之上才能既满足个体的隐私需求又不影响双方之间的亲密感，就成为了一个复杂的动态平衡问题。

从个体的角度来说，手机密码属于使用者个体的隐私信息，夫妻之间对这一信息的关注与否，以及是否翻看对方手机，也成为双方是否互相尊重的重要标准。对于一些夫妻来说，对配偶手机的查阅行为可能会有损夫妻之间的信任关系。在访谈中，很多夫妻对彼此的手机密码都知道，但是却不会主动去翻阅，因为觉得“累得慌”。Y8在访谈中说：“一个家庭就没必要有秘密，是一个共同体。”[③]也有人表示，夫妻之间彼此不看对方手机是确保每个个体独立性的表现，“这才是正常的”[④]。Z11在访谈中说：“这个是隐私，看的话不太好，这个是有损双方信任的行为。”[⑤]在这种认知中，手机对于夫妻来说是互相尊重的个体空间，信任是一种“长期交往经验内化的心理体验”[⑥]。在齐美尔的社会交往思想中，人与人之间的了解与信任是彼此之间建立交往关系的重要基

① 尼古拉·尼葛洛庞帝认为，技术的发展为我们提供了以信息技术为基础的新的生存和生活方式，并进而引起了整个世界的变化。参见：尼古拉·尼葛洛庞帝：《数字化生存》，胡泳译，电子工业出版社，2017。

② 凯文·凯利认为：“加密系统及其同类都是隔离的技术。”参见：凯文·凯利：《失控》，张行舟，陈新武，王钦等译，电子工业出版社，2016，第332页。

③ Y8访谈资料。访谈时间：2019年5月11日。

④ G3访谈资料。访谈时间：2019年5月27日。

⑤ Z11访谈资料。访谈时间：2019年5月15日。

⑥ 马俊峰等：《当代中国社会信任问题研究》，北京师范大学出版社，2012，第64页。

础。但是，每个个体都不可能完全被了解，所以秘密不仅是个体对隐私的保护行为，还是个人自我确认的手段。手机密码作为一种秘密的保护手段将个体与另一半之间的秘密保护与其他非亲密群体的关系等同起来，当夫妻之间对彼此拥有密码的权力进行认可和尊重，实际上意味着对自我的相关权力的认知与实践。

夫妻之间对彼此的尊重是亲密感建立的基础。然而，如果夫妻中的一方感知到了婚姻中可能已经存在的风险，那么就可能会选择放弃对对方智能手机使用隐私的尊重态度，而采取查阅对方手机的方式以确认婚姻生活的状态及由此给自己提供的安全感。这时候，智能手机的密码设置问题，就成为了夫妻之间信任关系的重要表征。因为，智能手机的密码设置本身就隐含了夫妻之间对秘密和隐私的自我保护预设。这种预设在增加自我安全感的同时，会促生他者的不安全感。媒介也是塑造这种预设猜想的重要推动力量。

我觉得现在女性的焦虑感可能比男性强。比方说出轨这个问题，像郑秀文这么美好的爱情童话也会幻灭，有的时候虽然说相信老公，但是看了这些消息之后，还是会有一点点疑虑，感觉他们这些人都发生了，自己老公也是一个正常人，也有一些这样那样的诱惑在身边，所以，有时候还是会有一点不信任感。①

西尔弗斯通认为："我们的安全感是通过日常生活中熟悉的惯例、我们对实际的理解和实践知识来维持的。这其中重要的一部分是由我们在很大程度上并未在意的仪式和符号构成的。"② 当信息提供的媒介主要变成智能手机，当人们随时随地可以接触到广泛的万千世界，当一个人因为好奇点了一次关于明星出轨的新闻就每天被推送类似的若干新闻，则媒介世界呈现出的社会景观就很容易对人们的婚姻家庭观念产生影响。当海量的网络信息裹挟在一起朝人们的家庭生活蜂拥而来，当人们看到媒介将各种婚姻问题和风险呈现在眼前，就可能会强化婚姻的风险性感知，从而本能地对现有婚姻生活的风险性保持警惕。在消费主义的推动下，风险"作为一个吸引注意力的话语形式存在于媒介想象

① W3 访谈资料。访谈时间：2019 年 4 月 25 日。

② 尼古拉斯·阿伯克龙比：《电视与社会》，张永喜、鲍贵、陈光明译，南京大学出版社，2001，第 169 页。

之中，并在媒介化过程中发生偏向”。[①] 以智能手机为代表的媒介在强化个体的不安全感的同时起到了推波助澜的作用。

对于是否需要查阅对方手机的行为，C3 有一个很精妙的比喻：

保留看对方手机的权力，但是我不会去看。有个可能不太恰当的比喻，就像某些部门有随时检查的权力，但并不一定要查，除非有人举报它才会真正行使这个权力。[②]

夫妻之间对彼此手机的“看与不看”是一件极其微妙的、需要充分进行权衡的事情。看，可能会损害对方的隐私权，从而损伤夫妻之间的亲密感；不看，自己又可能会承担一定的婚姻风险。因此，C3 认为夫妻之间的日常相处应该互相信任，看对方手机只是在有明确的婚姻风险时才可能会采取的防御型行为。正是因为夫妻之间既有互相尊重隐私权又有保持情感亲密、排斥婚姻风险的需求，才使得夫妻之间对彼此的手机密码可能呈现出一种既好奇又不好意思打听的心态。L9 用“夫妻之间的交往情趣”来调侃丈夫想知道自己手机密码时的互动沟通行为。L9 丈夫的手机密码她是知道的，但是她的丈夫却不知道她的手机密码。

我这个手机要求指纹解锁，再匹配一个数字密码。我设置密码之后我老公就一直打不开我的手机。他想知道又不好问，我就装作不知道，一直晾着他，直到他实在忍不住了。有的时候我觉得婚姻里面有些小情趣可能也就是来自这些。密码现在他也知道了。[③]

L9 提到的指纹密码的问题也是极其值得思考的一种密码形态。在这种密码设置形式中，身体为技术提供了独一无二的把关标准，技术在个体授权的情况下与身体合谋，构建了一种保守秘密的方式和生活的秩序。“我们前所未有地为自己创造了一个新的身体——人和机器的混合体”[④]。在线上空间，每个个体都是一个独立而又彼此连接的节点。手机密码就是身体从现实空间进入虚拟

① 全燕、申凡：《媒介化生存下“风险社会”的重构与反思》，《国际新闻界》，2011 年 8 月，第 65 页。

② C3 访谈资料。访谈时间：2019 年 5 月 10 日。

③ L9 访谈资料。访谈时间：2019 年 5 月 12 日。

④ 汪民安：《论家用电器》，河南大学出版社，2015，第 113 页。

空间的必经之门，它为个体提供了一种隐瞒自身秘密的带有积极防御意味的技术措施。当个体用指纹作为打开这扇门的钥匙，那么个体现实中的身体就与虚拟世界中数字化的身体进行了联结。设置密码的个体认为，这种联结对于可能存在的风险和危机来说，这种行为体现了最大的个体权力。

作为“现代性的后果”①之一，社会整体层面的风险及信任机制问题已经引起了很多学者的关注和讨论。“中国社会的文化根基在于家庭生活，它限制了社会信任的范围。而当今中国经济的单面发展，非但没有建立一种新型的信任机制，反而其传统根基也受到动摇，这是中国信任危机的根源”②。由于共享每日的家庭生活经验，家庭成员之间建立了彼此之间的信任感。然而，这种信任的危机已经开始在家庭生活中出现，并且与智能手机的使用有着密切关系。正因为智能手机为每个家庭成员提供了随时与外界连接的通道，就使得家庭成员的交往范围更为广阔，现实与虚拟的界限开始模糊。而智能手机的具身性使用，使得这种风险呈现出一种不可见的特征，夫妻之间对亲密风险的感知加入了“想象”的元素。个体与智能手机的连接越紧密，与配偶之间的现实交往对时间的争夺就越激烈，屏幕的中介性所产生的距离感越强，另一半对婚姻风险的感知度可能就越高。这时候，手机密码作为一种有意义的文化符码，不仅意味着个体的独立性，还意味着对另一半的“拒绝”和隔离，彼此之间的熟悉感以此被切断。社会整体风险的感知会加剧夫妻之间这种以“出轨”为例证的风险行为想象。

三、“仅自己可见”和情感公众号

本书作者在访谈中还发现，在面临婚姻问题时，利用智能手机对自我进行心理调适也是女性经常采取的一种重要策略。这种调适分为两种形式。

第一种形式是利用智能手机对个体在婚姻中遇到的问题进行情绪上的宣泄和排解。在这种情况下，微信交流、朋友圈、微博等往往都是个体选择的重

---

① 吉登斯认为，现代性具有全球性倾向并且指向未来，它在带来机会的同时，也带来诸多的风险和信任问题。参见：安东尼·吉登斯：《现代性的后果》，田禾译，黄平校，译林出版社，2011，第6-9页。

② 翟学伟：《信任与风险社会——西方理论与中国问题》，《社会科学研究》，2008年4月，第123页。

要渠道。

如果老公招惹我，我必定以牙还牙。除了有时候在微信上我不搭理他，进行一下无声的抗议以外，有些时候我不想跟他说话。因为，出口伤人，伤人伤己，我怕控制不了。所以，就自己想办法找一个地方宣泄出来，比如，在微信里面发只能自己可见的那种朋友圈。写出来就感觉心里舒服多了。不让别人看见，就一个人发泄一下就行了。现在有时候看看觉得很好玩，觉得还有点可笑。其实都是鸡毛蒜皮的小事。我觉得有些话真的是不好意思对外人说。每天我就写，写完之后，我说："呦，以前没发现我怎么那么有水平。"①

在面对婚姻问题时，L2 通过利用朋友圈"仅自己可见"的功能，对自己内心的情绪进行抒发和排解，这是一个自我交流和认知的传播过程。因为，在很多情况下，婚姻问题属于个人的隐私问题。很多人并不愿意将这个问题与他者分享或交流，而智能手机提供了一种可控的自我交流的方式。通过将朋友圈设置成"仅自己可见"，个体对生活隐私进行了自行记录、自我观察和自行理解。这种类似日记本的媒介功能，使得个体既是文本生产者和传播者，又是解读者，即自己成为自己的生活观众。通过在不同时间、不同心境下对储存在同一介质上的同一文本的观看和解读，L2 完成了与自我的对话和反省过程。

"智能手机是一面电子镜子"②。通过智能手机，个体对自我的反省和认知与媒介产生互动，从而使自我传播"这种原本封闭的富含浓重哲学意味的反身性实现在时间和空间上的延伸"。③不仅如此，这种通过媒介中介进行宣泄的方式还避免了个体因为情绪失控可能带来的言语伤害与夫妻亲密关系损伤。正是通过类似的媒介中介化的自我传播过程，L2 完成了对不满情绪的宣泄，在满足自身需求的情况下，对夫妻关系可能产生的伤害进行了控制，从而实现了

① L2 访谈资料。访谈时间：2019 年 3 月 20 日。

② 韩炳哲：《在群中》，程巍译，中信出版集团股份有限公司，2019，第 34 页。

③ 张放，尹雯婷：《从独白式微博书写看媒介中介化自我传播》，《当代传播》，2012 年第 4 期，第 79 页。

对自我的心理调适。而这种“与自己进行开诚布公的自我传播”[①]显然对她的身心健康及与丈夫之间的正常交往有着重要的调节作用。

第二种形式是利用智能手机中的众多专业信息来对婚姻关系重新进行认知和学习。这种信息可能来自专业的微信公众号，也可能是海量互联网信息中对某一问题的众多专业回答或他者建议。

我曾经有一段时间属于那种疯掉一样的状态。现在会那么淡定，跟我关注的微信公众号有关。你看，这个女的（给本书作者看她的手机微信），她就是写两性关系写得比较好的这种。我对两性关系的公众号会比较关注，是因为我觉得两性关系是要学习的。[②]

“作为一种新兴传播方式，微信公众号在虚拟空间中建构了一个自由表达与互动的准公共领域”[③]。个体根据自身需要选择相应垂直领域的专业化传播“意见领袖”，通过对专业内容的不断学习，以及与具有相同需求的他者的沟通与互动，来不断丰富自身的文化资本，并完成对相应圈层成员的想象性建构，实现自我在面对相关婚姻问题或风险时的情感疏通和身心调适。

传统的婚姻矛盾主要靠熟人关系来进行协调，在当代城市家庭中，媒介系统为婚姻矛盾的解决提供了更为宽广、丰富和私密的解决渠道。个体可以在百度上自由搜索“和老公吵架怎么办”而无须担心现实生活中类似隐私问题的咨询可能引起的尴尬和不适。输入法的标准性不仅规范了人们输入信息的方式，还掩盖了获取信息过程中鲜明的个人化特征，个体的隐私通过标准化技术的使用得以保护。智能手机据此成为夫妻关系管理“专家系统”的一部分，这种“专家”的功能通过互联网丰富的内容及随时随地互联的沟通方式得以实现。

智能手机为生活提供便利，为情感表达提供通道，也为个体性提供保护，技术与人类实践之间的动态互动模式影响着人际交往中的信任程度，也会影响

① 陈力丹：《自我传播的渠道与方式》，《东南传播》，2015 年第 9 期，总第 133 期，第 37 页。

② Z10 访谈资料。访谈时间：2019 年 5 月 11 日。

③ 蔡骐，卞寒月：《透视微信公众号传播》，《新闻记者》，2019 年第 1 期，总第 437 期，第 71 页。

夫妻之间亲密关系的建构方式。个体通过在虚拟媒介空间中的社会交往与自我展演，会形成一种真实与虚拟之间的“‘转换－联结’机制，完成生活从不平衡状态向平衡状态的转变。这种不断被重复的行为凝结着独立个体走向共同生活的真实与真诚、亲密与共性及激情与亢奋，它充当了个体化的社会存在与人的共同生活诉求的结合仪式”①。

① 张兆曙，王建：《制造亲密：虚拟网络社区中的日常生活——以人人网 SNS 人机互动平台为例》，《青年研究》，2013 年 6 月，第 60 页。

第五章 媒介化的亲子关系：中介化的亲密

亲子关系作为“一种特殊的和自然的亲密关系”[①]，也是家庭关系的重要部分。它的建立以夫妻关系为基础，与夫妻关系产生复杂的互动与勾连，进而影响整个家庭的生活和关系状态。同时，它作为影响整个社会发展的重要因素，还通过抚育、赡养等家庭生活环节与社会其他系统之间产生紧密的互动关系。智能手机在家庭生活中的普遍使用，“也在悄悄地重塑现代家庭的亲子关系与家庭结构，家庭代际传播规则发生了改变，亲子关系越来越媒介化”[②]。本章将通过对“幼有所养”“老有所依”等方面智能手机的使用与介入过程，以及在“小家庭”微信群这一通过智能手机建构起来的虚拟家庭空间中亲子互动过程的分析，来观察在当代城市家庭生活中，父母与子女是如何灵活利用智能手机创建起一种“中介化的亲密”关系的。

第一节 “幼有所养”中的智能手机与亲子关系

在我国，未满18周岁的子女都是未成年子女，需要父母尽到抚育的责任和义务。本书作者在访谈中发现，在亲子抚育过程中，智能手机既是一种无法避免的家庭媒介环境，也是一种必须掌握的媒介工具，还是父母对子女的抚育与其他家庭活动进行协调、维持家庭生活平衡的重要调节机制。因此，对于未

---

① 刘汶蓉认为，“因血缘关系连接起来的亲属之间具有一种特殊的和自然的亲密关系，彼此承担无条件的和无限的相互照顾和扶持的责任和义务”。从文化功能上看，父母与子女的身份都带有神圣性和“自我完成”的类宗教意义，虽然现代化的过程中亲子关系已经发生了很多变化，但是“仍保留了很强的义务本位和责任伦理的特点”。参见：刘汶蓉：《当前中国家庭代际支持的趋势：观念和行为》《家庭与性别评论（第5辑）》，社会科学文献出版社，2014，第47页。

② 朱秀凌：《青少年的手机使用与家庭代际传播研究》，中国社会科学出版社，2017，第4页。

成年子女来说，智能手机的使用是其在媒介化社会中生存与学习的重要内容及自我认知的重要途径。未成年子女成长的过程，也是其媒介使用能力不断提高及对媒介使用自主权不断争取的过程。而于父母而言，对子女使用智能手机的行为进行适当的管理和控制，是父母在子女社会化过程中提供家庭教育及进行亲子关系建构必须关注的重要方面。

一、“无法避免”与“无可奈何”

在当代城市家庭生活中，智能手机的使用如此普遍，以至于它已经成为家庭媒介环境的重要组成部分。对于未成年子女来说，智能手机也已成为他们日常生活中的一部分。智能手机不仅参与未成年子女的日常娱乐和学习，也在他们与父母的互动交往之中起着重要的中介作用。于父母而言，在与子女日常互动的过程中，智能手机的使用既“无法避免”，又“无可奈何”。

1. 无法避免的媒介环境

智能手机在家庭生活中的使用已经成为未成年子女无法避免的媒介环境。父母对智能手机的具身性使用使子女对智能手机迅速熟悉起来。对于子女来说，智能手机似乎一直与父母相伴相随，智能手机在参与家庭生活方式塑造的过程中也相伴他们一起成长。“一个家庭以怎样的方式安排日常生活，父母选择怎样的活法，体现在家庭生活的每一个细节中，于无声处影响着孩子”①。

我现在只要一看手机中那些做菜的、化妆的内容，她就过来和我一起看。②

每天晚上她爸爸陪着她的时候经常喜欢看手机，或者陪她用手机看一些动画片，我陪她睡觉的时候，我就跟她说小孩不能看手机，手机是大人看的，她就说：“为什么爸爸可以给我看？”③

在家庭生活中，父母对智能手机具身性的便携使用，使得这一媒介与父母一起进入子女的视线之中，并作为一种“突出之物”迅速成为子女关注的焦

① 关颖：《家庭教育社会学》，教育科学出版社，2014，第 284 页。

② J1 访谈资料。初次访谈时间：2019 年 4 月 13 日，二次访谈时间：2019 年 4 月 19 日。

③ L2 访谈资料。访谈时间：2019 年 3 月 20 日。

点。手机的智能化功能不仅使父母在家庭生活中离不开手机，同样也容易使未成年子女对其产生浓厚的兴趣。作为个体内化的主要方式之一[①]，模仿学习是未成年子女社会化的重要方式[②]。而智能手机屏幕化的操作界面和以声、像、符号为主的传播方式，使得子女可以克服技术及文字沟通上可能存在的传播障碍，通过对父母的模仿轻松掌握智能手机的相关使用方法，并可以观看动画片、看“抖音”、玩游戏等，即在不知不觉间，孩子就已经实现了对智能手机操作的“无师自通”，并可通过自行拍摄照片或小视频参与到手机的传播过程之中。

小的那个也是玩得昏天黑地的，我们稍不注意，他就抱着（我们的手机）跑了。特别是大人看抖音或者讨论抖音，他马上就来了，赶都赶不走。烦死了。唉呀，反正抖音中毒太严重了。实际上他不会输入字，但是因为有的东西点进去它是连贯性的，这里点开一个那里又出现一个，一吸引到他，他就点进去看。[③]

通过对智能手机的碎片化观看和试探性使用，他们对周围世界形成了自己的认知及理解。在这个过程中，智能手机对于子女来说，是一个新奇、智慧的技术世界。他们在对智能手机试探性使用的摸索过程中，也在不断形成对日常生活与技术世界互动的认知和经验积累，并为自己成长过程中与同龄群体之间围绕智能手机使用的交流及对媒介的成熟使用做相应的知识和经验储备。未成年子女对智能手机的媒介技术掌握的过程，就是将一种新的媒介技术从陌生化使用变成“熟悉知识”[④]，进而成为其社会化过程中重要资源的过程。

---

① 刘豪兴、朱少华认为，“个体内化”是指人在社会化的过程中，经过一定方式的社会学习，将社会目标、行为规范等社会教化转化为自身人格特质和行为反应模式的过程。参见：刘豪兴，朱少华：《人的社会化》，上海人民出版社，1993，第64页。

② 关颖认为，“模仿学习、主观认同、角色扮演、自我强化”是个体内化的主要方式。参见：关颖：《家庭教育社会学》，教育科学出版社，2014，第68页。

③ G1访谈资料。访谈时间：2019年3月26日。

④ 杰姆斯对知识进行了两种分类：熟悉知识与系统知识。“熟悉知识”指个人接触的第一手经验，例如，对日常生活的现象和事务，局内人有直觉理解的优势，但是习焉不察，熟悉导致忽视；而“系统知识”指经过长期研究与深入探索获得的条贯分明、逻辑严谨的抽象知识。获得这种知识需要接受严格训练及相应学术规范。参见：李金铨著：《传播纵横：历史脉络与全球视野》，社会科学文献出版社，2019，第142-143页。

不仅如此，在很多生活场景中，子女甚至需要与智能手机相互竞争来赢取父母有限的视线资源。例如，在智能手机普及之前，父母在闲暇时间陪伴子女看电视并与之进行交流互动是一种常见的家庭娱乐活动和教育活动，对子女"观察和审视家庭价值"及"建立自我身份认同"具有重要的意义①。然而，在如今的家庭生活中，父母一边陪伴子女玩耍或看电视，一边沉浸在自己的手机世界之中已经是司空见惯的家庭场景。在这种场景中，子女原本需要父母全身心陪伴他们参与共同的娱乐活动，然而，智能手机却"抢夺了"父母的视觉注意力，使得父母呈现出一种"身在曹营心在汉"的媒介使用状态。父母与子女虽然身处同一个物理空间，但是却处于不同的媒介空间之中，父母因为盯着"手机屏幕"而成为"在场的缺席者"②。说父母"在场"，是因为他们和子女以两个相对独立的主体身份处于共同的物理空间和电视媒介所参与的媒介环境之中，而说他们"缺席"，是因为父母的思维处于智能手机所构建的媒介时空之中，而没有与子女对电视所构建的媒介时空进行共享和交流。当这种"在场"与"缺席"在同一主体身上出现，就导致了一种主体与他者交往过程中若有若无的状态，从而使得原本应该共同参与的媒介交往行为出现了异化。

这种状态可能会引起两种后果。一种是引起子女的不满，作为"缺席者"的父母也可能因此受到其他家庭成员的谴责。这时，原本"陪伴"这一应该产生凝合力的行为反而产生了离心力，从而导致了父母与子女之间情感亲密的异化状态。而当这种异化状态长期存在或者成为家庭成员之间人际交往的一种常态，就可能导致家庭成员间彼此交往期待（思维）和模式的变化。当未成年子女逐渐适应了这种有智能手机介入的生活方式与亲子互动模式，智能手机就慢慢改变了原来家庭成员交往的惯习和由此建立起的家庭生活秩序。在这个过程中，父母从原来共同参与的电视媒介实践活动中脱离出来，

---

① 克里斯·罗文认为："家庭成员之间的交流沟通对于一个家庭的存在和维系是非常重要的，它为孩子提供了一种观察和审视家庭价值的机会，对于儿童建立自我身份认同和最终独立奠定了非常重要的一步。"参见：克里斯·罗文：《"被"虚拟化的儿童》，李银玲译，华东师范大学出版社，2013，第91页。

② 本书作者在这里沿用郭建斌对"在场"这个概念的界定，即"所谓'在场'，指的是由特定的大众传播制度及相应实践所构筑的媒介时空中的一种"结构化"存在及其象征意义"。参见：郭建斌：《"在场"：一个基于中国经验的媒体人类学概念》，《新闻与传播研究》，2019年第11期，第39页。

并建构起一个以“自我”为中心的媒介时空。智能手机由此成为子女与父母之间亲密关系建立的“区隔者”。另一种是子女转移自己原本投射到电视等媒介或其他事物上的注意力，参与父母“玩手机”的行为。但是，手机小屏化及具身性使用的特征，使得这种共同参与很难实现。这时候，父母可能会放下手机陪伴子女，这种情形通过父母对自己媒介使用行为的约束和管理，使双方都共同回到原来期待的媒介交往场景中。当然，父母也可能拒绝子女共同参与对其手机的观看和使用行为，或者考虑给子女其他替代产品。在这种情况下，父母依然坚持自己的媒介使用态度，而将子女排斥在自己的媒介世界之外。这种排斥是对自我的强调，也是对具有亲密血缘关系的他者的确认。在这个过程中，可以充分看到“在场”这个概念所具有的动态特征。这种动态性是智能手机使用的具身性与家庭生活的日常经历之间互动的过程，也是家庭关系不断型塑的过程。而这正是媒介化社会中媒介的中介性在家庭关系建构层面的意义所在。

智能手机也逐渐成为家庭娱乐的重要组成部分。父母与子女之间利用智能手机共同玩游戏、玩“美颜相机”或看“抖音”已经是家庭中常见的生活场景。在这个过程中，智能手机不仅为父母与子女共同参与某种媒介娱乐活动提供相应的机会，而且也是父母在新的媒介环境中与子女进行情感沟通进而建构亲密感的重要方式。在共同参与的虚拟空间中，父母与子女之间以符号进行交流与互动。对于子女来说，这意味着他们与父母在一个新的空间中、以一种相对平等的方式共同参与家庭活动，并在这个过程中，根据自身对媒介技术的掌握及媒介内容的理解来建构自己在父母面前新的形象。而对于父母来说，与子女共同参与游戏的过程既是父母对子女进行资源管控和指导的过程，也是父母与子女之间构建游戏伙伴关系的过程。虚拟空间中的平等伙伴关系消减了父母与子女之间现实空间中的权力关系，并通过双方之间的竞争与合作，使两者在媒介世界中构建新的关系类型。

2. 个性化学习方案的建构

不仅是娱乐，智能手机也是当代城市家庭教育中不可缺少的工具。家庭教育、学校教育和社会教育是我国儿童社会化过程中的三驾马车，缺一不可，但三者之间的关系却随着社会发展和变迁呈现出不同的状态。在智能手机出现之前，学校教育与家庭教育是两个相对独立的系统，家长与老师在家庭和学校这两个空间中各司其职，一般只有在家长会或家访的时候，双方才会产生密切的沟通场景。然而，随着智能手机的广泛使用，老师和家长可以在家庭和学校两个现实空间之外建构出一个虚拟的交往空间，二者可以围绕学生在学校或家庭内的动向及行为进行更为频繁和密切的沟通，并根据子女（学生）的学习情况及时调整相应的方案或策略。这就使得原本整齐划一的学校教育、老师与家长之间围绕子女学习进行的专项沟通及由此采取的不同引导和控制措施结合起来，共同构成了未成年子女“个性化”的学习方案。在这一方案的建构过程中，智能手机的参与主要体现在几个方面。

1）通过智能手机，父母与老师之间可以及时地进行沟通与互动，从而形成子女个性化的学习“指导”方案。这种方案主要以父母与老师之间及时的互动沟通及“还课”这种新的课后作业形式来完成。

以老师为代言人的学校教育在未成年子女学习过程中具有指导者与反馈者角色。老师们根据学生在校的学习和生活情况与父母进行及时的沟通与联系，这就使得双方对学生信息的了解更为及时，从而能针对学生的情况更快地调整相应的教育方法和策略。而作为一种必须利用媒介来完成的课后作业形式，同时也是老师与学生之间的课后互动方式，“还课”是指子女在学校空间之外，按老师要求使用智能手机或者电脑等媒介，采用录制语音或者视频的方式完成作业，然后自行或由父母上传到指定的网络空间（微信、班级学习群或者指定的学习专用软件）的行为。在访谈中本书作者发现，需要“还课”的科目很多，但大多数内容都是学校或培训机构要求学生回家读、背、练习的内容。不论是学校布置的家庭作业还是课外辅导班的作业，各种形式的还课、视频证明已经成为老师监督学生在家学习和父母向老师反映、证明子女在家学习情况的重要手段。很多父母为了方便孩子学习，会给孩子配备专门的手机或者平板电脑来完成这个学习任务。

平板电脑现在已经跟学生的学习挂钩了，你缺不了平板电脑、手机这些媒介产品。不然怎么交作业？会被老师点名。我总不能和老师说我家没有手机或平板电脑所以不能交作业吧？①

M1 认为，子女在学习中使用智能手机是不可避免的，这说明在当前的社会生活中，学校（包括校外培训机构）默认了每个家庭都有按照要求完成“还课”的媒介配置和使用能力，因此也默许了“还课”这种教育方式从发起者角度的可行性和合理性。这说明媒介使用的逻辑已经深深地扎根于教育这一社会系统的运作方式之中。

与传统的教育中的“作业”形式相比，“还课”无疑是具有当前时代特征的新的教育方式。而这种方式的实现建立在智能手机充分发展的技术基础之上，与智能手机可移动、便携、易操作的特征密切相关。具体而言，智能手机在“还课”这一家庭教育实践中主要表现出以下几个方面的特点。

①即时性与互动性。学生不必像原来那样必须等到第二天将作业交给老师以后才能得到相应的反馈，而是可以在自己准备好以后随时随地将自己的学习情况发送给屏幕另一端的老师，老师也利用屏幕及时对学生的表现给出相应的建议或提出更进一步的指导意见。这就克服了传统教学中学校与家庭之间的时空隔膜与阻碍，大大提高了师生在学习过程中的互动效率。

②便利性。智能手机是“还课”过程中最常用的媒介。手机携带便利、体积小巧，可以灵活地参与到学生学习中来，例如可以让学生在家练习运动项目、在户外拍摄运动视频发给老师审阅等。而且，越来越简捷的操作界面使得未成年子女自己对发语音、视频等技术的掌握轻而易举。老师们也可以及时查阅学生是否都按要求提交了视（音）频“作业”，并对该作业进行评价。通过这一行为，老师的“眼睛”从教室“看”到了家庭，老师的“声音”从教室“传到”了家庭。换句话说，智能手机的参与使得老师这一角色的感官在虚拟空间中延伸到学生的家庭生活中去。这一点明显与传统教育方式中老师依靠家访与家长单独进行沟通的行为存在很大区别。家访一般是老师主动进行的、在学生家庭空间中完成的沟通行为，一般情况下不会频繁进行。而“还课”这种

① M1 访谈资料。访谈时间：2018 年 4 月 23 日。

教育形式使得老师、家长与学生在虚拟的媒介空间中通过直接的教学实践过程实现三方之间的沟通与互动，并完成对学生的某种学习指导与实践。这种高频次的、可随时随地进行的沟通和交流彻底改变了传统的家校沟通的场景。

③“还课”主要通过语音或视频的方式来进行，这种以声（像）为主要传播符号的作业表现形式，与传统的以文字为符号的作业形式迥然不同，表面上贴合了当代城市社会中对于素质教育的需求，从而成为学校教育与家庭教育在政策指引与实际需求之间合谋采取的一种灵活逶迤的转换策略。

2）通过智能手机，家长针对子女学习过程中的问题合理选择相应的课外辅导机构，从而形成子女学习中个性化的“补充”方案。

课外辅导机构作为市场经济下的一种新的学习机构，其兴起的重要原因是父母能够根据子女的学习状况及家庭所拥有的资源情况，灵活进行选择和配置，从而对学校教育及家庭教育的短板予以弥补和拓展。杨可从母亲在家庭教育中的职责出发，认为母亲在当前未成年人家庭教育过程中充当了“经纪人”的角色①。这一角色的出现与公私领域传统的性别分工模式密切相关。在当代城市家庭生活中，教育理念的多样化使得父母对教育的社会专家系统更加依赖，充分调动家庭的各种经济和社会资源，给孩子提供个性化的、最优质的教育已经成为很多家长的共同选择。

本书作者在访谈中发现，子女处于小学阶段的家长几乎都给孩子报了课外辅导班，幼儿园阶段参与舞蹈、游泳等兴趣班的也不在少数。此外，让子女参与“在线教育”也是智能手机参与子女学习过程的常见方式。H1 就给孩子报了英语网络课堂。虽然由于自己英语水平有限，不能和外籍教师在网络和电话上流利地沟通，但是 H1 仍然认为这种方式对于孩子的学习非常有用，而且

① 杨可认为，母亲在家庭教育中逐渐承担起子女的“经纪人”角色。这种“经纪”主要表现在以下方面：“经纪人式的母亲对于孩子教育路线的规划、对教育产品的考察和具体学习日程的安排无不体现出一种现代的韦伯意义的工具理性，一种运用手段达到目的的能力。它要求主体能明确目标，找到最便捷的路径。母亲需拿出信息搜集与甄别、理性规划与抉择、社会沟通与协调、网络建构与维护等种种现代理性人的能力，尤其是其中的规划是基于当前境况的一种现实考量，体现出适时权益的色彩，必须知己知彼才能做出理性的选择。”参见杨可：《母职的经纪人化——教育市场化背景下的母职变迁》，《家庭与性别评论》第 9 辑，社会科学文献出版社，2018，第 72 页。

相比线下英语培训来说，线上的培训明显便宜很多[①]。当课外辅导教育成为当代城市家庭子女教育过程中几乎不可缺少的因素，教育的市场化运作就不可避免。在这种运作过程中，父母对培训学校的选择具有重要的经济意义，从而也会对培训学校的教学内容、方法和质量提出更多的要求。在以学校教育为中心的家庭教育面前，课外辅导教育也就逐渐成为学校教育的影子。

3）通过智能手机，家长对子女学习进行相应地调节与合理控制，从而形成子女学习中个性化的“配合”方案。这种配合主要通过两个方面表现出来。

①以父母为代言人的家庭教育在未成年子女学习中对学校教育的配合。家长在“还课”的过程中，既是视（音）频作业的拍摄者和呈现者（偶尔孩子也会进行自拍），又是（孩子学习过程的）监督者。当家长用手机与子女的老师建立起学习的桥梁，家长也重新开始接受现代学校教育的规训过程从而再次成为“学习者”，并将这种规训与自身以往所接受的教育经验进行比对与反思，从而作出自我对孩子教育成果及目前社会教育体制改革反思性的认知判断。由此看来，家长在这个过程中其实也是老师教学工作的监督者。这样，智能手机在家长以往积累的日常生活经验与社会教育体制整体的认知实践过程之间起到了紧密的勾连作用，也在家长和老师之间建构起双向的监督合作关系。

②对智能手机这一“专家系统”的合理使用为子女查阅学习资料、辅助课外学习提供配合。目前，利用手机查找学习和生活资料已经成为大家普遍接受的学习途径。尽管很多学校为了防止学生使用网络成瘾，并不主张孩子过多地利用手机查阅学习资料，但是很多家长依然认为，手机是孩子学习的好帮手。

我儿子从三年级就有一个自己的手机。学校的意思是家长不应该给他准备手机，查资料什么的不应该用手机查。但我觉得应该利用这个互联网，所以我还是允许他用手机查。他们老师说，如果某个英语单词不会，可以查英汉字典，不用拿手机。因为老师担心孩子用手机会联想到游戏，查了单词以后正好玩一把游戏，就把时间给耽搁了。但我觉得，查一个不会的单词，手机还可以读出来，然后还有词性啊什么的，这一系列的都有，那不是很好吗？我老公听

① H1 访谈资料。访谈时间：2019 年 3 月 28 日。

了以后也觉得还是有道理的。只是孩子用手机查资料的时候要开着门，我们要能看得见他是否在学习的时候玩游戏。①

对于在子女学习过程中是否可以使用手机这个问题，S1 的观点与学校的相关要求出现了矛盾和冲突。S1 根据自己对智能手机的理解与使用经验的理性判断，决定让孩子在学习过程中合理使用智能手机，而没有采取学校要求的对智能手机使用“一刀切”的管理措施。而子女控制“欲望”的过程，也是子女对媒介使用合理控制和自我管理的过程。这说明在媒介化社会中，对媒介使用的引导与控制，已经成为父母在子女成长过程中必不可少的家庭教育内容和把关环节。

不仅是子女，智能手机提供的海量信息也是父母在解决子女学习问题时常用的“专家系统”之一。在传统的家庭教育中，子女遇到学习上的问题向家长求助时，家长一般通过查阅纸质书刊、工具书或者向他人请教来完成。然而，现在的情况已经大不一样。以下是访谈对象 H1 发的一条微信朋友圈：

刚刚帮孩子检查作业的时候，正在思考她作文写的一个用词到底需不需要修改，她突然来了一句“妈，你是不是在贾岛推敲呀？”我瞬间愣了，不知什么意思，拿起手机赶快百度。没文化真可怕。②

在移动网络不断发展的背景下，随时随地利用手机查阅相应的信息已经成为当前普遍的获取知识的媒介实践行为。提供信息是媒介的基本功能之一，互联网的连接性与分享性给使用者提供了丰富的专业知识资源。而以手机为代表的屏幕媒体生动的视听表达方式又将人们获取专业知识的难度大大降低。这就使得人们对专业知识的获取“唾手可得”，智能手机也因此成为家庭日常生活中解决专业问题时的“专家系统”之一。吉登斯在对“专家系统”这个概念进行论述时强调了可靠的专业知识及个体因为不能对这些知识进行穷尽的验证而对其产生的信赖和依赖③。正是这种信赖与依赖，使得智能手机成为子女学

① S1 访谈资料。访谈时间：2019 年 3 月 21 日。

② 来自于对 H1 微信朋友圈的观察。观察时间：2019 年 5 月 29 日。

③ 吉登斯认为，对“专家系统”的信赖“与其说是信赖他们，还不如说是更信赖他们所使用的专门知识的可靠性，这是某种通常我自己不可能详尽验证的专业知识”。参见：安东尼·吉登斯：《现代性的后果》，田禾译，黄平校，译林出版社，2011，第 24 页。

习过程中不可缺少的工具之一。智能手机的具身性使用使得知识的“专家系统”储备于“手掌之中”。而这不仅是寻找某类专业知识或信息的问题，在对智能手机依赖性和习惯性使用的背后，还隐含着家庭教育在媒介化过程中的权力让渡问题。

“若将信息的获取作为一种家庭资源，也可认为在家庭内对信息传播系统的掌控与信息资源获取的优势是形成家庭权威地位的重要方式。”① 传统家庭中父母通过对经验知识掌握的排他性控制在子女面前建立权威的形象。而智能手机的出现使得家长对知识资源的掌握部分让渡给了以智能手机为代表的媒介，这就使得父母在子女面前对知识掌握的权威形象变成了对智能手机的控制形象。这种权力的让渡正是家长在媒介化社会中，面对“教育技术化”的现实，根据具体教育问题进行“自我改造”的结果②。换句话说，传统家庭中的父母以知识的掌握作为自己在子女面前建立权威形象的资本，而在当代城市家庭生活中，父母以对智能手机等知识储备媒介的掌控来建立在子女面前的权威性。这两种控制方式显然是不同的。因为，对知识的掌握意味着父母是权力掌握的主体，子女必须通过与父母沟通互动，并通过模仿等学习过程才能实现对相应知识的掌握。而当手机成为知识储备的主体，子女需要的只是获得媒介的权力及学习媒介使用的能力。对于其他知识问题的解决，与子女进行互动的主体是智能手机，而不是父母。因此，智能手机的使用在一定程度上消减了父母在家庭生活中的权威性。而作为一种不可避免的媒介生存环境及学习工具，父母作为子女的法定监护人，会根据自己对智能手机使用经验的积累及价值判断，对子女是否使用或者如何使用智能手机作出决定。

---

① 何志武、吴瑶：《媒介情境论视角下新媒体对家庭互动的影响》，《编辑之友》，2015 年 9 月，第 13 页。

② 周廷勇认为，在媒介化社会中，教育呈现出一种“教育技术化”的状态。参考以下资料：“人已经进入到媒介化生存状态，这给人的社会性存在带来巨大变化。媒介和教育都具有技术的本质特征，它们让世界和人敞开的同时，却又自行隐匿，遮蔽着世界和人的存在。媒介应用越广泛深入，人越脱离其存在的情境，从而减弱了沟通和社会生活的教育性。以某种符号为媒介展开的教育也蜕变为技术化的教育，这样的教育被效用的观念攫取，分解人的智能并使之工具化，教育被视为信息和知识的传递过程而被媒介化，无思状态随处可见。……教育是应对人的媒介化生存状态的根基性力量，但前提是教育需要从人的媒介化生存状态产生的真实问题的角度进行切实的自我改造。”参见：周廷勇：《人的媒介化生存与教育的澄明》，《现代传播》，2018 年第 11 期，总第 268 期，第 164 页。

通过智能手机的灵活应用，学校、课外辅导机构及家庭三个空间围绕未成年子女的学习形成即时沟通与互动的传播结构，并通过对具体学习问题的及时沟通与处理、父母针对子女学习情况所采取的不同“代理”策略、对媒介信息的个体化选择及对各不相同的媒介的引导与控制措施，在个性化的指导、补充与配合过程中完成子女个性化学习方案的建构。在这个方案动态性的建构过程中，智能手机的使用一直贯穿其中，并对这个环节中的其他部分产生不同的影响。家庭教育与学校教育之间的时空界限逐渐弱化，以学校教育为中心的社会化模式并没有改变，反而有更为核心和突出的趋势，家庭教育和其他各种类型的社会教育在很大程度上开始围绕学校教育的内容进行巩固和扩展。

这种个性化学习方案的建构对家庭教育的影响是巨大的。“在传统的以单纯掌握知识、技能为主要教学目的的学校中，学生的学校生活具有不同于其家庭生活的多种特点。学生的家庭生活更多地偏向于感性与感情、自由与放松、个体性与特殊性等方面；而学生的学校生活则突出了理性与理智、强制与限制、社会性与一致性等方面。学校生活与家庭生活的最大差别是强制性”①。现在的情况似乎与 2003 年发生了些许的变化。“自然的、生活的教育被技术化、理性化的教育挤兑、驱逐，教育越来越呈现出技术化生存状态”②。

在访谈中，本书作者经常会听到父母认为子女目前的生活状态“很累”的评价。在很多家庭中，学生从学校回到家，最重要的任务是完成各种作业。很多访谈对象提到，不是故意要限制子女使用智能手机娱乐或者看电视的时间，而是首先要保证完成学习任务，这是父母在当前教育体制下出于种种考虑而对子女教育提出的理性要求，这种要求逐渐成为家庭教育的规范。

我觉得现在的学业负担太重了，其实看电视的时间并不多，很少。我允许她看，但是要看她学习的时间，如果做事情做得快，9:40 以前她的作业都完成了，那就可以看。如果完不成，那天就看不了了。所以我觉得现在的小孩，其实他们肯定是喜欢看的，看电视的时候目不转睛。但是，因为他们的课业太

① 马和民：《社会化危机及其出路——关于中国人社会化模式的一项教育社会学研究》，博士学位论文，华东师范大学教育学原理专业，2003 年 4 月，第 125 页。

② 周廷勇：《人的媒介化生存与教育的澄明》，《现代传播》，2018 年第 11 期，总第 268 期，第 166 页。

重，所以他们其实是没有太多时间来看的。[①]

这种以“学习情况”作为重要评价机制的家庭教育规范，其实和马和民提到的学校生活的“强制性”极其类似。子女在家庭生活中也受到很多强制性的要求，这种要求与学校教育（及社会拓展培训组织“影子学校”）密切相关。学校和家庭这两种不同的空间意味着不同的生活内容和惯习形成。从生活节奏上来看，传统的学习教育是在学校这个空间完成的。当智能手机介入孩子在家庭空间内的学习，家庭就不完全是孩子休闲的空间，而是延续了部分学校教育功能的场所，学习的监管和教育从学校空间弥漫到家庭空间，媒介成为连接学校与家庭的重要中介。

在这个过程中，子女的心态是复杂的。一方面，智能手机以其多样化的功能特征及便利的使用方式介入学习过程之中，未成年子女可以在与其互动中不断锻炼自己的媒介使用技能，提高媒介使用水平，为媒介化社会中其他的生活安排积累经验和进行知识储备；另一方面，父母对其媒介使用的控制与管理，使得未成年子女在成长过程中逐渐将媒介使用的自主权作为自己追寻的重要家庭权力之一，并成为其自我确认的重要方式。

3. 无可奈何的担忧与替代

当智能手机成为子女成长不可避免的媒介环境与学习工具，父母的心情是极其复杂的。一方面，父母无法完全控制自己在子女面前使用手机的行为；另一方面，面对子女繁重的学习压力及智能手机的多样化使用，父母虽然表示担忧，但也无可奈何。具体而言，这种无可奈何主要表现在以下两个方面。

1）在子女身体健康与媒介技术使用方面，父母具有“双重担忧”的心态。本书作者在访谈中发现，几乎所有的父母都对子女使用智能手机的行为表示出不同程度的担忧。担忧的原因主要有以下几个：对孩子健康会造成不利的影响，包括视力下降、颈椎损伤等；孩子会沉浸在媒体提供的娱乐之中无法安心学习和正常进行社会交往。在这种情况下，“手机媒介被赋予一种反控制的形象”。[②]然而，另一方面，家长也会担心对于孩子使用智能手机的行为过于

① Y1 访谈资料。访谈时间：2019 年 3 月 22 日。

② 朱秀凌：《青少年的手机使用与家庭代际传播研究》，中国社会科学出版社，2017，第 230 页。

严格的控制会给孩子的社会交往和以后的人格形成产生负面影响。比如，在问到是否愿意给孩子玩游戏时，很多家长表示出于对电子产品祛魅的考虑，愿意让孩子在有时间的情况下适当地接触游戏或者媒介产品，因为怕小时候管控太严，在青春期或者长大后，在家长管控不了的情况下一下子“陷”进去。也有家长表示，如果过于严格地控制孩子对媒介的使用，可能会导致孩子在与其他同龄人的交往中“说不到一块去”从而无法顺利参与集体生活或社会交往。

父母对子女使用智能手机过程中产生的这种“既爱又恨”的两难心理，实际上是在家庭教育的过程中，父母根据自己对媒介化社会的理解及日常生活经验，对智能手机介入子女社会化过程的不同阶段可能产生的影响及风险进行思考和控制的过程。媒介化社会的运作逻辑开始渗透于家庭教育的逻辑之中。正是因为智能手机已经成为当前社会媒介化过程中的元媒介，所以父母必须将这种媒介的使用作为子女社会化必备的知识与技能之一，以避免在与同龄人的交往中出现“说不到一块去”的风险。而智能手机使用的便携性及多样化的功能特征，使得媒介素养及自我控制能力都尚不成熟的未成年子女可能无法很好地掌握对这种媒介使用的“度”。这也可能使家庭教育在为子女提供正常的社会化过程中面临不可控的风险。正因为如此，如何引导和控制子女对智能手机等媒介的使用，就成为媒介化社会中父母必须考虑的家庭教育问题，也是整个社会必须关注的未成年人社会化过程中的媒介使用与控制问题。

2）对于一些家庭来说，正是因为子女对智能手机的好奇和兴趣，当没有别人帮忙看管子女且父母需要做家务、吃饭的时候，很多家长会选择让子女以看电视、玩手机等方式来“解放”自己。这种“解放”同样是父母在面临复杂的日常生活安排时，将自己在媒介化社会中的日常经验通过媒介逻辑的灵活变通而转变成生活策略的过程。相比学龄儿童，学龄前儿童家庭（特别是没有其他人帮忙自己独立带孩子的家庭）的家长采用这种方法更为多见。而对于学龄儿童家庭，在完成相应的学业任务后，子女在使用智能手机的行为中父母的陪伴更少，子女也会逐渐养成相应的习惯和应对策略，比如在父母朋友聚会的时候，孩子就会更容易向父母提出玩手机的请求，而父母在顾忌孩子面子、自己又没有其他替代方法的时候，更容易答应孩子玩手机的请求，这种行为背后其实隐含了父母对以媒介来替代自身角色的一种认可和默许。

我们在有选择的情况下都不让孩子玩手机，除非是我们一起出去吃饭，吃到一定程度我们大人要聊天，则允许小孩拿手机看动画片或者玩游戏。只能这样，我才能完成（和其他人的交谈）。①

子女在与家长的互动过程中，也逐渐适应了各种不同的媒介策略在家庭教育中的应用，并根据自己的实际需求争取更多的媒介使用权益。在这个过程中，子女与媒介逐渐相识、相知，并形成自己独特的生活方式及人格特征，与媒介之间的互动也就成为子女在未来生活中，以一个成熟的行为主体进入媒介化社会生活进行知识储备和经验积累的过程。值得一提的是，很多父母会表示出这种情况下自己心理上的无可奈何，即如果有其他可以替代的办法，就不会选择这种方式来替代自己对孩子的陪伴。在传统家庭中，对子女的抚养会受到家庭中祖辈的有力支持，而随着社会变革和家庭结构的变化，祖辈的家庭责任观念也逐渐发生了变化，这就可能导致年轻父母在养育孩子时的支持力量处于缺失状态。因此，在家长以智能手机为替身进行“自我解放”的背后，隐含的是深刻的社会变革对家庭这一社会结构单元所产生的具体而现实的影响，也是媒介在社会变革中以自身的逻辑渗透进家庭生活并参与家庭关系建构的过程。

二、“控制管理”与“瞅准时机”

在“无法避免”和“无可奈何”的多重家庭生活场景互动中，父母也根据子女对智能手机的使用情况进行了一些“控制管理”的措施。这些措施主要表现在以下几个方面。

1）通过“大屏”与“小屏”的互动来尽量减少媒介使用对子女身体健康的影响。本书作者在访谈中发现，除了智能手机，电视也是家庭生活中娱乐活动的重要参与媒介。由于电视的屏幕更大，很多家长认为观看电视与玩手机相比，对孩子的视力损伤会小一些。因此，会选择利用电视替代手机，并且在看电视的时候只允许孩子看直播、点播类节目，到了播放广告的时间就予以结束。L2 家有一个上幼儿园的女儿，她非常爱看动画片。为了防止不给孩子看

① M5 访谈资料。访谈时间：2019 年 6 月 4 日。

电视导致的哭闹，L2 选择给孩子看电视直播的动画片，并且在出现广告的时候告诉孩子放完了[①]。其他很多家长也表示会给孩子看点播的动画片，因为自己点播可以控制孩子观看动画片的质量。除了考虑屏幕的大小，家长也会对媒介内容进行筛选。本书作者在访谈中发现，尽管家庭中电视机的使用频率已经很低，但是子女对电视的使用依然是其中重要组成部分。

以电视为代表的“大屏”与以智能手机为代表的“小屏”之间的相互转换已经成为很多家长在家庭生活中经常采用的媒介使用策略。这种聚合和转化的行为不仅使得不同媒介之间内容和形式上的不同在家庭娱乐活动中得以互补，而且可以使父母在屏幕媒体的灵活使用中找到对子女身心兼顾的家庭教育方式。因此，媒介在家庭生活中的参与形态并不是单一的，而是多种形态共同存在的，并且根据不同的使用需要，不同形态的媒体之间还可以聚合使用。智能手机通过丰富生动的视听语言，以其信息传达的及时性、良好的互动性、使用的便利性、聚合化的信息传播方式和海量的超链接内容，使得当代城市家庭教育在社会变迁的过程中具有了鲜明的时代特征。而不同家庭根据自己的需求进行灵活的媒介组合使用，正是当代社会中多样性的家庭媒介需求的体现。

2）通过复杂的规则设置将智能手机的使用作为一种奖励，将其与子女的学习联系起来。在对 49 户已育家庭的访谈中，当子女作业完成得好或者鼓励子女养成好习惯时，父母将智能手机的使用作为对子女的奖励是一种很具有代表性的行为。

孩子完成作业的话，可以得一颗五角星，得四颗五角星可以看十分钟抖音，即两个五角星可以兑换五分钟抖音。对于容易出错的题，如果一次性可以做到一百分的话，会被再奖励一颗五角星。孩子每个星期用自己得到的五角星可以兑换到差不多一个小时的抖音，然后在周末就可以看[②]。

在这个过程中，智能手机作为子女学习的促进者角色出现。即使孩子们使用自己兑换来的媒介使用时间也经常会受到家长的引导和控制，例如，家长会提前观看相关的媒介内容并在子女可以使用媒介的时候进行介入和引导。

---

① L2 访谈资料。访谈时间：2019 年 3 月 20 日。

② C2 访谈资料。访谈时间：2019 年 4 月 24 日。

3）通过对技术的设置和把控来控制子女使用智能手机的行为。这种控制手段往往很粗暴，而且只在年龄尚小的子女身上有效。城市家庭中网络的普及在给家长们带来丰富的视听内容的同时，也给年幼的子女带来了较大的技术障碍。在子女无法掌握全部收视技能的情况下，家长会通过掐断网络等技术手段来控制子女使用智能手机和看电视的时间。这一点在幼儿园的孩子身上尤为有效。但是，随着子女年龄的增长，其对媒体技术的掌握会越来越熟练，很多家长为了继续控制子女的媒体使用时间，会采取经济资源控制的方式。

我可以看到他这一个星期之内或者是这一天之内玩游戏的时间，它每周会生成一个表，这个表里的信息就包括他玩游戏的时间及他的消费情况等。[①]

如 S1 在谈到儿子玩游戏的事情时提到，在规定的条件之内，她可以满足孩子玩游戏的要求，但是她会用手机游戏中“超级父母绑定”的功能来监督孩子玩游戏的时间及消费的金额。在这个过程中，游戏提供商同时满足了子女对游戏的渴望和父母对子女监管的需求。对家庭教育中这种敏感的需求灵活而精准地把握，再次凸显了智能手机在家庭教育中所承担角色的复杂性和灵活性。而在这个过程中，子女也会根据实际的生活场景，对父母的控制与管理采取不同的应对策略，比如“瞅准时机”就要求玩手机。

特别是出去吃饭的时候，好几次都是和他爸爸那些生意上的朋友吃饭，他吃几口就找爸爸拿手机玩。因为我坚决反对他看手机，所以他不敢跟我讲，而是首先跟他爸爸讲。有朋友在场，爸爸不会驳他的面子，所以不会拒绝，而且爸爸也需要时间去和朋友谈事情。他就是抓住爸爸这个心理要手机玩，而且一般都能成功。[②]

父母对子女管理的过程并不都是顺利的，亲密和冲突始终同时存在。有时候，子女对智能手机参与家庭教育的过程是配合的。例如，在“还课”过程中，子女准备被拍摄和正在被拍摄时的状态很多时候是不一致的。他们会以“表演者”的身份来要求自己在视频拍摄过程中表现得更加良好。这就使得家庭教育呈现出一种良性循环的可能性。然而，有时子女各种对抗的行为也会引

---

① S1 访谈资料。访谈时间：2019 年 3 月 21 日。

② L2 访谈资料。访谈时间：2019 年 3 月 20 日。

起“中年老母焦虑症”等网络热词的爆发。这种对抗不一定是“玩手机”，也可能包括对手机的“近亲”平板电脑的使用。

我会控制我儿子玩平板电脑的时间，但是他有时候会偷偷拿去玩。比如上厕所的时候。只要他在厕所里静悄悄很久不出来，那么十有八九就是偷偷把平板电脑拿进去玩了。①

在当前的城市家庭教育中，智能手机的参与和介入改变了子女的学习方式和习惯，也改变了家庭教育的场景及由此产生的与其他社会系统之间的互动模式，父母与子女之间也围绕智能手机等媒介的使用形成一种管理与反抗并存的互动沟通状态。在父母对子女使用智能手机时间和内容的引导、控制中，不论是内容选择控制、技术控制、经济控制还是严格的激励管理方面的控制，都体现着父母对子女的教育权力实施及家庭秩序建立的过程。

三、“爱的提供者”与“学习管理者”

前文分析了智能手机在未成年子女学习及娱乐中的作用以及由此产生的父母对子女的管理与控制。家庭作为一个与学校不同的空间，不但进行以学习为中心的教育实践，还为子女提供亲密情感的支持。父母不仅是子女“爱的提供者”，也是子女的“学习管理者”。双重的身份特征使得父母与子女在家庭生活的互动中必须保持一种感性与理性极度平衡的状态。从父母与子女这对相互依存的概念上来讲，这两种角色功能并不矛盾。但在家庭生活互动中，这二者之间却经常发生冲突。

在问到“如何平衡对孩子严格教育与爱二者之间的关系”时，访谈对象G3显得略有尴尬。

这两者之间的关系还真没系统地想过，我也是在摸索。有的时候我对她的学习确实过于严厉了，但是我觉得我们家是错位的。如果是儿子的话，应该是严父慈母。女儿的话应该反过来是严母慈父，但是我们家因为她妈妈工作特别忙，我这种性质的单位，时间稍微有弹性一些，所以就造成了这种错位。②

① Q1 访谈资料。访谈时间：2019 年 4 月 15 日。

② G3 访谈资料。访谈时间：2019 年 5 月 27 日。

从 G3 的话中我们可以看到一个父亲对于目前女儿的教育情况焦虑而又略微自责的矛盾心态。在访谈中经常会听到夫妻之间对家庭教育中“红脸”和“白脸”这两种角色的明确划分。在望月嵩的家庭关系理论中，子女在社会化过程中需要获得“‘慈祥教育’的爱护”与“‘锻炼训导’的训练”。“爱护的基本内容，就是对孩子的一切进行保护，使孩子和父母一体化的‘母性原理’。而训练则是教给孩子如何区别是非善恶，教导孩子能够与父母分离而自立发展的‘父性原理’”[①]。由此看来，G3 对家庭教育中父母双方角色的认知和理解并不是偶然的。当代城市家庭教育中一个很大的特点就是父母双方在巨大的经济和生活压力面前，有一方会经常处于缺席状态，这就导致了“丧偶式育儿”[②]模式的规模化出现。如果父母之中的一方要同时承担保护与训练这两种家庭教育责任，可能就会导致爱与管理这双重角色期望在同一人身上的分裂。此外，望月嵩所描述的父亲与母亲在家庭教育中承担的职责在当今中国城市家庭中不再有那么严格的性别区分。在很多家庭中，对子女的训练与爱护都是由同一角色来完成的，比如母亲。在中国传统的教育观念中，一直存在对子女权力的忽视。或许正因为如此，父母对子女的抚养很容易呈现出一种独特的形态，这种形态充分体现出父母以“爱”为名的权威性与掌控性，而缺乏对子女独特个性的尊重。网络上曾一度引起热议的“中国式亲子关系”[③]就是这种状态的典型体现。虽然这种关系不能代表所有家庭的亲子关系形态，但是，关于父母与子女之间界限感的讨论及未成年子女的隐私保护问题确实已经引起了学术界的关注，进而引发了诸多与此有关的亲子关系研究。而随着家长教育观念的变化，对个体的重视使得家长对子女的个体性也开始“尊重”起来，这就意

① 望月嵩著，牛黎淘译：《家庭关系学》，中国大百科全书出版社，2002，第 35 页。

② “丧偶式育儿”是指在家庭生活中，夫妻中的一方在对子女的家庭教育中长期处于缺失的状态。参见：徐菁婧：《媒介情境论视角下网络媒介对形成“丧偶式育儿”的影响》，《视听》，2019 年 12 月，第 185 页。

③ 宁雅曾通过对豆瓣上“ANTI-PARENTS 父母皆祸害”小组讨论的文本分析，认为“中国式亲子关系”是指“在中国文化形成背景下并且具有以下特征的亲子关系：父母出于爱深度参与子女的一切生活，父母与子女之间界限感模糊，忽视了子女的独立意识；在亲子沟通过程中，多表现为表面看似和谐的亲子关系”。参见：宁雅：《权力视野下的“中国式亲子关系”——基于“父母皆祸害”豆瓣小组中的亲子关系》，硕士学位论文，中国青年政治学院思想政治教育专业，2017 年 5 月，第 5 页。

味着在教育过程中，父母必须平衡自身权威与子女权力之间的关系。

不论是获取信息、社会交往还是学习娱乐，智能手机都给未成年子女提供了与外界沟通和交流的新途径和新模式，并成为其社会化过程中的重要媒介力量。正如父母对子女使用智能手机的行为既爱又恨的矛盾心理一样，很难以“好”或者“坏”的标准来对智能手机在子女与父母的互动中所产生的复杂影响进行单向度的判断。它为家庭教育带来便利，也引起新问题的产生。它既是沟通家庭教育与学校教育的中介，也是家长与子女之间围绕媒介使用进行管理与对抗的中介。智能手机的使用成为未成年子女媒介化生存必须掌握的生活和学习技能，也是其确认自我的重要媒介。在父母与子女围绕智能手机而进行的互动过程中，父母同时具有“爱的提供者”与“学习管理者”这双重身份，通过合作与冲突、管理与对抗，父母与子女之间建立起一种“中介化的亲密”关系。

第二节　“老有所依”中的智能手机与亲子关系

在“合作群体论”的观点中，父母与子女之间是统一的利益结合体。二者通过“跨越时间的契约”[①]来实践“幼有所养、老有所依”的家庭合作关系。上一节讨论了“幼有所养”过程中智能手机的参与方式及其对亲子关系的影响与建构。本节希望通过对“老有所依”过程中智能手机的参与和应用来探讨智能手机的使用对成年子女与父母之间的互动方式、经济赡养及情感沟通模式带来的变化，进而思考这种变化对二者之间的亲密关系所产生的影响。

一、“亲属卡”与“亲情账号”中的亲密

在传统家庭中，成年子女对父母的经济赡养是“孝道”文化的重要部分，

---

① “合作群体论”是一种研究不同个体基于同一目标进行资源交换以及组织合作的社会实践理论。该理论往往又被称为“合作社模式，认为不同的家庭成员之间（尤其是代际之间）存在有效的利益共同性，家庭成员之间的关系犹如合作群体，跨越时间的契约是可以保证得以实施的。在家庭这样的合作群体里，父母向他们的子女投入时间、精力、金钱和情感，他们期望当他们年老的时候，能从他们的投资中获得他们应有的回报——家庭支持与养老”。参见：杨雪晶：《“养房防老”和“大作小”：都市老年人家庭的个体化趋势及合作社模式困境》，《家庭与性别评论（第6辑）》，社会科学文献出版社，2015，第205页。

也是家庭在养老功能上的重要体现。然而，随着社会经济的发展及劳动保障、社会养老保险等制度的完善，在当代城市家庭中，“老年人对家庭的功能需求从经济支持和财产保护，转移到情感的寄托上”①。本书作者在访谈中发现，少数依然在农村生活的老年人仍需要在城市居住的子女提供一定的经济支持，而在城市居住的老年人由于自己有房租、退休金等经济保障，所以在身体状态良好的情况下，几乎不需要子女提供经济上的赡养义务。然而，这并不等于成年子女没有参与对父母的经济赡养过程。父母在日常生活中虽然可以“花自己的钱”，但是子女也不吝于为父母花钱。特别是移动支付等技术的使用，使得子女在对父母提供经济赡养的过程中可以采取灵活、便利的方式。正如莫利所说：“不是科技改变了传统，而是传统吸纳新的科技。”②

智能手机参与社会交换环节既可以为成年子女与父母之间的经济赡养带来便利，也可能会产生巨大的交易风险。在这种情况下，成年子女对父母的经济赡养除了提供金钱上的支持与帮助，还需要对父母在经济交换行为中“花自己的钱”所可能遇到的风险进行合理把关和控制。智能手机的使用则为成年子女在对父母经济赡养过程中这两种需求的满足提供了具体的参与机制。

1）智能手机提供的多样化交流方式及支付手段，为成年子女对父母提供经济赡养提供了灵活、便利的信息沟通渠道和方式。

我爸一开始不认可微信，觉得打电话就好，连短信都不看。我教给他微信以后，他不开移动数据，一开始说费钱，然后我就把他们两个的资费全部绑到我的卡上。我发现他还是不开数据，他说费电。所以就很麻烦。比如给他买衣服，拍个照片发给他，他不开移动数据，我还要打个电话给他让他开。我简直怕了。但是跟我妈就很方便，我一发她就回。我现在逐渐地教她怎么用“扫一扫”来支付。买菜也可以“扫一扫”。我就不用担心小偷了。微信可以绑定一个亲属卡，她的微信号可以绑在我的手机上，我给她一个额度，比如说给她

① 杨雪晶：《“养房防老”和“大作小”：都市老年人家庭的个体化趋势及合作社模式困境》，《家庭与性别评论（第6辑）》，社会科学文献出版社，2015，第204页。

② 戴维·莫利：《传媒、现代性和科技——“新”的地理学》，郭大为等译，中国传媒大学出版社，2010，第299页。

个五百八百的额度，她可以直接扫，输密码就往我这边扣钱了，就不用绑她的银行卡了，没有风险。[①]

在 L7 看来，父亲和母亲对微信这一新的交流方式的不同态度及不同的使用熟练度使她在利用智能手机为父母提供经济赡养的方案上面临着不同的问题。对于父亲来说，他对微信使用不接纳的一种态度其实代表着老年人在数字技术发展给日常生活交流方式带来的改变面前可能存在的一种数字鸿沟问题[②]。本书作者在访谈中发现，对于成年子女来说，父母能够接受并熟练应用这种支付方式往往会被解读为“时髦”“与时俱进”“走在时代前沿”，从而使得个体对技术的使用与掌握本身带有鲜明的价值评判色彩和“生活形态之间的竞争”[③]倾向。这种评判是基于现代理性思考的基础上对技术与生活互动所作出的价值判断。对于 L7 的父亲来说，以各种理由不接受微信这一新的交往方式是对传统的固守及对技术嵌入生活所进行的力所能及的反抗。而这种反抗使 L7 觉得“怕他了”。“怕”的原因是两代人对于技术嵌入日常生活的结构的认可度不同，从而可能在生活方式上引起矛盾与冲突。在 L7 看来，正是因为父亲不接受微信，所以在给父亲买衣服等经济赡养行为的提供过程中面临着诸多不便。而母亲对微信的接受度高，L7 能够应用微信提供的“亲属卡”功能更便利地为母亲提供经济赡养义务。

在本书作者看来，智能手机介入经济赡养过程的便利与否，其实是以智能手机为代表的技术进入个体日常生活的结构之中并与家庭生活中的他者产生互动的过程。这种互动可以分为两个层面。第一个层面是从个体的角度来看。当社会生活中大多数的个体能够接受一种新的媒介技术，并在多种合力作用的

① L7 访谈资料。访谈时间：2019 年 4 月 19 日。

② 郑永年在讨论数字鸿沟的问题时提到了一种较为全面的观点，认为“进入一个数字化公共领域的门槛很高，这包括了获得或购买价格高昂的硬件、操作和驾驭新媒体环境所需的大众文化普及，以及有效参与公共领域讨论和辩论所需的高级阶段的学习，即沟通技能和批判性思维”。虽然郑永年是在讨论个体参与数字化公共领域问题讨论的条件问题，但是也给本书作者对当代家庭生活中个体对数字媒介的使用提供了重要的参考。参见：郑永年：《技术赋权》，邱道隆译，东方出版社，2014，第 102-103 页。

③ 兰登·温纳认为：“对技术的适应在某种程度上是自愿的，但从某些方面看它又是被强加到个体身上的。根本的强制手段是生活形态之间的竞争。”参见：兰登·温纳：《自主性技术：作为政治思想主题的失控技术》，杨海燕译，北京大学出版社，2014，第 185 页。

基础上将之建构成一种相对完善和成熟的社会运行机制，那么对于不能接受这种媒介技术的人来说，就成为新的媒介生活环境中的“保守分子”，可能会被贴上“保守”“落后”等带有价值评判的标签。这其实是技术介入生活之后，不同的生活方式之间的冲突与磨合对个体及他者自我认知产生影响的过程。第二个层面是从家庭的角度来看。同一家庭中不同家庭角色之间对于技术接纳程度的差异，也可能会引起家庭生活方式上的冲突及家庭功能实施上的困难。从这个角度来看，在智能手机普遍介入成年子女生活各个环节的情况下，父母对智能手机的使用熟练程度与否，其实意味着是否能够与子女的生活方式保持一致，从而维持家庭功能的顺利实现。面对这一问题，“文化反哺”[①]可能是学术界最常用的一个概念，借以描述和解释子辈（或孙辈）对父母辈进行技术文化帮助这一生活策略的过程。这种过程其实是在技术驱动的情况下，通过家庭这一组织中的互助行为，来实现不同的个体向具有某种技术中心的生活方式靠拢的过程。这不仅是媒介环境与个体之间的互动过程，也是不同的家庭成员之间围绕媒介技术的改变对日常生活的影响调整彼此之间的互动沟通与行为模式并与整个社会进行互动的过程。自然，这也是以智能手机为代表的媒介技术介入家庭赡养机制并对其进行调整的过程。

2）智能手机为成年子女对父母在利用智能手机进行消费的过程中可能遇到的经济风险提供了便利的控制手段。

我爹超爱购物，但我现在会控制他一点。他一直要把他的微信绑定他的银行卡，我不让他绑。他会逛淘宝，但是淘宝我是用的那种亲情账号，就是他要买什么，我帮他付钱。我不让他绑定他的银行卡，他就一直要去绑定，我就跟他讲，我说很复杂的，因为我爹一旦绑定就完蛋了，就控制不了他（购物）。所以，我绑定了他的号码，他要买什么东西，我直接帮他付款就完了。我帮他付款前我会看一下他要买什么。[②]

① “文化反哺”或“反向社会化”是指人在社会化的过程中，传统的受教育者对施教者反过来施加影响，向他们传授社会变化知识以及价值规范等过程。参见：周晓虹：《现代社会心理学——社会学、心理学和文化人类学的综合探索》，江苏人民出版社，1991，第143页。

② Q1访谈资料。访谈时间：2019年4月15日。虽然Q1谈到的是父母利用淘宝购物的场景，但是本书作者认为，淘宝购物与微信购物都属于网络购物的行为，所以也将这个案例放在本部分一起讨论。

智能手机对老年人消费可能带来的风险主要体现在两个方面。一是在网络所提供的虚拟市场中，所有的商品都是经过“媒介化”的。个体只能通过媒介提供的文字、图片及视频等信息来决定是否对相应商品进行购买。这对个体的网络消费经验及信息辨别能力提出了很高的要求。老年人如果缺乏相应的媒介素养，就可能会产生不理智的消费行为，从而导致家庭经济资源的浪费或损失。比如Q1所提到的自己爱购物的老父亲这种类型。对于Q1的父亲来说，现有的购物方式对自己来说具有一定的限制，因为Q1会对他加入“购物车”中的物品进行判断，并最终作出是否购买的决定。所以他希望绑定“自己的银行卡”，通过花自己的钱，来取得网络购物的自由。Q1对此的应对方式是“告诉他绑定的程序非常复杂”。这种带有一定善意欺骗性质的话语，其实是Q1在面对父亲网络购物狂热的情况下，利用可能存在的技术“知沟”对生活矛盾进行调节的策略。这时候“知沟”不再是需要被克服的技术障碍，而成为了一种问题解决策略被应用于矛盾调解过程之中，这正充分说明技术在介入日常生活过程中所具有的流变特征。二是虽然移动支付技术已经相对成熟，但是依然存在很多不规范的市场行为或技术暗箱，可能使相应的消费行为存在一定的风险，比如网络诈骗、手机病毒等都可能使老年人在面临一定诱惑的情况下遭遇经济风险。比如前文提到的L7利用微信“亲属卡”对母亲的消费行为提供支持并进行风险规避的过程。虽然L7提到的是规避现金交易中可能存在的假币、小偷等风险，但是从消费过程的角度来看，这种利用子女的账号进行监督和控制的机制，对于网络消费可能存在的风险控制依然有效。

通过将子女的账号与父母的消费行为绑定，子女既可以方便地为父母提供经济赡养上的帮助和支持，也可以控制父母在新的媒介环境中由于种种原因可能遭遇的经济风险。“绑定”这个词意味着在新的消费方式中，父母与子女同时作为行为主体存在于经济交换环节之中。通过引导、监督与调控，成年子女利用智能手机建立起对父母进行经济赡养的新模式，并根据父母的日常生活需要对相应的策略进行调整，以同时满足赡养与风险规避的双重需求。这个过程是子女与父母共同参与的过程。因为双方都需要对智能手机等媒介技术进行认知和掌握，并被共同卷入相应的经济交换过程之中。通过双方对媒介逻辑的认知与应用，以及围绕这些应用进行日常生活的沟通与互动，智能手机将自身的物理属性与人们的生活实践紧密联系起来，并成为当代城市家庭经济赡养机制中重要的组成部分。

二、电话、视频与“朋友圈”中的亲密

在当代城市家庭生活中，父母对成年子女的经济赡养依赖逐渐减弱，情感寄托逐渐增强。特别是对于有孙辈的老年人来说，对孙辈的情感依赖甚至超过了对子辈。但不容忽视的现实情况是，子女婚后一般都会采取和父母分开居住的方式。离开父母拥有独立的居住空间往往是“小家”建立的标志，这彰显了已婚成年子女开始独立的家庭生活所具有的个体性，即“小家”的个体性，这就使老年人与已婚子女之间的日常沟通与情感联系产生了一定的距离感。而智能手机所提供的多样化的沟通交流与互动方式为这一距离感的克服提供了重要的中介手段。

首先，智能手机提供的多样化的沟通方式，使得老年人在与成年子女分开居住的情况下，依然可以克服时空的限制，在虚拟的网络空间中实现及时的“面对面”沟通交流。

成年子女与父母的沟通主要体现在打电话与微信交流两个方面。电话沟通一般在两种情况下会使用，一种是父母对微信等新的交流方式应用不熟练，另一种是当有紧急情况需要沟通处理的情况下，子女会选择使用电话与父母进行沟通，这与电话沟通的即时回应性密切相关，因为微信上的信息可能会被忽略而导致延迟回应。对于临时需要老人帮忙接孩子或其他家庭紧急情况，打电话就显得更为直接有效。而非同城居住的成年子女与父母之间往往也保持着固定频率的沟通节奏以及电话、视频等多种沟通方式。

在微信交流[①]上，本书作者在访谈中发现，一般对于不需要及时回复的事情，子女与父母之间会使用微信沟通。微信可以提供文字、语音、图片、视频等多种交流方式，这就使得信息呈现的方式更加多样化、生动化和便利化。这

① 在这里本书作者是指利用微信发送文字、图片、语音进行沟通的功能。

对于成年子女与父母之间互相分享彼此的生活及孙辈的生活状态非常便利。

我父母与我儿子之间基本上每天都发视频，每天爷爷和孙子要视频几分钟，一般就问候一下，随便聊两句生活上的东西。微信对于缩短家庭成员之间的联系我觉得还是有作用的。因为它时效性很强，传播速度很快，并且有个好处——能保存一些信息，但电话就不行，不可能都录音。[①]

微信可对信息进行保存非常重要。特别是对于远距离居住的祖辈与孙辈之间来说，子辈将孙辈日常生活的视频发到祖辈的微信上，祖辈可能会反复观看，这就使得媒介空间具备了储存和延长现实生活时空的特性。这时候智能手机所储存的孙辈的日常生活内容不仅缓解了祖辈的思念与焦虑，还在一定程度上成为祖辈休闲消遣的内容。这样，智能手机就将祖辈的现实生活时空与子辈、孙辈的现实生活时空通过媒介空间连接起来。

"人的媒介化在场是在场行为在媒介化生存时代的重要表现"[②]。在这个过程中，通过智能手机所提供的视频通话功能，祖辈与孙辈之间交往的时空限制性在一定程度上被得以克服。通过一种线上的互动与补足，现实中的家庭关系得以维系和巩固。它创建了一个现实与虚拟结合的祖辈、子辈、孙辈同时在场的交流环境与氛围，从而通过智能手机将两个分开生活的核心家庭重新结合在一起，创建了一个主干家庭的在场交流场景。这种场景中的交流互动既满足了核心家庭居住的独立性要求，又兼顾了老年人与成年子女及孙辈进行情感联系的需要，从而成为老年人家庭与成年子女家庭之间进行情感联结的重要方式。

其次，智能手机所提供的微信朋友圈互动等功能，为成年子女与父母之间的情感沟通与联系建构了新的互动空间。本书作者在访谈中以及后续对访谈对象的朋友圈进行观察发现，成年子女与父母也会在微信朋友圈进行互动与沟通。对于已婚成年子女发送的朋友圈，涉及到孙辈的日常生活的内容的，祖辈都会点赞，对其他涉及正能量的内容也会点赞。而子女对于父母发的风景照等会点赞，但是对于心灵鸡汤或者养生贴类信息，则不会点赞。有时候父母会要

① Y8 访谈资料。访谈时间：2019 年 5 月 11 日。

② 颜敏：《媒介化生存视阈下关于人的在场问题研究》，《今传媒》，2016 年第 1 期，第 67 页。

求子女对自己所发的朋友圈必须点赞。

我妈妈会在朋友圈发她跳舞的内容，她会制作动感相册。她挺喜欢接触这些新东西，并要求我给她点赞。①

我妈要求我对她发的朋友圈必须点赞，还发得特别多，如果我不点她就会不高兴，我跟她说，她转的那些乱七八糟的养生的我就不点赞了，只要有照片的我都点赞。②

如果说利用智能手机打电话、微信交流等行为是成年子女与父母之间对家庭生活进行的日常沟通与互动，那么微信朋友圈里的互动，则更像是两个具有亲密关系的“朋友”之间的个体认知与交流。对于老年人来说，在朋友圈展现自我的方式具有重要的自我认同意义，这也是为什么有些老年人要求子女必须为自己点赞的原因。而子女在这个过程中也具有自主判断和自我选择的权力。智能手机的使用使得父母与成年子女围绕自我认知进行的互动更为具体和生动。然而，也正是因为成年子女与父母使用智能手机的自主性使得双方在朋友圈互动中也会产生相应的亲子矛盾与冲突。成年子女在对这种矛盾与冲突的处理上，往往会采取“屏蔽”的互动策略。这种“屏蔽”的策略主要体现在以下方面。

1）在朋友圈中“报喜不报忧”。Y2在访谈中提到，有一次自己在朋友圈发了生病打针的照片，结果被自己爸爸骂，从那以后“就会把心情糟糕的内容对他们屏蔽掉”③。W3则表示会选择微博进行负面情绪的宣泄。

因为爸爸妈妈他们没有微博，微博上都是一些不认识的人。反正也没有人会看，信息更新很快就覆盖掉了，发泄一下就好了。④

“报喜不报忧”是子女在与父母远距离的交往过程中将生活中不如意的一面对父母刻意隐瞒的过程。这种“传统观念是独特的远距家庭信息交往的‘框架’，它成为影响甚至限制个体展演行为的重要因素”⑤。在成年子女的意识中，

① W4访谈资料。访谈时间：2019年4月30日。

② C2访谈资料。访谈时间：2019年4月24日。

③ Y2访谈资料。访谈时间：2019年4月1日。

④ W3访谈资料。访谈时间：2019年4月25日。

⑤ 吴炜华，龙慧蕊：《传播情境的重构与技术赋权——远距家庭微信的使用与信息互动》，《当代传播》，2016年第5期，第97页。

成年就意味着需要对自己的生活全面负责，而自己生活中“忧”的内容会引起父母的焦虑和担心。因此，对父母刻意隐瞒这部分的内容，既可以宣泄自我的情绪，也是对父母善意保护的一种方式，是传统的孝道文化在新的互动交往方式上的情感融入和体现。通过智能手机上的“屏蔽”功能设置，子女关闭父母对自我线上表达的窥视通道，从而既构建起以封闭为特征的亲密感表达，也体现出成年个体的独立性和个体性。

2）对于在朋友圈发布的可能引起“共同朋友”围观从而产生现实生活矛盾与冲突的内容，成年子女会选择屏蔽父母或与父母有关的朋友圈成员，减少因线上信息流通而导致的现实生活中的矛盾与冲突。

我已经把我爹屏蔽了。有时候我发现发些东西他会担心。他评论得有点让我讨厌。他讲话比较直，并且这种评论是公开性的，我们有共同的朋友可以看见。让我没有脸面。所以，我干脆就把他屏蔽掉，不让他再看我的朋友圈了。我没法跟我爹沟通，他比较固执，他觉得自己是对的就对，我也懒得跟他俩理论。①

“社交网络中介了人们的日常生活，也同时中介了人们的交际关系”②。从一定程度上讲，朋友圈本来是一个强关系所构建的交往网络社区。正因为成年子女与父母在现实生活中存在着共同的交往对象，所以在朋友圈这个网络社区中也可能存在共同熟知的亲人或朋友。在这种情况下，不合适的点赞或者评论可能会因为共同熟知群体的围观而引起双方之间的矛盾。“技术的触连与介入使‘自我’在一定程度上从固定社会关系的束缚之中解脱出来，但又可能令其陷入因交往关系复杂化和浅层化所带来的认同困境之中”③。朋友圈在成为成年子女进行自我展演重要“前区”的同时，父母根据自己与子女现实生活中“后区”交往的惯习与方式，在评论区所作出的“毫无保留”的评论就与子女朋友圈自我展演的文本结合起来，使得双方线上的互动呈现出“中区”的特征，而这种“中区”又以一种“前区”的姿态暴露在线上共同朋友的面前。这时候，

① M1访谈资料。访谈时间：2018年4月23日。

② 朱丽丽：《数字青年：一种文化研究的新视角》，江苏人民出版社，2017，第274页。

③ 华维慧：《“秀”：技术“中介化”与人际传播中的“自我”分析》，《编辑之友》，2017年第8期，第60页。

成年子女为了保持自我展演的一致性及展演过程中的控制能力，“尽可能地适应观众的在场”[①]，就会将这种可能产生后区暴露的行为采取“屏蔽”的方式隐藏起来。

此外，在当代城市家庭中，特别是在有较小年龄的孙辈需要抚养的家庭之中，祖辈与子辈围绕孙辈的抚养进行“代际合作育儿”[②]已经成为很多家庭的选择。父母对成年子女的生活提供的支持多，干涉的场景也多。这种情况在独生子女家庭中似乎更为常见。成年子女与父母之间除了现实生活中的互相观照，通过朋友圈对彼此生活的窥探也是双方利用智能手机进行线上交往的重要方式。

我平时发一些跟我老公出去玩、看电影的朋友圈，我一般会把他们（父母）屏蔽掉，因为他们会觉得怎么又去玩了，不管孩子。如果带着孩子，他们又觉得怎么又带着孩子跑出去玩，又乱花钱。如果我发我们家所有猫的东西，我就得把我公公家的人全屏蔽掉。因为我公公什么动物都不让养。[③]

朋友圈成为成年子女在父母面前进行家庭生活展演的重要“前区”，子女根据现实生活中自己与父母之间的交往习惯及家庭规则，对所发的朋友圈的内容进行自我审核，进而决定是否采取屏蔽的措施和策略，从而在朋友圈中的“父母”面前进行适当的家庭生活展演。这种有选择的自我暴露对于成年子女来说，不仅是对自己媒介使用权力的独特体现，而且还体现了一个新的核心家庭在生活选择及表达上，对原生家庭中某些惯习文化的远离与独立宣告。由此，智能手机就成为成年子女与父母在合作育儿过程中的一个具有伸缩性的交往互动空间。

成年子女通过“屏蔽”这一策略的应用，使其与父母在交往过程中，既能通过线上互动增加亲密感，又能保持自身在媒介使用及婚姻家庭中的独立性。

---

① 梅罗维茨在戈夫曼关于“前区”与“后区”的理论分析基础上，提出了“中区”的概念，认为“以后区和前区观念为基础，在混合场景中出现的新行为可被称为‘中区’行为。”参见：约书亚·梅罗维茨：《消失的地域：电子媒介对社会行为的影响》，肖志军译，清华大学出版社，2002，第 44 页。

② 肖索未认为，“代际合作育儿”是城市家庭通过代际互助来应对育儿责任私人化和市场化的一种家庭策略。这种方式是以子辈家庭为核心的家庭扩展。肖索未：《儿童抚育中的代际合作、家庭伦理与亲密关系》，《家庭与性别评论（第 6 辑）》，社会科学文献出版社，2015，第 190 页。

③ C2 访谈资料。访谈时间：2019 年 4 月 24 日。

也有研究者将这种行为叫作“数字区隔”[①]。对于成年子女与父母来说，“区隔”意味着具有亲密关系的两个个体之间的距离及一种通过媒介而刻意建立的区分空间，而这正是个体在数字虚拟空间中个体性的表现。当然，成年子女与父母之间在线上交往的过程中，为了保证彼此之间亲密感的建构与自我独立性这双重需求的满足，除了“屏蔽”这一策略，面对一些双方对其价值认同不一的信息，成年子女还会采取类似于沉默的态度和策略。

我妈会给我推送各种养生保健类的信息，太多了，太烦了。她信就算了，每天还要发私信过来，问你看了没有，太受不了，我就把她删了，后来就警告她：“我加你可以的，我也不屏蔽你，但是不要给我发这些东西。”但是删了一次以后她还发，然后又被我删了，又再次警告了，现在又加了。我说：“你想发那些东西的话，如果你觉得实在太好了，好到受不了了，不告诉大家你都对不起大家，那种的话你发朋友圈就好了，你不要单独发。”[②]

从Z3与他妈妈的故事里可以看到，母亲与儿子之间因为对网络信息价值判断不同而产生的交往障碍。Z3采取了较为极端的“删除”母亲的微信的方式，但是从他描述的语气及行为来看，他对母亲单独给他发这种养生保健信息确实心里很抵触。他在这里提到信息的点对点分享与朋友圈共同分享的问题。在他母亲看来，正因为彼此之间亲密的母子关系，所以希望将健康类的信息与其分享，希望对儿子的生活有所帮助。而对于儿子来说，这种点对点的信息交流他不得不看，而如果母亲发在朋友圈，自己则可以选择不看。在访谈中，本书作者发现，成年子女对父母发布鸡汤文或养生保健信息的行为普遍都比较反感，但是不一定会采取比较极端的屏蔽或删除行为。一般大家的态度都是“懒得点开”。“懒”实际上宣布了自己作为一个独立的个体对网络信息的判断与甄别，以及由此产生的拒绝的态度与“不点开”的行为。这表明微信作为一种具有个体性使用特征的媒介，使用者本人具有充分的把关与选择权力。虽然信息发送者与接受者之间存在亲密关系，但是对于信息的价值判断存在个体认知

---

① 朱丽丽，李灵琳：《基于能动性的数字亲密关系：社交网络空间的亲子互动》，《中国地质大学学报（社会科学版）》，2017年9月，第17卷第5期，第98页。

② Z3访谈资料。访谈时间：2019年3月30日。

的理性和独立性。

三、沟通与屏蔽，皆为“亲密”

从以上论述可以看出，智能手机的参与和介入，使得当代城市家庭生活中成年子女对父母进行经济赡养和情感支持的方式逐渐发生了改变。

首先，由于智能手机的具身性及对技术的吸纳融合，使得父母与成年子女在非共同居住的情况下，能够随时随地进行沟通并采取多种形式进行便利的互动和联结，父母与成年子女之间成为彼此分离又能根据需求随时被找到的个体。智能手机弥补了祖辈与子辈、孙辈之间现实交往中的时空障碍，通过“亲属卡”及“亲情账号”的使用，成年子女可以与父母作为“捆绑”在一起的行为主体共同参与日常消费行为，为父母提供便利的经济赡养并能自主控制其中可能产生的经济风险。而通过电话、微信视频及“朋友圈”互动，大家能够即时就家庭生活及情感需要进行沟通和联系。这个过程不仅建立起家庭成员个体之间的联系，还建构起父母家庭与已婚成年子女家庭之间的联系，并通过微信视频的交流，构建起“主干家庭”的线上交流空间。

其次，成年子女在与父母进行线上沟通与交往的过程中，也会灵活采取相应的技术“知沟”或“屏蔽”等媒介策略，既维持彼此之间的亲密感，又保持自我在媒介使用及婚姻家庭生活中的个体性。值得注意的是，不论是报喜不报忧的代际交往框架还是出于其他原因对父母采取的朋友圈屏蔽行为，成年子女都采用控制相关信息在父母面前的呈现的方法来对自我生活进行设计和管理，以不影响自己与父母之间亲密感为出发点而采取相应的媒介策略。这种通过“拒绝”的姿态来进行的亲密感维护行为，表明成年子女在新的媒介环境中，并没有完全从传统家庭文化中脱嵌出来，而是利用相应的媒介工具进行自控，既表达对“权威性孝道”① 的挑战，又通过对自我展演的内容及窥视权限的控制实现对传统孝道文化的部分坚守与个体性追求之间的调适与平衡。这表

① 参考以下内容：“孝道的权威取向经由社会规范和家庭组织所共同形塑，它透过法律、舆论、家庭规则和教育的方式，以确保家庭成员间的互动平顺而和谐。”参见：叶光辉，杨国枢：《中国人的孝道：心理学的分析》，重庆大学出版社，2009，第 353 页。

明了在当代城市家庭生活中，作为个体的家庭成员在“独立与延续”的摇摆中，“努力在独立和责任之间寻求一种完美的平衡”，从而在“个体与结构之间的协商与博弈”过程中保持一种利益最大化的状态①。在这个过程中，成年子女会将自己与父母在现实生活中的交往规则与惯习纳入线上交往控制的考量之中。通过对媒介交往的权限设置，成年子女也逐渐形成自己与父母进行线上交往的规则设置。这种设置表明了成年子女作为一个独立的个体在承担家庭生活责任的同时，与父母之间存在冲突时通过选择性技术策略与原生家庭之间刻意的距离感营造过程，是成年子女个体性追求的重要表现。

因此，在当代城市家庭生活中，智能手机的使用为成年子女对父母的经济赡养及情感沟通联系都提供了新的方式。通过智能手机既联结又区隔的媒介逻辑，在双方之间创建出一种“中介性的亲密”关系。这种亲密中隐含着家庭这一社会单元对以血缘为基础的代际传承功能及传统孝道文化的坚守，也意味着在社会变迁过程中，新的媒介技术对家庭成员个体性的催发与保护。

第三节　“小家庭”微信群中的互动与勾连

“生活方式的分化和多元化是现代化进程的‘天然’后果”②。现代生活的复杂之处或许就在于技术对日常生活结构的多角度渗透与个体的创造性使用结合形成的难以一以概之的多样化生活形态。本书作者在对亲子关系进行访谈的过程中发现还有一种重要的亲子互动方式，那就是家庭微信群的使用。

在访谈过程中，当被问到“是否有家庭微信群时”，很多访谈对象的第一反应是问本书作者：“你说的是哪个家庭？”这让本书作者蓦然意识到，家庭

① 石金群对广州市民进行了实地调查，认为“受个体化进程和结构因素的影响，处在特定家庭代际关系中的个体摇摆于独立与延续之间；人们努力在独立和责任之间寻求一种完美的平衡。……不论是独立还是延续，或是在两者间寻求一种中间状态，取决于个体与结构之间的协商与博弈”。参见：石金群：《独立还是延续：当代都市家庭代际关系中的矛盾心境——以对广州市民的实地调查为例》，《家庭与性别评论（第5辑）》，社会科学文献出版社，2014，第143页。

② 乌尔里希·贝克：《风险社会——新的现代性之路》，张文杰，何博文译，译林出版社，2018，第119页。

意识在当代社会生活中，可能已经产生了多样性。特别是对于女性来说，传统社会中女性婚嫁以后对“我家”的意识往往限定在婚姻家庭的范围之中，“娘家”这一称谓也表明了出嫁后的女儿与原生家庭之间的距离感。而在当代社会生活中，随着女性社会地位的提高及性别平权意识的增强，再加上独生子女等家庭结构的变化，女性即使出嫁以后，也同样承担着对父母的赡养义务。这时候的“家庭”对她们来说，就成为一个复合的概念范围，它既包括自己的婚姻家庭、原生家庭，也包括丈夫的原生家庭。这些家庭在日常生活中都非常重要。智能手机使用的便利性，使得个人可以根据各自的需求建立不同的“小家庭”微信群，并对这些群资源进行灵活的设置和使用，以满足现实生活合作及情感沟通需求。

因此，本书作者将这种由父母、子女和孙辈（或子女及孙辈之间）组成的微信群称之为“小家庭”微信群。这个“小家庭”并不是专指夫妻与未成年子女组成的核心家庭，它还包括成年子女与自己父母及兄弟姐妹之间组建的群，以及子女与自己父母、配偶父母共同组建的微信群。

一、“小家庭”微信群：合作与分享

本书作者在访谈中发现，虽然“小家庭”的成员构成可能存在不同，但是在群内的沟通交流内容上，存在较大的同质性。这些内容大概包括以下几个方面。

1）日常生活的沟通与合作，比如位置共享、日常例行问候、是否回家吃饭等，特别是对于有孙辈的家庭来说，“小家庭”微信群是父母与子女之间围绕第三代进行“代际合作育儿”的重要沟通渠道和交流空间。根据夫妻双方原生家庭之间的互动沟通情况，在独生子女家庭中，既会存在夫妻个体与自己父母之间建立的家庭群，也会存在丈夫和妻子以及彼此的父母共同建立的微信群。

像我们家几个人，这几个人是指我俩、他父母、我父母，6个人在一个群。里面说的都是些家里要紧的事，没有闲聊，都是有目的的。这个群非常有必要，有事我就不用一个个打电话通知了。[①]

① Y3访谈资料。访谈时间：2019年4月2日。

在本书作者看来，Y3与丈夫以及彼此父母在同一个微信群中共处的模式是三个家庭之间围绕“代际合作育儿”利用智能手机进行沟通交往的典型代表。在这个群结构中，Y3和丈夫组成的核心家庭是这个家庭群交往的中心。三个家庭都根据子辈家庭的需求来确定双方在日常生活中的互动模式以及日程安排，从而体现了“家庭作为互助共同体的文化特质”[①]。同时，这个微信群集合了Y3和M5双方的血缘和姻亲的脉络，两条家系在同一个微信群中以成年子女及代际抚育利益最大化的原则进行沟通合作。

2）日常生活体验及共同参与的快乐分享。家庭成员在线上对日常生活体验进行分享的方式很多，如外出旅游的照片分享、孙辈的视频分享等。这种惯常的信息分享方式使得不同代际之间能够分享彼此在不同的空间中的生活体验。在这里，家庭微信群就成为家庭成员的“秀场”。个体通过智能手机在这一空间中进行自我表演和呈现。在家庭微信群中，家庭成员之间的固定交往关系开始在网络空间中进一步得到拓展，并在新的空间中建构新的意义。而共同参与的快乐最典型的就是在家庭群中抢“红包”的行为产生的快乐。与传统家庭中长辈给后辈发红包不同，微信红包具有了更多的游戏和社交的内涵。“抢”这一游戏特征沾染了刺激激励性，家庭成员的激情被调动起来，从而在积极主动的参与和互动中产生了一种参与家庭集体活动的愉悦感，间接建构人际亲密感。而智能手机便利的操作特征，正是这一游戏规则可以在家庭成员之间普遍施行的技术基础。

家庭群里面发红包，其实跟同事、朋友抢红包是一样的，都是调动气氛，好玩而已。小家的群里面过年过节的时候都发。群里有六个人，设四个红包，这就要抢。每个人都发，大家都会参与这件事情。[②]

张放用“有仪式性的互动游戏”来称呼这种“抢红包”的行为，并且认为这种互动方式会“触动以纵轴为中心的传统家庭关系，消融家庭与社交的边界，以及解构家庭节庆的神圣空间”，因为传统的以长辈给后辈发放春节红包

① 肖索未：《儿童抚育中的代际合作、家庭伦理与亲密关系》，《家庭与性别评论（第6辑）》，社会科学文献出版社，2015，第190页。

② Y3访谈资料。访谈时间：2019年4月2日。

这种带有规范、引导性质和家长权威的模式已经变成不分长幼均可参与“发放”和“抢红包”的“游戏”行为，从而引起家庭内部权力关系的扁平化。①

二、线上与线下的“小家庭”：同质与异构

“小家庭”微信群最大的特点就是群内成员之间关系的极度亲密性。不论是子女与自己父母及兄弟姐妹之间以血缘为基础组建的微信群，还是子女与配偶父母之间以婚姻为基础共同组建的微信群，都是将关系范围限定在了直系血亲三代以内。这就使得小家庭微信群的沟通呈现以下特点。

1）不同的“小家庭”线上与线下同质化的生活氛围构建。本书作者在访谈中发现，在对不同的“小家庭”微信群的建构过程中，家庭成员会通过彼此之间惯常使用的话语结构、表情等符号语言以及彼此熟知的话题讨论，努力构建一种与现实家庭生活类似的氛围。这就使得线上的家庭互动与线下的生活互动在氛围上呈现出一种同质化的特点。微信群从而成为家庭成员之间一个具有私密性的话语空间。同时，由于是“小家庭”微信群，群内成员之间彼此是熟知的亲密家庭关系，所有成员都不会过于沉默，每一个成员几乎都是活跃分子。这就使得群内的沟通积极且有效，不会出现特别的“冷场”。这说明线下的强关系被搬到线上空间也可以形成一个强关系的线上群体。

在访谈对象L3家里，有一个兄妹三人建立的群。

兄妹三个肯定要在里面说一点我们自己家里面的事儿。弟妹、姐夫、老公不许进来。我妈心情不好或者身体怎么了，我们肯定要商量。但是这些东西没有必要让他们知道，一般用的钱多了会和他说，如果我妈妈病情严重那会说。②

在这个群体中，已婚子女在不同家庭中扮演的角色之间会产生冲突和共鸣。以L3家为例，在L3与兄妹组建的群中，自己依然承担着原生家庭中的女儿和姐姐的角色，但是群内的成员都会考虑其在现实空间中的婚姻生活角色，即她还是婚姻家庭中的妻子和母亲。因此，群内成员在对原生家庭中的养

① 张放：《微信春节红包在中国人家庭关系中的运作模式研究——基于媒介人类学的分析视角》，《南京社会科学》，2016年第11期，第103-109页。

② L3访谈资料。访谈时间：2019年3月28日。

老问题进行讨论的时候，就会考虑到这一点，L3 也会衡量群内所讨论问题的严重程度，以方便在不同的角色以及自己所身处的不同的“家”之间做出最平衡的选择。

2）“小家庭”微信群结构是对现实生活中家庭结构的映射。前文介绍了“小家庭”微信群的两种情况。一种是子女与自己父母及兄弟姐妹之间组建的群，这种群在独生子女家庭及多子女家庭中均有体现。这就使得已婚子女在婚后依然与原生家庭及其成员保持密切的联系，虽然是线上的空间，但是通过智能手机随时随地的使用特征，与原生家庭之间的联系为已婚个体提供了强大的心理支持及婚后对原生家庭持续的归属感。特别是对女性来说，婚后从夫居的传统使其与原生家庭之间的日常生活接触和联系减少，而微信群的建立使得个体与原生家庭之间的距离感逐渐降低。另一种是成年子女与自己父母或配偶父母灵活组建的微信群，这种群往往在独生子女家庭中出现。还是以 Y3 的“小家庭”微信群为例，Y3 和 M5 承担着四位老人的赡养义务，同时，四位老人也为一个已婚子女家庭提供力所能及的支持。这就使得已婚子女彼此的原生家庭围绕他们新结合的家庭在线上形成了一个紧密的沟通团体。这个团体与线下的家庭结构呈现出对应的关系。“在线行为并非独立于线下生活，而是现实生活的延伸和再建构。通过微信，用户穿梭在不同的多重场景中，决定以自我的何种面目展开交往，自我被碎片化”[①]。换句话说，“小家庭”微信群的群体成员关系结构映射出线下的成员关系结构。在线上形成了一个丈夫、妻子、丈夫的父母、妻子的父母及第三代所共同组成的“大家庭”[②]。当夫妻双方的父母进入同一微信空间，说明传统婚姻中丈夫的核心地位已经发生了变化。男女双方的父母在与子女婚姻家庭的日常联系中处于同样的地位。这就使得女方在婚后依然得到原生家庭的支持，为女方婚后的生活提供了重要的社会资本，这是独生子女政策实施以后在婚姻家庭方面产生的重要变化。它改变了代际之间的帮

① 曹晋，孔宇，徐璐：《互联网民族志：媒介化的日常生活研究》，《新闻大学》，2018 年第 2 期，总第 148 期，第 24 页。

② 潘永康认为，应“按照家庭人口数量的多少划分家庭的大小，人口比较多的家庭，称为大家庭”。参见：潘永康：《婚姻家庭社会学》，北京大学出版社，2018，第 130 页。

扶方式及传统婚姻中的权力体系，赋予独生子女在婚姻中更平等的地位，从而也通过个体的独立性突出已婚子女家庭的独立性。

与这种线上的“互助合作团体”模式相对应的是，已婚子女在线下往往会选择与父母分开居住。同城居住的已婚成年子女与父母之间往往会就近居住，既满足已婚子女核心家庭生活的需求，又能够为子女赡养父母、父母为孙辈的抚养进行支持和帮助提供便利，这体现出当前急剧的社会转型过程中，成年已婚子女对个体自由、核心家庭自由的追求，以及自身对所要承担的抚育与赡养义务之间所存在的矛盾进行调适的过程。分开居住往往还是家庭矛盾处理的一种策略。通过居住空间的分离，成年子女与父母之间既能保持彼此日常生活的独立性，减少相应的生活摩擦和矛盾，利用一种刻意的距离维系、保持情感沟通的亲密性，又能保持一定的现实互动频率，从而保持对父母必要的赡养和日常支持。

3）家庭成员通过在“小家庭”微信群中的互动交往及规则建立，建构起新的家庭关系。

我们自己家有一个群，一般分享一下照片。我哥平时生活中比较权威，我姐姐前段时间弄了个兔子，照顾得可细致了，拍一些照片在群里给我们分享。我们就说照顾得还挺好的，就闲聊一会儿，我哥就弄出一句话来：“从你家弄了个兔子，一家人成了保姆。”还弄一个很委屈的表情，然后大家就不聊了，聊不下去了。大家不愿意聊了，“终结者”就是他。①

在多子女家庭中，现实中家庭成员之间的权力关系在线上依然有所体现，而“小家庭”微信群成员会对这种权力关系进行策略性应对。在L10看来，作为现实家庭生活中的权威人物，大哥在家庭群中的发言本身就带有权力的口吻，虽然“还弄了个很委屈的表情”，但是这依然使得他线下的“权威”身份与大家对线上轻松愉悦的沟通氛围期待形成了张力关系，并影响了线上空间的沟通行为。“在社会变革环境下，家长权力和平等观念相互消长”②。在新的社

① L10访谈资料。访谈时间：2019年5月14日。

② 王跃生：《社会变革与婚姻家庭变动：20世纪30—90年代的冀南农村》，生活书店出版有限公司，2019，第440页。

会发展环境中，L10对家庭生活及家庭权力的认知已经发生了改变。对传统家庭成员之间等级权力的不认同使得她以沉默者的身份来表达自己对这种家庭文化的对抗和不满。虽然大家依然具有浓厚的家庭观念，但是“新媒体技术的发展促进了家庭成员间媒体中介和通信工具的更新换代，同时也加速了传统家庭关系和亲属关系的变革”。[①] 这就说明家庭成员在家庭群的媒介互动行为中，是否参与本身就构成了一种重要的权力，家庭成员可以发挥这种权力来表达自身对家庭文化的态度并选择与家庭成员进行媒介互动的方式，这本身又都成为其个体性认知的重要部分。按照菲斯克的观点，“快乐来自对意义的控制感和对文化进程的积极参与”。[②] 那么，像L10这样采取沉默的态度参与家庭媒介互动的行为，也是个体对家庭文化的意义认知和认同感进行实践控制的重要表现。

此外，这种线上家庭关系与现实家庭生活的异质性建构还通过家庭成员对养生保健等信息的沉默态度表现出来。在“小家庭”微信群中，很多访谈对象还表示，父母会发一些养生保健信息以希望与子女分享。而面对类似信息，不参与、不点开是很多年轻家庭成员共同的行为选择。这种选择一方面体现了家庭成员之间的亲密关系，年轻的成员基于对年长者的身体及情感因素的考量，对不认同的信息不予以反驳，但是这种沉默又体现了一种态度，那就是自我对媒介信息的判断和选择。沉默、对类似信息置之不理、不参与的态度和行为选择体现了成年子女对家庭角色身份及独立的个体这双重角色之间的心理和行为调试过程，并力求通过这种沉默来把握一种平衡，即通过线上的在场、对类似信息的默认“知晓”继续保持在线的家庭角色身份，又通过“不参与”这种行为表达了自己在现实生活中对媒介信息的理性选择及对自我的确认。这种应对策略显然与现实家庭空间中彼此之间的沟通是不同的。在现实家庭空间中，不论是什么话题，子女很难做到在与父母的交谈中采取沉默的态度。而在群中，这种沉默如此自然，以至于父母与子女都逐渐适应了这种沟通方式，并

① 陈雪薇：《移动场景与共同在场——家族微信群对新时代家庭的重构和关系维系》，《北方传媒研究》，2018年第1期，第61页。

② 约翰·菲斯克：《电视文化》，祁阿红、张鲲译，商务印书馆，2005，第30页。

成为彼此之间对相应话题的惯常性沟通策略。通过这种类似沉默的策略性应对，家庭成员“在微信群里中区或后区的暴露……就逐渐形成了一种新的家庭关系”[①]。

三、“小家庭”微信群中的个体性窥视

“小家庭”微信群灵活的结构方式为已婚子女参与多个“家”的日常生活提供了不同的角色要求和生活组织方式。通过一个个线上强关系虚拟交往空间的建构，已婚子女可以从原生家庭及现有婚姻家庭中获取双重归属感。这种归属感为其日常生活提供重要的社会资源及心理情感支持，并使得他们在对日常生活的安排上可采取更灵活、更便利的方式，以及在面对矛盾冲突时，可能会更容易以自己为中心来考虑问题。在这个过程中，已婚子女的个体性逐渐增强。

其实，不仅是子女，当代城市家庭中成年子女的父母的个体性也逐渐增强。在中国传统的家庭文化结构中，“孝道”对父母与子女都提供了一种义务和伦理上的亲子互动框架。父母对子女承担着无限的支持义务，这种义务与父母生命意义的“自我完成”密切相关。随着现代化的发展，父母与子女的家庭观念在很多方面都发生了变化，对家庭的责任与义务和个体对自身生活的追求同时并存。在这种情况下，“代际关系矛盾心境”[②]就会同时在父母与子女身上出现。

很多老年人退休后依然选择继续为成家的子女提供社会支持。但是，随着父母观念的变化及对自身生活的追求，年轻子女对父母的付出及情绪变化还是保持一种比较敏感的态度。

---

① 唐青秋：《从媒介情景论视角下看微信群中的家庭关系》，《新闻传播》，2017年第1期，第113-115页。

② 石金群认为，“家庭代际关系矛盾心境”是对代际团结理论以及代际冲突理论存在的不足进行弥合的一种重要研究视角。该理论认为，“处在特定家庭代际关系中的个体常会经历一种矛盾的心理体验”，这种矛盾体现在个体独立与“家庭承上启下的角色需要”、个人利益与道德责任、情感需求与维系压力、渴望自由与家庭支持等方面。而导致这种矛盾心境的原因是结构与个体两个层面之间的相互作用。参见：石金群：《独立还是延续：当代都市家庭代际关系中的矛盾心境——以对广州市民的实地调查为例》《家庭与性别评论（第5辑）》，社会科学文献出版社，2014，第145页。

老人因为有的时候带孩子比较累，就会有情绪。但老人的这种支持系统对于我们现在养育两个孩子非常重要，没有办法。因为确实你离不开（老人的帮助）。①

与传统任劳任怨、一心为子女付出的父母相比，当代城市家庭中父母的个体性也在增强。在M5看来，父母帮助自己抚育子女也会产生疲倦和困顿，这种焦虑除了身体上的不适，还有对自我生活价值的追求与向往。为适应父母带孙辈累了以后的态度和行为，M5也在调节自己在抚育孩子过程中的心理感知与自我认识。因为，与传统家庭中父母一味为子女付出的惯习不同，父母的亲子观念已经发生了变化。虽然父母依然会为孙辈的抚育提供力所能及的支持，但是在对子女生活的关注之外，也追求自身老年生活的价值。祖辈对孙辈抚养的配合虽然是代际延续的需求在社会抚养体系中的独特体现，但是对于父母和已婚子女来说，这种配合不再是理所当然的。这说明，已婚成年子女与父母双方在彼此互动的过程中，对家庭意识的认知及彼此个体性的尊重都在加强。

此外，微信群里的沟通及日常生活相处过程，特别是祖辈对孙辈的抚养形式与过程，往往也提供了个体对原生家庭及父母之间亲子关系的重新认知。对孙辈的抚养像一面镜子，重新映射出原本祖辈与子辈之间的亲子关系。双方互相反观自身，并调整双方相处的模式。在研究中，可能往往只关注祖辈和孙辈，以及父辈和子辈之间的关系，但是很少关注子辈怎么来看祖辈和孙辈之间的这种关系。

看着父母和我儿子相处，就好像我是在看着小时候我的爸爸妈妈是怎么看待我的，有一种时光回溯的感觉。孙辈也好、祖辈也好，姊妹也好，相处它其实是一个镜像。通过镜像大家都在看自己的童年，看他们是怎么做父母的。②

通过对祖辈与孙辈相处过程的重新审视，以及日常微信群的交流互动，子辈会重新对自己与原生家庭的关系进行认知和判断，并进而对自我重新审

---

① M5访谈资料。访谈时间：2019年6月4日。

② M5访谈资料。访谈时间：2019年6月4日。

视。当子辈重新审视祖辈对孙辈的抚养过程，这种审视就重塑了一种镜像关系，在这种镜像中，其对子辈的抚养经历与自己的童年记忆在亲子关系上产生了情感上的共鸣与反思，子辈重新审视自己对父母的认知和亲子关系的判断，并进而调整自己在现实生活中的行为。这就完成了一个生命个体对自己及子辈的童年、对自己与父母之间及自己与孩子之间双重亲子关系的重新认知和行为调整过程。

由此可见，在当代社会生活中，家庭意识的改变及智能手机使用的便利性使得各种不同结构的“小家庭”微信群共同存在于成年子女的智能手机之中。成年子女与家庭成员在不同的群中进行信息分享与沟通交流，根据自己育儿合作及婚姻生活调节等各种不同的需求，对相应的群资源灵活使用并从中获取社会资源及亲密情感支持，家庭成为个体在风险社会中一种“基本的防御机制”①。这些线上家庭空间的建构与线下的家庭生活氛围、家庭结构及权力关系都形成一定的同质化特点。然而，二者又不完全相同。家庭成员在线上的沉默或者线上沟通规则的建立，也会对现实家庭生活的一些规则和关系产生改变，从而在虚拟的家庭空间中建立一种新的家庭关系。

① 弗朗西斯·福山：《信任：社会美德与创造经济繁荣》，郭华译，广西师范大学出版社，2016，第85页。

第六章　智能手机对“中介化的亲密”关系的建构机制

在媒介化的社会中，智能手机以一种“不可或缺”的姿态在当代城市家庭生活中“无所不至”地参与，对家庭成员之间的互动交往及家庭关系产生了一种什么样的影响。前文具体分析了智能手机如何发挥自己的物理属性参与到城市家庭的生活场景之中，并在与夫妻关系和亲子关系的互动中构建出“中介化的亲密”关系。本章试图对“中介化的亲密”关系的建立机制、具有张力的弹性结构及个体利用技术赋权在亲密感与个体性之间进行的边界管理进行更深入的理论探讨和分析，从而对智能手机在“中介化的亲密”关系形成过程中的建构机制作进一步的归纳和提炼。

第一节　“中介化的亲密”关系的形成机制

“家庭领域已经被彻底媒介化和电子化了。于是，在这样的家庭中，科技再也不是补充物，而是使‘家’之所以成为‘家’的重要组成部分”[①]。莫利的这一观点为我们思考媒介在当代城市家庭中的地位以及运作机制提供了重要的参考框架。如果科技成为媒介化社会中“家”的重要组成部分，那就意味着它已经成为家庭成员在共享家庭生活的时空结构及文化规则的过程中不可或缺的重要环节。这种重要性通过媒介逻辑在家庭生活中渗透的广度和深度体现出来。“因为技术定义了一个社会能做什么的界限”[②]，所以当集数字化、网络化

① 戴维·莫利:《传媒、现代性和科技——“新”的地理学》，郭大为等译，中国传媒大学出版社，2010，第215页。

② 詹姆斯·贝尼格:《控制权革命》，参见：戴维·克劳利，保罗·海尔:《传播的历史：技术、文化和社会（第六版）》，董璐，何道宽，王树国译，北京大学出版社，2018，第324页。

等多种技术于一体的智能手机逐渐在家庭生活中普及开来，其独特的物理属性就建构了屏幕发展历史上媒介与个体结合最为紧密的关系结构，它的介入与参与，改变了个体原有的媒介使用习惯，产生了新的城市家庭生活场景，进而改变了家庭成员之间的交往方式和生活方式，最终建构出一种新的家庭关系，即“中介化的亲密”。具体来说，智能手机对当代城市家庭关系产生影响的过程可以从以下几个部分来理解。

1）智能手机改变了家庭成员的媒介使用惯习。虽然当代城市家庭空间中依然存在着多屏化的媒介生态系统，但是智能手机已经成为主导的媒介使用形态，并且与电视等媒介一起构建出家庭生活中多维的媒介使用空间。“任何使新媒体技术的社会同化成为可能的‘再嵌入’的程度，都依赖于空间和时间的社会关系的范式转变”①。智能手机的具身性使用，改变了家庭空间中原本由电视主导构建的媒介时空结构。从时间上来讲，智能手机可以根据家庭成员的个体需求，随时提供相应的信息，并在双向甚至多向的信息流动中将人与媒介更紧密地粘黏起来。而从空间上来讲，原来固定在客厅等场所的媒介观看具有共享性，而智能手机多样化的功能特征及具身性的使用特点，使得聚焦在手机屏幕上的视线具有自控的特征。这种自控性不仅表现在个体可自由选择媒介使用的现实空间，还表现在个体可以自由控制与自己共享手机界面的空间，以及个体可以通过智能手机自由地进入不同的媒介空间。

这种时空连接大大改善了家庭空间中媒介的参与范围及程度，家庭成员在与智能手机日渐频繁的互动过程中，将抽象的“新媒介”技术使用知识转变成日常生活中的“熟悉知识”，形成相应的媒介使用经验，并将其内化为个体家庭生活的重要惯习。“惯习是可持续的倾向性系统”②，这种惯习形成的过程，就是智能手机所依附的媒介技术在家庭生活中被逐渐驯化的过程，也是媒介逻辑逐渐渗透至家庭生活的各个环节并逐渐形成一种新的家庭生活方式的过程。它意味着家庭成员在与智能手机互动的过程中所形成的一种习惯性的状态及带有倾向性的存在方式。同时，个体媒介使用惯习的改变会导致一系列社会运作

① 斯科特·麦奎尔:《媒体城市——媒体、建筑与都市空间》，绍文实译，江苏教育出版社，2013，第 22 页。

② 皮埃尔·布尔迪厄:《实践理论大纲》，高振华、李思宇译，中国人民大学出版社，2017，第 213 页。

流程的改变。技术与消费文化的互相刺激与促生，使个体、家庭及其他社会系统都被卷入共同的媒介化社会之中，并通过智能手机的界面形成一个“用户居住、与众多系统共生、与系统交互的深层区域”[①]。

2）家庭成员媒介使用惯习的改变对家庭生活方式的影响。“习性是没有指挥的合奏”。[②]当智能手机成为家庭成员普遍性的媒介使用形态，就意味着家庭成员在共同的家庭生活中接受同一种媒介形态及相应技术的规训，并在共同认可的媒介环境及信息交流条件基础上产生互动与交往，新的生活方式逐渐得以形成。“生活方式是受结构性条件制约的生活的惯习”。[③]当智能手机成为家庭环境的重要构成，并成为家庭生活组织和协调的重要条件，它就成为家庭生活结构性条件的重要组成部分，并且与家庭经济、个体教育等其他条件结合起来，共同构成个体在当代城市家庭中具有一定自主权的重要生活框架。通过智能手机的使用，家庭成员在个体自我认知及家庭亲密之间建构起一种既联结又区隔的关系形态，并在彼此交往互动过程中形成新的家庭关系。

3）家庭生活方式的改变与家庭关系的建构呈现出互动的关系形态。“媒介化本质上是人的媒介化及人与人关系的媒介化”。[④]智能手机通过改变家庭生活中的媒介时空结构及家庭成员的生活方式，使得家庭成员在日常交往与互动的过程中呈现出与传统家庭不同的方式和特征。手机屏幕连接起线上和线下的两个世界，并使家庭成员在不同时空之间的交往产生勾连与互动。在这个过程中，个体对自我及世界的认知都逐渐产生变化，这种变化也会对家庭成员之间的亲密关系产生影响。当家庭成员之间聚集在一起观看电视的时间逐渐减少，当彼此闲暇时更多选择手机来替代彼此面对面的交流，家庭关系就因为智能手机的介入而逐渐产生了异化。这种异化产生的根源在于智能手机这一媒介形态对家庭生活的参与和武装。如果说电视主要建构一种“聚合”的家庭场景，通过共同在场和共享同样的媒介时空来增加家庭成员之间的亲密感，那么在当代

① 大卫·M. 贝里，安格斯·费格约德：《数字人文：数字时代的知识与批判》，王晓光等译，东北财经大学出版社，2019，第 166-167 页。

② 戴维·斯沃茨：《文化与权力：布尔迪厄的社会学》，陶东风译，上海译文出版社，2006，第 172 页。

③ 韩素梅：《巴别塔之路——媒介化社会与传媒的阶层书写》，浙江大学出版社，2017，第 77 页。

④ 郑维东：《媒介化社会与经济增长：理论及实证研究》，中国传媒大学出版社，2013，第 135 页。

城市家庭环境中，智能手机的介入使媒介使用个体化的需求得以实现和被普遍认同，家庭成员在共同的媒介环境和社会文化中，通过媒介技术赋权产生新的交往和沟通方式，从而创建出一种“中介化亲密”的关系。

由此可见，智能手机以其独特的物理属性灵活地参与到当代城市家庭生活之中，并在技术驯化的同时完成了对家庭生活的媒介逻辑渗透。通过对每一位家庭成员个体的媒介使用惯习改造，智能手机逐渐成为家庭生活方式结构性条件的重要组成部分，从而影响着原有的家庭关系形态，并在新的交往和互动方式之中塑造着新的家庭关系，即“中介化的亲密”关系。这种关系的形成是在现代化的进程中，媒介技术、个体需求、消费文化及政策规制之间互相磨合与适应的过程，也是家庭这一社会组织单位在媒介化的社会中被智能手机的媒介逻辑不断影响和塑造的过程。因此，“中介化的亲密”关系是智能手机通过对家庭生活的结构性参与，以及与社会结构的“制度化‘同构’”[①]，在家庭成员之间形成的一种独特的关系状态。

第二节　“中介化的亲密”关系的弹性结构

“中介化”作为一个具有张力的概念，一方面意味着连接，另一方面又表达着区隔。这种连接与区隔在家庭关系的建构上，如梅罗维茨所说：“媒介既能创造出共享和归属感，也能给出排斥和隔离感。”[②]在“中介化的亲密”关系建构过程中，智能手机的使用为家庭成员在个体性与亲密感之间提供了一种弹性的媒介联结和交往方式，这种弹性使得个体能够在不同的时空环境及交往过程中，通过将媒介技术所赋予的多样性选择转化为灵活的个体实践，建构起不同的家庭生活场景与互动模式，进而形成“中介化亲密”的关系结构。

① 胡翼青，杨馨：《媒介化社会理论的缘起：传播学视野中的“第二个芝加哥学派”》，《新闻大学》，2017年第6期，总第146期，第98页。

② 约书亚·梅罗维茨：《消失的地域：电子媒介对社会行为的影响》，肖志军译，清华大学出版社，2002，第7页。

一、弹性结构的两端：个体性与亲密感

智能手机在当代城市家庭空间中所建构的“中介化的亲密”关系，其两端分别是家庭成员的个体性与亲密感。作为个体在家庭生活中的两种不同需求，二者之间具有一种弹性的关系结构。而智能手机的使用则将这种弹性结构充分体现出来。

第一，智能手机作为当代城市家庭生活中使用最普遍的媒介之一，具有联结交往双方、构建彼此之间亲密感的重要功能。这种参与和联结主要体现在以下几个方面。一是智能手机会参与家庭成员之间的日常沟通与互动。智能手机对网络及数字技术的吸纳、融合，使得交往双方能够克服现实时空的界限，随时随地与对方进行联系、沟通与互动。这就使家庭成员在现实空间交往的基础之上，增加了线上沟通互动的频率和机会。第二，通过微信等应用程序的使用，家庭成员利用智能手机重新构建了线上数字化的家庭角色，比如数字化的丈夫和数字化的妻子，这种数字化的交往与现实空间中的交往具有不同之处，因为这种交往必须建立在智能手机的媒介语言和逻辑基础之上。通过智能手机，家庭成员在虚拟空间之中分享彼此的现实生活，看得见、听得见对方，却“接触”不到对方。虚拟的家庭空间的建立，使得现实中的家庭成员可以分享彼此的日常生活，通过线上的亲密感来弥补现实时空的距离及由此导致的家庭生活亲密感建设的缺失。第三，微信群的使用使得家庭现实空间在智能手机上重新构建了一个新的数字化媒介空间。这两个空间围绕家庭成员的现实生活紧密互动，共同构成当代城市家庭生活空间，并且影响着家庭成员彼此之间的沟通方式、频率和亲密感。智能手机通过以上三个方面的参与和连接，使得家庭成员在现实空间中的家庭角色扮演延伸到智能手机所创建的媒介空间之中，数字化的家庭角色扮演与现实空间中的家庭角色扮演之间也产生联结与互动，并构建起以智能手机为中介的亲密感。

在亲密感建构的过程中，家庭成员的个体认知和自我意识也在发生变化。智能手机小巧方便的外形和复合的技术特征为其具身性的使用方式提供了物质基础，并为个体在家庭生活中的选择赋予了一定的自由权力。这种选择至少包

含以下几个层面。

1）个体对信息选择的自由。互联网提供了海量的信息，智能手机提供了接触海量信息的便捷窗口。家庭成员获取信息的途径多样，而且随着大数据的广泛应用，个人对信息的选择几乎不再需要费时费力，个体与智能手机之间形成一种双向互动的关系。在这种情况下，原本家庭成员之间通过交谈、共同观看电视等行为获取信息的行为减少。个体成为根据自己需求灵活选择信息的“自由体”。

2）个体与家庭外个体交往的自由。智能手机改变了家庭生活的时空结构。虽然家庭成员同处家庭空间之中，却不知道手拿手机、电脑等智能化终端的夫妻、孩子是否都处于同一虚拟空间之中，是否都在体验相同的时空感受，或者彼此游离于对方所沉浸的虚拟时空之外。“建构场所的不单是在场发生的东西，场所的‘可见形式’掩藏着那些远距离关系，而正是这些关系决定着场所的性质”。[①] 这种场景分为两种情况：一种是家庭成员以参与同一媒介内容为名处于同一现实时空，但是有个别家庭成员有不同的媒介伴随使用行为。不论是父母陪伴未成年子女观看电视时自行使用手机的行为，还是成年子女陪伴父母观看电视时沉浸于自己的虚拟世界之中的行为，都破坏了家庭生活中对原本以聚合作用为目标的生活实践的初衷。另一种是家庭成员处于同一家庭现实时空，却分别在各自的屏幕媒体建构的虚拟时空中自由闯荡。家庭成员在不同的虚拟时空之中与其他成员进行沟通和联系，为阎云翔在讨论“新社会性”[②] 问题时提到的个体与陌生人互动提供了更多的途径和渠道，但是也可能会给家庭关系的亲密性带来挑战。在这种场景中，自我的感受被凸显，而对其他家庭成员的情感亲密被忽视。

3）个体与其他家庭成员交往方式的自由。如果说家庭成员通过彼此之间的沟通、交往来实现亲密感的维系，那么智能手机的出现可谓喜忧参半。从乐观的一面来说，智能手机为家庭成员提供了一个线上交流的空间，不论是“数

① 安东尼·吉登斯：《现代性的后果》，田禾译，黄平校，译林出版社，2011，第 16 页。

② 参考以下内容：“我所说的‘新社会性’是指作为个体（而不是作为家庭或其他社会群体的代表）的个人之间的社会互动。……在这种互动关系中，个体身份和个体能力比集体身份和群体成员资格更重要。结果，如何与陌生人互动成为个体化社会的特征与新的挑战。”参见：阎云翔：《中国社会的个体化》，陆洋等译，上海译文出版社，2016，第 309-310 页。

字化”的丈夫或妻子角色，还是亲子之间在线上的互动行为，都克服了时空的限制，通过增加家庭成员之间的互动频率和提供更为方便且带有时代感的沟通方式，增加了彼此之间的亲密感。然而，从另一方面来说，智能手机的使用可能会使个体对以技术为中介的沟通方式过于依赖，这种“中介感”的出现本身就是一种距离感的标志，家庭成员对智能手机的过度使用对于家庭亲密关系的建立会产生削弱作用。这就要求个体在与家庭成员进行交往的时候，在充分权衡各方利弊的情况下，对情感和理性的判断能恰到好处。

4）个体自我表达的自由。智能手机使得家庭成员之间言语沟通和情感表达的方式都逐渐发生变化。不论是朋友圈点赞、拉黑还是以“红包”等形式出现的礼物流动行为，都使得家庭成员之间的互动沟通呈现出多样化的特征，然而，这种建立在技术逻辑和物质逻辑基础上的表达方式难免出现程序化、代码化和数字化的特征。

从以上内容可以看出，家庭成员个体通过智能手机的使用，个体性得以加强。这种个体性以个人自由的把关权力为标志。个体不仅可以对获取的信息内容、人际交往方式、表达方式把关，还可以随时启动和关闭自我与现实时空、虚拟时空之间的“大门”——屏幕，可以自由选择对这个世界可提供信息的认知及可供消费之物的消费。通过智能手机的联结与区隔，家庭成员在个体性与亲密感之间进行调控以让家庭生活保持一种动态的平衡状态。

二、弹性的运行机制：媒介赋权与边界管理

“中介化的亲密”是一种弹性的关系结构。这种“弹性”运作的机制主要来自于智能手机等媒介的赋权。这使得家庭成员能对个体性与亲密感的边界进行管理和控制，从而在家庭生活中形成一种既互相联结又保持区隔的交往状态。具体而言，媒介赋权[①]与个体对边界的管理控制主要体现在以下方面。

① 学术界对于赋权有不同的研究视角。罗杰斯认为，赋权是个人或组织单位借由学习、合作等以获得掌控自己的力量的过程。参见：Rogers E M，Singhal A.Empowerment and Communication:Lessons Learned from Organizing for Social Change.//Communication Yearbook 27，2003：67-85. 也有研究者认为，赋权既是过程也是结果。参见：Douglas D，Perkins，Marc A.Zimmerman.Empowerment theory，research，and application.American Journal of Community Psychology，1995(5):569-579.

1）智能手机的具身性使用及多样化的功能特征，为个体交往赋予了多种灵活的方式与途径，时空障碍被予以克服，家庭成员通过智能手机对交往时空进行重组和调控，从而在个体需求与家庭亲密之间保持平衡。

智能手机的普遍使用不仅可以使个体克服现实生活交往中的时空障碍，还可在媒介提供的虚拟时空中建立起数字化的交往关系。在现实与虚拟的互动之中，各种信息通过网络连接而产生“流的空间”。[①]信息的流动将每个人的个体生活与全世界连接起来。人们在这个空间中开始重新组织生产、消费等生活实践，也重新形成新的社会关系，重新认知自我和整个社会。“人们的时空观、社会关系、各种观念的排序都因为媒介的嵌入而发生着变化，人的互动在网络时代被介质化了”[②]。智能手机的使用同样也赋予了时间不同的意义。对智能手机具身性、碎片化的使用方式使得由媒介创造出的虚拟环境时刻将人们包围。人们往往容易沉浸于媒介时空之中而对现实时间产生一种忽略，隐含于眼睛与手机屏幕之间的互动“赋予了时间相应的假象，也引介着不同的传播逻辑”[③]。

时间与空间的分离与重组使得身体在关系的建构过程中不必时刻在场。社会制度的抽离化机制把社会关系从特定场所（地方性场景）的控制中解脱出来，并通过宽广的时空距离使社会关系重新组合或“再联结”[④]。“通过吉登斯的描述可以判断，现代大众传媒也可看作是一种抽离化机制的‘符号标志’，而媒体人则可以作为‘专家系统’的一部分”[⑤]。或许我们可以从智能手机在家庭生活中的参与过程来反思吉登斯所说的现代性的三大动力机制。正是因为智能手机的使用，使得人们在日常生活中可以随时脱域和重新嵌入，而不必再受

① 谢俊贵：《当代社会变迁之技术逻辑——卡斯特尔网络社会理论述评》，《学术界》，2002 年第 4 期，第 197 页。

② 周翔，李镓：《网络社会中的“媒介化”问题：理论、实践与展望》，《国际新闻界》，2017 年第 4 期，第 151 页。

③ 姜海，王珏殷：《媒介的认知逻辑赋予：屏幕传播引导之检视》，《现代传播》，2017 年第 8 期，第 168 页。

④ 安东尼·吉登斯：《现代性与自我认同：现代晚期的自我与社会》，赵旭东，方文译，北京三联书店，1998 年版，第 19 页。

⑤ 郭恩强：《在“中介化”与“媒介化”之间：社会思想史视阈下的交往方式变革》，《现代传播（中国传媒大学学报）》，2018 年第 8 期，总第 265 期，第 70 页。

必须“在场”的支配。人们通过在虚拟时空的参与而实现在现实时空的抽离，并进而对具体的生活实践行为的时空关系进行重组。而微信群等虚拟家庭空间的出现使得现实中的家庭关系在线上得以重新组织，现实中的权力关系可以在线上重新得以实现，也会在更为便捷的技术条件下被挑战或重组。在智能手机参与的家庭生活之中，现实和虚拟融合交错，家庭成员可以在交往环境以及个体、家庭的需求之间进行权衡和调控，选择最合适的交往方式以保持家庭生活稳定平衡的状态。

2）智能手机的使用丰富了家庭成员个体资本获取的方式和手段，这是家庭成员个体性建立的重要基础，也是家庭亲密感建构的重要保障。个体可以利用智能手机对资源的获取和使用进行灵活调控，从而在个体需求与家庭需求之间保持一种平衡。

以经济资源为例，不论是“主动连接”还是“被动接入”，智能手机都为家庭成员解除了部分“标准化劳动”的限制，通过灵活的连接和劳动组织安排，工作开始成为成年个体随时随地可以被告知和要求履行的义务。这就使得家庭生活空间和工作空间实现了交叉，并且在互动中产生了新的意义空间。它意味着个体必须在家庭生活资料保障、个体性保护及家庭亲密关系建构之间作出平衡。在面对整体社会风险时，每个家庭成员个体都必须充分衡量个体及家庭的需求，在情感、利益及自我的复杂考量中选择积极应对或妥协的策略。智能手机通过对家庭生活组织方式的改造建立起技术性的家庭生活秩序。同时，货币电子化收付方式的普及使用扩展了原有经济链条中的符号系统，家庭成员的收入模式和消费惯习发生改变，并进一步改变了亲子之间、夫妻之间曾经以情感沟通为目的进行的经济实践行为。通过虚拟与现实之间的互动实践，家庭成员在智能手机提供的媒介生活结构中重新塑造彼此之间的亲密关系。

3）智能手机的使用使家庭成员能够在人际交往及资源管理的过程中对个体权力及家庭亲密保持一种隐秘的控制机制，从而在风险社会中保持个体安全感与家庭稳定的平衡。

在现代化的过程中，机遇与风险相伴而来。个体在对传统脱嵌的过程中面临着众多不确定性，这种不确定性有制度性的因素，也有个体选择的因素。

从家庭层面来看，个体婚姻观念的改变使得家庭建立的基础及结构等都出现了变化，婚姻不再是每个个体必须选择的人生选项，婚姻的解体也不再是带有污名化的家庭实践结果。而家庭成员受教育程度的提高、媒介使用带来的更广泛的文化接触与影响，使得家庭生活的组织方式及家庭成员的权力、地位也开始在日常的互动与博弈之中悄悄发生着改变。

首先，智能手机的具身性使用将家庭成员个体与工作保持一种随时随地的连接，这种连接成为工作为家庭生活提供经济收入的必要保障，因为在这种连接的背后，还隐含着个体对智能手机的工作连接不予以应答所可能存在的风险性。这正是在中国社会发展过程中个体从集体主义中脱离之后对社会风险的自承担表现。而当个体与家庭成员的身份重合时，个体与家庭就成为一个捆绑的整体共同来面临和承担这种风险。同时，智能手机将工作带入家庭空间也可能给家庭生活带来困扰和冲击。在这种情况下，家庭成员需要在资源获取、个体安全感、家庭亲密之间进行充分的考量，通过理性选择及灵活的媒介使用策略，在资源获取、个体安全感、家庭亲密之间维持一种平衡。

其次，在家庭生活内部，家庭成员之间的个体性逐渐增强，婚姻开始成为两个独立的个体基于情感而建立的生活组织关系，情感亲密因此成为婚姻的基础。随着女性受教育程度及参与社会劳动的比例逐渐提高，女性对男性在经济上的依附程度降低。这意味着女性在家庭生活中具有更多为自己发声的权力，并且在面对家庭风险时更具有自主性。传统的社会性别观念在家庭生活中开始动摇，这改变了传统婚姻关系中夫妻之间稳定的不平等结构，夫妻个体在各自拥有的资源所提供的安全感基础上，开始在家庭生活中追求更加平等的性别分工和权力关系。智能手机的使用一方面使得个体在资源获取上具有更为灵活便利的途径和渠道，另一方面也使得个体能够在更广泛的文化冲击中对自我生活的选择和权力有更为清晰和全面的认知。此外，智能手机便利的交往方式还可以为家庭成员与家庭外成员提供随时随地的联结机会，这大大扩展了个体的情感交往范围，并且将婚姻的道德约束置于一种风险环境之中。建立在爱情基础之上的婚姻关系，本身在感情上就带有排他性质，所以，在道德规范上用“忠诚”这种词语来进行描述和约束。但是，智能手机所提供的多种交往程序及在全世界范围内的广泛连接性可能会因为他者的介入而使现有的夫妻亲密关系产生风险。在这种情况下，智能手机的使用一方面成为个体获取资源的必要机制，另一方面也成为个体对婚姻风险及亲密感建构的重要把关手段。

由此可见，智能手机在当代城市家庭生活场景的参与不仅对原有的家庭关系产生影响，而且还建构出家庭成员之间新的互动场景及相应的关系形态。在这个过程中，智能手机的联结性与区隔性同时存在，在家庭成员的个体性与亲密感之间建立起一种“中介化的亲密”的弹性关系结构。这种结构是家庭成员对智能手机参与下的家庭生活进行自我调适的结果，也是现代性在当代城市家庭关系建构中重要的情感表征，它体现了情感与理性在欲望与市场的双重驱使之下所呈现出的一种焦灼反复的状态。在这个过程中，个体通过智能手机重新审视自我和他者的关系，并且重新建构相应的社会认同逻辑。“动态的平衡是社会有机的公式”①。智能手机在通过灵活的联结机制以建构家庭“亲密”关系的同时，也通过对家庭成员个体的赋权使其能够在个体需求与家庭需求、个体性与亲密感、个体安全感与情感风险之间保持一种灵活的控制和调整，以确保家庭生活在一种动态的平衡中保持相对的稳定。智能手机因此也成为家庭成员在理性与情感的动态平衡中对个体性及亲密感进行边界控制的重要机制。

第三节　“中介化的亲密”关系中的权力流动

作为一种以社会结构中关系的动态性变化为阐述对象的媒介研究逻辑，“‘中介化’的概念不只是具体传播活动中微观信息‘从一方’到达‘另一方’的过程，还是对立足于媒介和社会政治、经济、文化等各个层面发生的关联和互动的分析”②。作为当代社会生活中的“元媒介”③，智能手机不仅对家庭生

---

① 沈菲：《模式、认知、态度与行为：新媒介环境下的家庭沟通模型》，张国良、赵凯、张宇丹主编：《媒介化社会：现状与趋势——2004 中国传播学论坛文集》，复旦大学出版社，2006，第 37 页。

② 孙信茹，杨星星：《媒介在场·媒介逻辑·媒介意义——民族传播研究的取向与进路》，《当代传播》，2012 年第 5 期，第 16 页。

③ 廖华力、宋艳认为，“无论是从人数占有量还是对生活的重要性来说”，手机都已经取得了在信息交往中的“元媒介”地位。参见：廖华力，宋艳：《“元媒介”地位下手机的交往特性——“在场”视角下的哲学思考》，《东南传播》，2011 年第 7 期，总第 83 期，第 71 页。

活产生影响，还通过在家庭生活场景中的灵活介入与普遍使用，使个体、家庭与其他社会系统紧密连接起来。“社会的空间结构是权力关系结构的主要来源”[①]。家庭空间与工作空间、家庭空间与学校空间之间都通过智能手机产生紧密的互动与勾连，并于其中隐含着复杂的权力关系流动。

一、家庭空间内的权力关系与流动

从第三章以及第四章的相关论述可以看出，智能手机的使用对家庭空间内不同角色之间的权力关系产生了深远的影响。从夫妻关系来看，丈夫与妻子作为通过婚姻建立起家庭关系的两个个体，在家庭生活中必须既保持亲密的情感沟通，又保持密切的家庭经济、劳务、子女抚育和父母赡养方面的合作。在关于家庭权力的讨论中，社会性别是一个重要的视角。女性在传统家庭中的弱势权力地位如今已经得到了很大的改善。这与家庭结构的改变、整个社会的性别平权观念、受教育水平及个体所拥有的资本密切相关。

在亲子关系上，智能手机的使用本身就成为父母与子女之间权力关系变动的一种动态化表征。在对未成年子女抚育的过程中，智能手机的使用不仅体现了新的家庭生活媒介环境，而且还通过子女教育将家庭空间与学校空间紧密连接起来。而在对父母赡养的过程中，智能手机的使用为成年子女与父母之间的互动提供了新的方式和家庭生活组织形式。在这个过程中，父母与成年子女的个体性都逐渐提高，并通过智能手机的使用在家庭合作及情感沟通中保持一种既联结又区隔的状态。传统的父权受到挑战，成年子女利用智能手机提供的技术性策略措施，在传统孝道文化与个体权力之间进行调适和平衡。

家庭作为社会基本的组织单位，家庭成员之间的关系对整个社会的聚合起着重要的作用。智能手机通过自身提供的时空结构、内容和方式，不断影响着家庭生活场景的建构、家庭生活的组织方式及家庭内部权力关系的流动，并将家庭与其他社会系统更加灵活紧密地连接起来。在中介化的亲密感之下，这是个体性的崛起及个体化家庭在当代社会变革之中的特殊表现。而国家通过对

① 曼纽尔·卡斯特：《传播力》，汤景泰，星辰译，社会科学文献出版社，2018，第40页。

技术的层层把关和控制，对家庭所能获取的资源进行隐形的分配，并且通过智能手机这一中介，对家庭生活内人们的思想、工作及教育等方式产生影响。由此，家庭成员之间的亲密性与国家规制之间通过智能手机提供的一整套符号体系和话语方式，实现了私人生活与公共领域之间、个体性与国家公权力之间的连接。

二、家庭空间与工作空间之间的权力流动

对于城市家庭来说，工作和家庭曾经是两个相对独立的空间。家庭生活主要以家庭成员之间的衣食住行等日常生活实践为主。然而，随着数字技术和网络技术的发展，工作已经以电脑和手机为中介，成为一个无时不在、无处不在的与个体如影随形的部分，它渗透进我们的家庭空间，不可避免地与我们的家庭生活纠缠和融合在一起。

“新的电子通信模式已经成为家庭生活构造的一部分……我们不仅没有看到科技世界和家庭的简单对立，而且在这样的文化中，我们为了支持家庭活动保持和更新了科技结构，使它成为‘家庭工作’的关键形式。而且，这些科技甚至结构了家庭亲密关系的形态”①。智能手机将工作变成了家庭生活中随时需要应付的一个变量。工作通过智能手机等媒介随时参与家庭生活，对家庭生活的时间安排产生冲击，并通过生存的经济“危机”来调节家庭其他成员与工作进入家庭场域这件事情的心理接受能力。

智能手机以其便利性，顺利地将工作带入家庭空间之中，影响着原来的家庭生活节奏、安排和氛围，进而也影响相应的家庭关系。它可能为家庭带来更多的经济收入，但是也侵占家庭成员相处的时光，影响亲密关系的建构和维系。“经由媒介的作用，空间得以被生产和再生产”②。当工作进入家庭空间，通过家庭成员之间的互动与调适，就在家庭空间中重新生产出工作空间，而原

① 戴维·莫利:《传媒、现代性和科技——“新”的地理学》，郭大为等译，中国传媒大学出版社，2010，第206页。

② 王斌:《从技术逻辑到实践逻辑：媒介演化的空间历程与媒介研究的空间转向》，《新闻与传播研究》，2011年第3期，第63页。

有的家庭空间也发生了改变。智能手机的使用使得工作与家庭空间呈现出交叉融合的状态。

“国家是一系列的家庭变化和个性发展的最终推动者”①。“在中国特色的家国关系中，家庭无可逃逸地承担了国家－个人关系链条中的一种特殊的中介功能，成为最基层的社会稳定剂”②。作为最基层的社会组织，家庭不仅通过给个体提供经济和情感支持从而建构安全和幸福感，还为整个社会的延续和运行提供最基本的资源和保证。智能手机不仅为家庭成员提供信息和娱乐，还以其不可比拟的技术优势将工作与家庭两个场域无缝对接起来。

不论是对“996”的讨论还是每一个家庭成员在面对工作“闯入”家庭生活时的无奈、愤怒或无所谓的态度，都体现了在现代化的过程中国家发展与个人家庭生活之间的融合与冲突。这显然是不同个体在对集体主义与个人主义进行价值判断时所需面临的复杂问题。智能手机使得个体成为能随时随地被工作找到的社会建设者，而对自我的追求及家庭生活价值的判断使得个体在这一过程中面临着挣扎和取舍。这种状态的持续可能会给家庭成员带来严重的焦虑感，进而影响这个家庭生活秩序的重组和亲密感的建立、维系。

三、家庭空间与学校空间之间的权力流动

家庭空间与学校空间之间的权力流动主要体现在以学习为中心的互动过程中。一方面，未成年子女对智能手机的使用权力受到家长的严格管控；另一方面，从家庭其他资源的使用来看，“下沉式家庭主义”③的普遍出现使得未成年子女在家庭资源的使用中处于一种中心的地位。这二者之间产生张力的本质

---

① 阎云翔：《私人生活的变革——一个中国村庄里的爱情、家庭与亲密关系：1949—1999》，龚小夏译，上海人民出版社，2016，第266页。

② 杨笛：《聚焦中国家庭变迁，探讨支持家庭的公共政策——“中国家庭变迁和公共政策国际研讨会”述评》，《妇女研究论丛》，2011年第6期，第92页。

③ 参考以下内容：“对于老年父母和成年子女来说，他们辛苦工作的最终目标和生活的意义在于第三代的幸福和成功，关心、爱护和家庭资源都向下流动，为代际亲密关系铺平了道路，同时也导致我所说的下行式家庭主义。”参见：阎云翔：《社会自我主义：中国式亲密关系——中国北方农村的代际亲密关系与下行式家庭主义》，《探索与争鸣》，2017年7月，第9页。

在于处于把关人角色的“父母”对智能手机的功能价值判断不同。智能手机在未成年子女“个性化”学习媒介实践中功利性的使用与整个社会现代化进程中理性化的价值导向密切相关。

智能手机将学校与家庭勾连起来，并且使学校教育的监督之眼从学校空间延伸到家庭空间之中。学校教育与家庭教育之间通过智能手机建构起一种即时的监督和互动关系。具体而言，智能手机在当代城市家庭教育中的灵活介入和参与，具有三个层面的表现力：从个体层面来讲，父母与子女以具体的媒体实践为观照，形成新的自我认知和亲子互动策略；从家庭层面来讲，以子女教育为中心形成了新的家庭生活方式和场景；从社会层面来讲，以教育为焦点勾连起了家庭与学校、家庭与社会之间复杂的互动关系，并隐喻着整体社会媒介环境、社会考核、分层流动、资源分配及价值导向等更深层次的结构性问题。这三个层面通过当代城市家庭日常生活实践表现出来，在真实和虚拟空间中自由交织和融合，形成复杂的、流动的权力关系。这种关系的形成既与当前世界整体的技术发展趋势相关，又和目前中国社会变迁过程中政治、经济、文化的改革密不可分。

智能手机的使用不仅在未成年人的学习过程中将家庭空间与学校空间连接起来，而且还通过媒介提供的学习空间，将成年人与国家联结起来。《学习强国》作为一款由中宣部主管的学习平台，一经推出就产生了强烈的社会反响。在其现实推广过程中，很多访谈对象都表示，其工作会与在《学习强国》上的学习过程挂钩，并根据学习积分进行考核。多样化的学习内容设置及标准化的量化考核使得智能手机具有了“学校空间”的功能和特征。

个体利用智能手机进行学习的方式建构了个体与国家之间新的互动空间。在访谈中本书作者发现，《学习强国》这个学习平台的使用具有如下特点。

1）从内容上来看，内容丰富、突出正能量。在这个平台上，不仅有国家大事的各种报道，还有针对各种具体科目的学习课程。C3 和 G3 都表示很喜欢这款软件上的公开课程，非常有帮助。因为“它有一个过滤机制，代表着一定的形象，中宣部做的肯定是很正能量的东西”[①]。

① C3 访谈资料。访谈时间：2019 年 5 月 10 日。

学习强国是实实在在的、有内容的、有意义的。①

2）从媒介技术上来看，《学习强国》技术支撑强大，不仅内容呈现的方式多样化，而且在字体的选择、视频播放的顺畅度上都有极大的优势。

它的播放真的非常流畅，看视频不会卡，很少有哪个软件可以跟它相比的。我还把这个软件推荐给了我爸我妈下载，他们是老党员，主要是我爸就喜欢看各种党史、军史的内容，所以非常合适②。

3）从推广方式上来看，这个学习平台的推广与成年人的工作进行了挂钩，采用行政的方式规范个体的学习行为，带有一定的强制性。很多访谈对象谈到了这款软件考核的时长、质量、对不同岗位人员的考核指标等。智能手机的使用为成年个体建立起灵活的学习空间，也为个体与国家规训之间建立了新的空间和入口。然而，从《学习强国》的使用过程还是可以看到，在社会变迁过程中，由于媒介技术的变化及个体媒介素养的提高，国家在意识形态的传播过程中采取的更为灵活的方式和手段。

学习强国这款软件，我觉得它还没有做到可以收集你的情感，但它已经可以做到把中宣部直接连到你手上。③

对于成年人个体来说，智能手机提供的多样化的学习互动平台使得个体能够继续参与学习从而不断积累个体的文化资本。《学习强国》在内容设置上将国家大事与各种具体学科的学习内容结合起来，将意识形态传播与个体的日常生活需求结合起来，从而充分满足了个体多样化的学习需求。通过对个体闲暇时间的学习规定性，将个体的工作规则、学习过程与家庭生活在智能手机上实现了整合，这不仅提高了每个公民的文化资本，还提高了整个国家的文化资本积累。不仅如此，《学习强国》本身强大的平台技术优势，显示了国家在技术掌控与运用方面具有的强大的榜样性力量。正如鲍曼在《流动的现代性》中所谈到的那样，“流动现代性”的到来，意味着权力的运作方式从权威变成了榜样④。

---

① G3 访谈资料。访谈时间：2019 年 5 月 27 日。

② Z9 访谈资料。访谈时间：2019 年 5 月 10 日。

③ S4 访谈资料。访谈时间：2019 年 5 月 12 日。

④ 姜照君，吴志斌：《屏幕文化的合法性问题及生成特征》，《福建论坛（人文社会科学版）》，2014 年第 6 期，第 136-137 页。

对于“学习强国”，很多访谈对象都经历了一个认知上的转变过程。

平心而论，一开始还是比较抵触的，不喜欢用这样的方式来让大家去学习。但是，你慢慢地会发现，它其实做得非常好，不是还挺好，是非常好！[①]

通过使用者对这个学习平台的认可和接纳，国家在实现意识形态传播的同时，也完成对个体的心理规训。《学习强国》这一学习平台强大的技术支撑及丰富多彩的知识资源，使得个体在使用这一平台的过程中从初始的“反感”心理逐渐转变为认同并积极推广给其他人员使用，反映出国家在意识形态渗透过程中根据民众的媒介素养提高所作出的策略调整，这种调整充分显示出国家在技术层面上的权力优势，并以丰富的内容和灵活的学习方式来体现国家在意识形态宣传上顺应技术发展所作出的改变和努力。个体也通过这一学习平台，充分认识到国家在现代化过程中所拥有的力量，并通过各种不同的策略参与其中，在国家给定的框架中充分发挥相应的自主性。通过智能手机这一学习中介和平台，个体与国家之间在媒介技术框架中完成相应的互动和沟通过程。

① Z9 访谈资料。访谈时间：2019 年 5 月 10 日。

第七章 结　语

技术的发展使得媒介形态和功能不断发生变化，进而决定了媒介在参与社会实践过程中的形式、作用和地位。智能手机的屏幕界面、对数字技术和网络技术等多种技术形态的吸纳融合及其具身性、个体性的使用特征有机结合起来，共同构成了这种媒介形态独特的物理属性。这种物理属性决定了智能手机在参与信息流通与社会互动过程中的方式和途径，并在个体使用的过程中创建了媒介与人体连接最为紧密的关系结构。通过对个体生活的全面武装和参与，智能手机的媒介逻辑逐渐渗透到社会运行的各个层面，从而使媒介化社会真正成为现实。从家庭这一层面来看，智能手机在当代城市家庭生活场景中的灵活参与和嵌入，使得家庭成员个体的媒介使用惯习、生活方式及家庭关系都逐渐发生了变化。

一、对“中介化的亲密”的进一步阐释

“中介化的亲密”是指在媒介化的社会中，智能手机在当代城市家庭生活场景中的参与和嵌入使得家庭成员的互动交往呈现出一种既联结又区隔的状态，从而形成的一种独特的家庭关系。

智能手机的使用首先改变了家庭成员个体的媒介使用惯习。智能手机多样化的功能特征及具身性、个体性的使用方式能够为家庭成员提供更为便捷、丰富和私密的媒介使用体验，从而也为个体通过媒介与社会互动提供了更为灵活和多样的实践方式。家庭生活中的媒介环境因为智能手机的使用迅速得以改变，原本由电视媒介建构起的家庭聚合场景被智能手机的个体性使用逐渐消解。作为多屏化家庭媒介生态系统中的主导形态，智能手机为家庭成员的个体交往提供了一种新的时空结构。这种时空结构不仅为个体创建了更广泛的虚拟交往空间，而且还将现实空间与虚拟空间结合起来，在时间与空间分离和重组

的过程中创建出现代性的社会交往方式和关系结构。传播过程中的时空障碍被予以克服，身体不在场成为新的交往方式的重要特点。家庭成员在适应智能手机这一媒介形态的过程中也逐渐形成新的媒介使用惯习，并进而导致了家庭生活方式的改变。

在改变家庭成员个体媒介使用惯习的基础上，智能手机也逐渐改变了家庭成员彼此之间的互动交往结构。在以婚姻和血缘为基础建立起来的家庭中，智能手机的使用一方面使家庭成员的交往和互动克服了时空的障碍，通过线上交往空间的建立及线上、线下空间的紧密结合扩展了彼此交往的范围，增加了互动的频率并丰富了彼此之间的互动方式，从而增进了彼此之间的亲密感，另一方面为个体提供了更多的资源支持和选择机遇，个体可以根据实际需求对媒介联结与区隔进行控制和管理，从而在个体性与家庭亲密之间保持一种平衡的状态，既满足家庭成员在风险社会中的个体性需求，又能维持家庭生活的平衡和稳定。在此过程中，家庭成员在现实空间中的角色扮演和亲密情感延伸到智能手机所提供的虚拟空间之中，创建出一种“线下家庭角色－智能手机－线上家庭角色”这种既联结又区隔的传播结构，并在线上与线下的复杂互动过程中，不断对家庭成员的个体性及家庭亲密进行重塑。

作为一种趋势性变化，由智能手机所浸润的家庭生活方式暗含了一种由同一媒介逻辑所影响的多样化家庭组织形式及一种独特的家庭关系，即“中介化的亲密”关系。智能手机与个体身份的结合使其成为“虚拟化参与主体”的物化代表，并在现代性所提供的机会与风险之中保持一种相对自主的控制结构。智能手机据此成为家庭生活组织和协调的重要手段，并进而成为家庭生活结构性力量的重要组成部分。家庭成员通过媒介技术赋权，在家庭生活的互动结构中对个体意识、家庭合作及情感亲密进行灵活的调整与协调，并在不同的权力关系博弈中保持一种稳定的身心状态及家庭生活方式。因此，“中介化的亲密”关系是智能手机通过对当代城市家庭生活的结构性参与及与相应社会制度的同构，在媒介化社会中所形成的一种独特家庭关系。

二、“中介化的亲密”的本质

“中介化的亲密”关系具有一种弹性的结构，这种弹性结构的两端是家庭成员的个体性与亲密感。“家本位”的传统文化很容易使家庭成员的个体性在家庭生活乃至社会发展中所具有的重要意义被予以忽略。而智能手机就像一面镜子，它在当代城市家庭生活场景中的参与和嵌入，将家庭成员的这一需求及生活倾向清晰地映射出来。家庭成员在利用智能手机进行家庭生活及社会互动的过程中，对个体意识和权力、亲密感的需求及社会风险的认知也不断发生变化，家庭从个体生活的目标转变成个体生活的资源。在此过程中，传统的“家本位”的文化观念在家庭结构、社会性别观念及家庭成员受教育水平等多种因素的影响下逐渐被改变。然而，家庭所提供的亲密感依然是个体在现代化过程中获取资源与情感支持的重要来源。个体并不能完全脱离家庭这一组织所具有的文化结构，而是利用智能手机等媒介在家庭生活中的嵌入，通过对资源的调配、风险的管控、交往方式的创新及不同需求的控制和协调，努力使个体性与家庭亲密在家庭生活的实践中保持一种共存和平衡的状态。

因此，“中介化的亲密”关系体现的是在媒介化的社会中，智能手机的使用为家庭成员对传统家庭文化的脱嵌与现代家庭文化的再嵌入所提供的一种灵活的平衡和控制机制。这种关系的本质是：在媒介化社会中，智能手机对当代城市家庭生活的参与和嵌入使其成为家庭生活结构性条件的重要组成部分。家庭成员在彼此交往与互动的过程中，利用智能手机所提供的组织和协调机制，在个体性与家庭亲密之间进行边界控制，从传统家庭文化中逐渐脱嵌并重新嵌入新的家庭文化，进而对家庭关系进行建构的过程，也是家庭成员在传统与现代的博弈之中，对个体与家庭之间的关系进行再认知的过程。

不仅如此，智能手机被驯化的过程，也是媒介逻辑渗透至家庭生活乃至社会运行的各个环节，将个体、家庭及其他社会系统共同卷入媒介化社会的过程。媒介化社会的逻辑将具有这一新的关系形态的家庭纳入社会转运的其他互动过程之中，并通过复杂的连接结构，在社会层面形成多样化的权力流动关系。

三、对“中介化的亲密”的反思

智能手机对家庭生活的媒介化不是一蹴而就的，而是在与家庭生活实践的反复互动中逐渐形成的。智能手机的广泛连接一方面为家庭成员提供更多的便利和机会，另一方面也给个体的身心健康、隐私保护及家庭亲密感建构带来相应的风险和挑战，例如常见的媒介过度使用的问题。这种对媒介的过度依赖不仅可能给个体带来健康风险，还可能因为个体过度沉溺于媒介世界而使其现实生活中的人际交往和情感表达产生障碍和困境。这些因为媒介实践而产生的技术发展与文化规制之间的磨合过程，都是当代社会中必须警惕和审慎处理的问题。

此外，数字化全景监控、数字技术带来的个体隐私泄露也是学术界对技术审视时重点关注的内容。数字化和网络化等技术发展将生活纳入更复杂和广泛的连接之中，也将所有的生活以数据的形态呈现出来，并在消费主义的刺激下成为一种重要的市场资源。这就对当代社会媒介使用的法制和道德伦理建设及公众的媒介素养提升提出了新的要求。而家庭作为社会组织的细胞，家庭成员个体化的发展是否会对其未来的结构和关系状态产生更大的影响并进而使整个社会结构产生变化也尚未可知。因此，在对智能手机使用的过程中，即使它已经成为当代城市家庭生活结构性条件的一部分，我们依然要对具身性使用的“它”保持一种有距离的思考和审视，在理性与感性、自由与控制之间保持一种平衡健康的身心状态。

5G 时代已然到来，这种新的技术带来的或许不仅是媒介内容和传输速度的变化，还会给城市家庭生活带来更多的改变，以至于使家庭关系呈现出更复杂的状态。在媒介化社会中，技术的发展使得以其为支撑的社会秩序建构具有一种不稳定的动态结构，当 VR 技术可以使人进入足够拟真的状态，当技术和人的融合所造就的“赛博人”已然开始从电影屏幕走向现实生活，或许人们面临的又是另外一种不同的世界、不同的家。

参考文献

[1] 阿格妮丝·赫勒. 日常生活 [M]. 衣俊卿译. 重庆：重庆出版社，1993.

[2] 艾尔·巴比. 社会研究方法（第十一版）[M]. 邱泽奇译. 北京：华夏出版社，2009.

[3] 爱利克·埃里克森. 童年与社会 [M]. 高丹妮，李妮译. 北京：世界图书出版有限公司北京分公司，2018.

[4] 安德烈·比尔基埃，克里斯蒂亚娜·克拉比什-朱伯尔，马尔蒂纳·雪伽兰，弗朗索瓦兹·佐纳邦德. 家庭史——现代化的冲击 [M]. 袁树仁，赵克非，邵济源等译. 北京：生活·读书·新知三联书店，1998.

[5] 安东尼·吉登斯，菲利普·萨顿. 社会学（第七版）[M]. 赵旭东等译. 北京：北京大学出版社，2015.

[6] 安东尼·吉登斯，斯科特·拉什. 自反性现代化：现代社会秩序中的政治、传统与美学 [M]. 赵文书译. 北京：商务印书馆，2014.

[7] 安东尼·吉登斯. 亲密关系的变革——现代社会中的性、爱和爱欲 [M]. 陈永国，汪国安等译. 北京：社会科学文献出版社，2001.

[8] 安东尼·吉登斯. 失控的世界 [M]. 周红云译. 南昌：江西人民出版社，2001.

[9] 安东尼·吉登斯. 现代性的后果 [M]. 田禾译. 南京：译林出版社，2011.

[10] 安东尼·吉登斯. 现代性与自我认同：现代晚期的自我与社会 [M]. 赵旭东，方文译. 北京：北京三联书店，1998.

[11] 安尼特·拉鲁. 不平等的童年：阶级、种族与家庭生活 [M]. 北京：北京大学出版社，2018.

[12] 巴伦·李维斯，克利夫·纳斯. 媒体等同 [M]. 卢大川等译. 上海：复旦大学出版社，2001.

[13] 保罗·莱文森. 软利器：信息革命的自然历史与未来 [M]. 何道宽译. 上海：复旦大学出版社，2011.

[14] 保罗·莱文森. 手机：挡不住的呼唤 [M]. 何道宽译. 北京：中国人民大学出版社，2004.

[15] 彼得·M. 布劳. 社会生活中的交换与权力 [M]. 李国武译. 北京：商务印书馆，2008.

［16］蔡凯如，黄勇贤．穿越视听时空——广播电视传播论［M］．北京：新华出版社，2003.

［17］查尔斯・斯特林．媒介即生活［M］．王全安，崔元磊，张袆译．北京：中国人民大学出版社，2014.

［18］陈卫星．传播与媒介域：另一种历史阐释［J］．全球传媒学刊，2015，2(01)：1-21.

［19］陈作平．媒介分析［M］．北京：中国人民大学出版社，2015.

［20］大卫・M. 贝里，安格斯・费格约德．数字人文：数字时代的知识与批判［M］．王晓光等译．大连：东北财经大学出版社，2019.

［20］戴维・哈维．后现代的状况［M］．阎嘉译．北京：商务印书馆，2003.

［21］戴维・莫利．传媒、现代性与科技［M］．郭大为等译．北京：中国传媒大学出版社，2010.

［22］戴维・斯沃茨．文化与权力：布尔迪厄的社会学［M］．陶东风译．上海：上海译文出版社，2006.

［23］丹尼尔・米勒，希瑟・霍斯特．数码人类学［M］．王心远译．北京：人民出版社，2014.

［24］德波．景观社会［M］．王昭风译．南京：南京大学出版社，2006.

［25］德布雷．普通媒介学教程［M］．陈卫星，王杨译．北京：清华大学出版社，2014.

［26］费孝通．生育制度［M］．北京：群言出版社，2016.

［27］弗朗索瓦・德・桑格利．当代家庭社会学［M］．房萱译．天津：天津人民出版社，2012.

［28］弗朗西斯・福山．信任：社会美德与创造经济繁荣［M］．郭华译．南宁：广西师范大学出版社，2016.

［29］关颖．家庭教育社会学［M］．北京：教育科学出版社，2014.

［30］哈贝马斯．作为“意识形态”的技术与科学［M］．李黎，郭官义译．上海：学林出版社，1999.

［31］韩炳哲．在群中［M］．程巍译．北京：中信出版集团股份有限公司，2019.

［32］韩素梅．巴别塔之路——媒介化社会与传媒的阶层书写［M］．杭州：浙江大学出版社，2017.

［33］汉娜・阿伦特．人的境况［M］．王寅丽译．上海：上海人民出版社，2009.

［34］胡春光．规训与抗拒：教育社会学视野中的学校生活［M］．武汉：华中师范大

学出版社，2017.
[34] 凯文・凯利．失控［ M ］. 张行舟，陈新武，王钦等译．北京：电子工业出版社，2016.
[35] 克里斯・罗文．“被”虚拟化的儿童［ M ］. 李银玲译．上海：华东师范大学出版社，2013.
[36] 兰登・温纳．自主性技术：作为政治思想主题的失控技术［ M ］. 杨海燕译．北京：北京大学出版社，2014.
[37] 李金铨．传播纵横：历史脉络与全球视野［ M ］. 北京：社会科学文献出版社，2019.
[38] 李培林．中产阶层成长和橄榄型社会［ J ］. 国际经济评论，2015，115(01)：29-47，4.
[39] 李曦珍．理解麦克卢汉：当代西方媒介技术哲学研究［ M ］. 北京：人民出版社，2014.
[40] 李霞．个性化的日常生活如何可能——赫勒日常生活理论研究［ M ］. 北京：人民出版社，2011.
[41] 林文刚．媒介环境学：思想沿革与多元视野［ M ］. 何道宽译．北京：北京大学出版社，2007.
[42] 刘豪兴，朱少华．人的社会化［ M ］. 上海：上海人民出版社，1993.
[43] 刘少文 .1872—2008：中国的媒介嬗变与日常生活［ M ］. 北京：中国社会科学出版社，2010.
[44] 刘汶蓉．当前中国家庭代际支持的趋势：观念和行为［ J ］// 陈午晴，汪建华．家庭与性别评论（第 5 辑）［ M ］. 北京：社会科学文献出版社，2014：46-65
[45] 罗家德．复杂：信息时代的连接、机会与布局［ M ］. 北京：中信出版集团股份有限公司，2017.
[46] 罗杰・菲德勒．媒介形态变化——认识新媒介［ M ］. 明安香译．北京：华夏出版社，2000.
[47] 罗杰・西尔弗斯通．电视与日常生活［ M ］. 陶庆梅译．南京：江苏人民出版社，2004.
[48] 马丁・李斯特，乔恩・多维，赛斯・吉丁斯，乔恩・格兰特，基兰・凯利．新媒体批判导论（第二版）［ M ］. 吴炜光，付晓光译．上海：复旦大学出版社，2016.
[49] 马俊峰等．当代中国社会信任问题研究［ M ］. 北京：北京师范大学出版社，2012.

[50] 马歇尔·麦克卢汉 . 理解媒介：论人的延伸 [M] . 何道宽译 . 南京：凤凰出版传媒集团译林出版社，2011.

[51] 曼纽尔·卡斯特 . 传播力 [M] . 汤景泰，星辰译 . 北京：社会科学文献出版社，2018.

[52] 南希·K. 拜厄姆 . 交往在云端：数字时代的人际关系 [M] . 董晨宇，唐悦哲译 . 北京：中国人民大学出版社，2020.

[53] 尼尔·波斯曼 . 技术垄断：文化向技术投降 [M] . 何道宽译 . 北京：中信出版集团股份有限公司，2019.

[54] 尼尔·波斯曼 . 童年的消逝 [M] . 吴燕莛译 . 北京：中信出版集团股份有限公司，2015.

[55] 尼尔·波斯曼 . 娱乐至死 [M] . 章艳译 . 北京：中信出版集团股份有限公司，2015.

[56] 尼古拉·尼葛洛庞帝 . 数字化生存 [M] . 胡泳译 . 北京：电子工业出版社，2017.

[57] 尼古拉斯·阿伯克龙比 . 电视与社会 [M] . 张永喜，鲍贵，陈光明译 . 南京：南京大学出版社，2001.

[58] 尼古拉斯·盖恩，戴维·比尔 . 新媒介：关键概念 [M] . 刘君，周竞男译 . 上海：复旦大学出版社，2015.

[59] 尼古拉斯·卡尔 . 浅薄：你是互联网的奴隶还是主宰者 [M] . 刘纯毅译 . 北京：中信出版集团股份有限公司，2015.

[60] 尼古拉斯·卡尔 . 数字乌托邦：一部数字时代的尖锐反思史 [M] . 姜忠伟译 . 北京：中信出版集团股份有限公司，2018.

[61] 尼克·库尔德利 . 媒介、社会和世界：社会理论与数字媒介实践 [M] . 何道宽译，上海：复旦大学出版社，2016.

[62] 牛新权，丁宁 . 数字文化传播 [M] . 北京：知识产权出版社，2019.

[63] 欧文·戈夫曼 . 日常生活中的自我呈现 [M] . 冯钢译 . 北京：北京大学出版社，2008.

[64] 潘永康 . 婚姻家庭社会学 [M] . 北京：北京大学出版社，2018.

[65] 彭兰 . 数字媒体传播概论 [M] . 北京：高等教育出版社，2011.

[66] 皮埃尔·布尔迪厄 . 关于电视 [M] . 许钧译 . 南京：南京大学出版社，2011.

[67] 皮埃尔·布尔迪厄 . 实践理论大纲 [M] . 高振华，李思宇译 . 北京：中国人民大学出版社，2017.

[68] 齐海静，蔡颖 . 亲密关系综述［ J ］. 社会心理科学，2013（ 9 ）：26-30.
[69] 仇立平 . 职业地位：社会分层的指示器——上海社会结构与社会分层研究［ J ］. 社会学研究，2001（ 03 ）：18-33.
[70] 让 - 皮埃尔・埃斯克纳齐 . 电视剧：电影的未来［ M ］. 冯娅译 . 北京：中国电影出版社，2014.
[71] 施蒂格夏瓦 . 文化与社会的媒介化［ M ］. 刘君等译 . 上海：复旦大学出版社，2018.
[72] 斯科特・麦奎尔 . 媒体城市——媒体、建筑与都市空间［ M ］. 邵文实译 . 南京：江苏教育出版社，2013.
[73] 沈奕斐 . 谁在你家——中国"个体家庭"的选择［ M ］. 上海：上海三联书店，2019.
[74] 汤姆・斯丹迪奇 . 从莎草纸到互联网——社交媒体 2000 年［ M ］. 林华译 . 北京：中信出版集团股份有限公司，2015.
[75] 唐海波，胡青竹 . 亲密关系中的二元压力与应对研究综述 [J]. 社会心理科学，2015(3):39-45.
[76] 童兵 . 科学发展观与媒介化社会建构——新闻传播学视角的研究［ M ］. 上海：复旦大学出版社，2010.
[77] 汪民安 . 论家用电器［ M ］. 郑州：河南大学出版社，2015.
[78] 王跃生 . 社会变革与婚姻家庭变动：20 世纪 30—90 年代的冀南农村［ M ］. 北京：生活书店出版有限公司，2019.
[79] 望月嵩 . 家庭关系学［ M ］. 牛黎涛译 . 北京：中国大百科全书出版社，2002.
[80] 乌尔里希・贝克、伊丽莎白・贝克 - 格恩斯海姆 . 个体化［ M ］. 李荣山，范譞，张惠强译 . 北京：北京大学出版社，2011.
[81] 乌尔里希・贝克 . 风险社会——新的现代性之路［ M ］. 张文杰，何博文译 . 南京：译林出版社，2018.
[82] 吴飞 . 浮生取义：对华北某县自杀现象的文化解读［ M ］. 北京：中国人民大学出版社，2009.
[83] 夏德元 . 电子媒介人的崛起——社会的媒介化及人与媒介关系的嬗变［ M ］. 上海：复旦大学出版社，2011.
[84] 徐立军 . 中国电视收视年鉴 2017［ M ］. 北京：中国传媒大学出版社，2017.
[85] 徐立军 . 中国电视收视年鉴 2018［ M ］. 北京：中国传媒大学出版社，2018.

[86] 阎峰 . 场景即生活世界：媒介化社会视野中的场景传播研究 [M] . 上海：上海交通大学出版社，2018.

[87] 阎云翔 . 礼物的流动：一个中国村庄中的互惠原则与社会网络 [M] . 李放春，刘瑜译 . 上海：上海世纪出版股份有限公司，2017.

[88] 阎云翔 . 私人生活的变革——一个中国村庄里的爱情、家庭与亲密关系（1949—1999）[M] . 龚小夏译 . 上海：上海人民出版社，2016.

[89] 阎云翔 . 中国社会的个体化 [M] . 陆洋等译 . 上海：上海译文出版社，2016.

[90] 阎云翔 . 自相矛盾的个体形象，纷争不已的个体化进程 [M] . 许烨芳等译 . 上海：上海译文出版社，2011.

[91] 叶光辉，杨国枢 . 中国人的孝道：心理学的分析 [M] . 重庆：重庆大学出版社，2009.

[92] 约翰 · 菲斯克 . 电视文化 [M] . 祁阿红，张鲲译 . 北京：商务印书馆，2005.

[93] 约瑟夫 · 皮珀 . 闲暇：文化的基础 [M] . 刘森尧译 . 北京：新星出版社，2005.

[94] 约书亚 · 梅罗维茨 . 消失的地域：电子媒介对社会行为的影响 [M] . 肖志军译 . 北京：清华大学出版社，2002.

[95] 张冠文 . 人与互联网的同构——媒介环境学视阈下互联网交往形态的演化 [M] . 北京：中国广播影视出版社，2015.

[96] 张宁 . 媒介社会学：信息化时代媒介现象的社会学解读 [M] . 中山：中山大学出版社，2010.

[97] 章彦 . 智者不役于媒：媒介化社会的理性传播与表达 [M] . 北京：中国戏剧出版社，2017.

[98] 郑维东 . 媒介化社会与经济增长：理论及实证研究 [M] . 北京：中国传媒大学出版社，2013.

[99] 郑永年 . 技术赋权 [M] . 邱道隆译 . 北京：东方出版社，2014.

[100] 周宪 . 视觉文化的转向 [M] . 北京：北京大学出版社，2008.

[101] 周晓虹 . 现代社会心理学——社会学、心理学和文化人类学的综合探索 [M] . 南京：江苏人民出版社，1991.

[102] 朱丽丽 . 数字青年：一种文化研究的新视角 [M] . 南京：江苏人民出版社，2017.

[103] 朱秀凌 . 青少年的手机使用与家庭代际传播研究 [M] . 北京：中国社会科学出版社，2017.

［104］Lundby K. Mediatization: concept, changes, consequences[M]. New York: Peter Lang Publishing, Inc. ,2009.

［105］Mazzoleni G．Mediatization of Society，in Wolfgang Donsbach(ed．)［ M ］.The International Encyclopedia of Communication．Mal-den.MA:Blackwell.1995.

［106］Hinton S，Larissa Hjnorth. Uderstanding Social Media［ M ］.Los Angeles: SAGE Publications Inc，2013.

［107］蔡骐，卞寒月 . 透视微信公众号传播［ J ］. 新闻记者，2019（1）:71-78.

［108］蔡竺言 . 媒介化家庭——基于自我民族志的微信使用探索研究［ J ］. 新闻研究导刊，2019，10（4）：14-15.

［109］曹晋，孔宇，徐璐 . 互联网民族志 : 媒介化的日常生活研究［ J ］. 新闻大学，2018（2）:18-27.

［110］曾林浩，曾振华 . 场景融合与身份混杂：媒介情境理论下微信朋友圈的使用［ J ］. 编辑学刊，2019（1）：25-29.

［111］陈邦武 . 从媒介到中介：后互联网时代媒体的新变［ J ］. 出版发行研究，2016（2）：59-61.

［112］陈晋 . 技术魅惑与社会过程人类学视角中的数码文化［ J ］. 新美术，2017（10）:10-16.

［113］陈力丹 . 自我传播的渠道与方式［ J ］. 东南传播，2015（9）：37-41.

［114］陈卫星 . 传播与媒介域 : 另一种历史阐释［ G ］// 雷吉斯・德布雷 . 普通媒介学教程 . 北京：清华大学出版社，2014.

［115］陈雪薇 . 移动场景与共同在场——家族微信群对新时代家庭的重构和关系维系［ J ］. 北方传媒研究，2018（1）:61-63.

［116］戴海波，杨慧 . 媒介与媒介化的互动机制［ J ］. 编辑之友，2018（3）：50-55.

［117］戴宇辰 . 媒介化研究：一种新的传播研究范式［ J ］. 安徽大学学报：哲学社会科学版，2018（2）:147-156.

［118］丁方舟 . 论传播的物质性 : 一种媒介理论演化的视角［ J ］. 新闻界，2019（1）：71-78.

［119］樊葵 . 论媒介崇拜［ J ］. 当代传播，2007（5）:18-20.

［120］郜书锴 . 场景理论：开启移动传播的新思维［ J ］. 新闻界，2015（17）：44-48，58.

［121］格雷厄姆・默多克 . 媒介物质性：机器的道德经济［ J ］. 刘宣伯，芮钰雅译 . 全

球传媒学刊，2019，6（2）：93-102.

［122］贡少辉．电视媒介的神话与日常生活化［J］．现代广告，2010（13）：32-37，82.

［123］郭恩强．在“中介化”与“媒介化”之间：社会思想史视阈下的交往方式变革［J］．现代传播（中国传媒大学学报），2018（8）：67-72.

［124］郭建斌．“在场”：一个基于中国经验的媒体人类学概念［J］．新闻与传播研究，2019，,2（11）:37-54，127.

［125］郭浪栈．互联网技术与家庭关系变革［J］．青年记者，2016（11）：28-29.

［126］郭研．浅析移动互联网络时代家庭教育的变化趋势［J］．决策与信息旬刊，2016（6）:116.

［127］何志武，吴瑶．媒介情境论视角下新媒体对家庭互动的影响［J］．编辑之友，2015（9）:9-14.

［128］洪长晖．传媒与混合现代性中的个体化［J］．浙江传媒学院学报，2014，21（3）：8-11.

［129］洪长晖．论媒介化社会的层级构建［J］．浙江传媒学院学报，2014，21（5）：21-25.

［130］胡春阳，姚玉河．移动·传播·第二现代——手机传播的形而上学解释［J］．学术月刊，2012，44（4）：28-32.

［131］胡春阳，周劲．经由微信的人际传播（一）［J］．新闻大学，2015（6）：50-60.

［132］胡春阳．手机传播与人际亲密关系的变革［J］．新闻大学，2012（5）:91-100.

［133］胡翼青，郭静．自律与他律：理解媒介化社会的第三条路径［J］．湖南师范大学社会科学学报，2019（6）：128-135.

［134］胡翼青，杨馨．媒介化社会理论的缘起：传播学视野中的“第二个芝加哥学派”［J］．新闻大学，2017（6）：96-103，154.

［135］胡翼青．重塑传播研究范式：何以可能与何以可为［J］．现代传播（中国传媒大学学报），2016（1）:51-56.

［136］胡悦．危机媒介化和媒介化危机［J］．现代传播，2017（3）：46-51.

［137］华维慧．“秀”：技术“中介化”与人际传播中的“自我”分析［J］．编辑之友，2017（8）:57-60.

［138］黄丽媛．互联网＋背景下“人的媒介化”研究［J］．社会科学家，2016（3）：39-43.

[139] 黄鸣奋 . 数码屏幕美学：由来、议题与理念 [J] . 厦门大学学报（哲学社会科学版），2014（2）:40-49.

[140] 姬广绪，周大鸣 . 从“社会”到“群”：互联网时代人际交往方式变迁研究 [J] . 思想战线，2017，43（2）：53-60.

[141] 姜海，王珏殷 . 媒介的认知逻辑赋予：屏幕传播引导之检视 [J] . 现代传播，2017（8）:167-168.

[142] 姜浩 . 四种屏幕：传播媒介的空间特性 [J] . 现代传播（中国传媒大学学报），2011（12）：167-168.

[143] 姜照君，吴志斌 . 屏幕文化的合法性问题及生成特征 [J] . 福建论坛（人文社会科学版）.2014（6）：132-137.

[144] 蒋建国 . 微信朋友圈泛化：交往疲劳与情感疏离 [J] . 现代传播，2016（8）:67-71.

[145] 金耀基 . 现代性论辩与中国社会学之定位 [J] . 北京大学学报（哲学社会科学版），1998（6）：91-99.

[146] 克劳斯·布鲁恩·延森，曾国华，季芳芳 . 界定性与敏感性：媒介化理论的两种概念化方式 [J] . 新闻与传播研究，2017（1）：113-125，128.

[147] 李宝华 . 微信私密空间公共化的隐忧与解决路径 [J] . 青年记者，2017（3）：41-42.

[148] 李彬，关琮严 . 空间媒介化与媒介空间化——论媒介进化及其研究的空间转向 [J] . 国际新闻界，2012（5）:38-42.

[149] 李华伟 . 青年群体在微信朋友圈的自我呈现 [J] . 青年记者，2017（8）：49-50.

[150] 李淼 . 理解空间：媒介理论视野下的传播与空间 [J] . 新闻知识，2018（1）:38-40.

[151] 李岩，林丽 . 人际传播的媒介化研究——基于一个新类型框架的探索 [J] . 编辑之友，2019（4）：57-61.

[152] 廖华力，宋艳 . “元媒介”地位下手机的交往特性——“在场”视角下的哲学思考 [J] . 东南传播，2011（7）：71-73.

[153] 林溪声，刘鹏 . 技术促进共享媒介建构秩序——“媒介化社会与当代中国”学术研讨会综述 [J] . 新闻记者，2009（11）：81-84.

[154] 刘丹凌，赵娟娟 . 对媒介化社会的批判与反思——基于媒介环境学的视角 [J] . 学术论坛，2014（4）：101-105.

[155] 刘国新. 从概念到理论：关于马克思异化思想的探源［J］. 山西高等学校社会科学学报，2019，31（9）：10-13.

[156] 刘珩. 情感的公共与私密——一个人类学研究的新视角［J］. 社会学评论，2015，3（5）:3-14.

[157] 刘锐. 转型期中国在线消费地理与城市日常生活［C］. 传播与中国·复旦论坛，上海·复旦大学.2012，12.

[158] 刘晓程. 媒介化风险社会对危机传播环境的改变［J］. 武汉理工大学学报（社会科学版），2012，25（1）：43-46.

[159] 刘翼，贺菲琳. 屏幕生态系统下电视媒介的传播困境与对策［J］. 青年记者，2017（26）:17-18.

[160] 卢春天，朱晓文. 城乡地理空间距离对农村青年参与公共事务的影响——媒介和社会网络的多重中介效应研究［J］. 新闻与传播研究，2016（1）：41-57，126-127.

[161] 吕清远. 作为经验的传播：传播学研究物质性转向的逻辑进路与范式转换——在二元对立的传播观念当中寻找一条中间路径［J］. 新闻界，2019（8）：70-79.

[162] 马磊. 机会、选择与目标——社会网的形成机制及其对新媒体研究的启示［J］. 社会科学，2015（9）：184-191.

[163] 梅其君，王立平. 技术与文化关系颠倒的历程与根源［J］. 江西社会科学，2016（6）：40-46.

[164] 缪建东. 嬗变与创新：基于媒介技术变迁的家庭教育发展［J］. 南京师大学报（社会科学版），2011（4）:69-76.

[165] 牟雪静，陆卫群. 当代家庭变迁研究［J］. 赤峰学院学报（汉文哲学社会科学版），2016，37（3）：25-27.

[166] 娜塔莉·芬顿. 互联网与社会化网络［G］// 詹姆斯·柯兰，娜塔莉·芬顿，德斯·弗里德曼. 互联网的误读. 何道宽译. 北京：中国人民大学出版社，2014.

[167] 潘霁. 恢复人与技术的“活”关系：对“使用与满足”理论的反思［J］. 国际新闻界，2016（9）：75-85.

[168] 潘允康，约翰·罗根，边馥琴，边燕杰，关颖，卢汉龙. 住房与中国城市的家庭结构——区位学理论思考［J］. 社会学研究，1997（6）:78.

[169] 潘忠党. “玩转我的 iPhone，搞掂我的世界！”——探讨新媒介技术应用中的

“中介化”和“驯化”［J］. 苏州大学学报：哲学社会科学版，2014（4）：153-162.

［170］彭兰 . 场景：移动时代媒体的新要素［J］. 新闻记者，2015（3）：20-27.

［171］彭兰 . 移动互联网时代“连接”的扩展及其蕴意［G］// 中国网络空间研究院 . 中国移动互联网发展报告（2017）. 北京：社会科学文献出版社，2017：26-47.

［172］彭兰 . 自拍：一种纠结的“自我技术”［J］. 新闻大学，2018（5）：45-55，76，148.

［173］秦红增 . 技术与文化的互为观照：科技人类学解读［J］. 青海民族研究，2008（1）:6-11.

［174］全燕、申凡 . 媒介化生存下“风险社会”的重构与反思［J］. 国际新闻界，2011（8）：63-67.

［175］沈菲 . 模式、认知、态度与行为：新媒介环境下的家庭沟通模型［G］// 张国良，赵凯，张宇丹 . 媒介化社会：现状与趋势——2004 中国传播学论坛文集 . 上海：复旦大学出版社，2006:28-37.

［176］施蒂格·夏瓦，刘君，范伊馨 . 媒介化：社会变迁中媒介的角色［J］. 山西大学学报：哲学社会科学版，2015（5）：59-69.

［177］石金群 . 独立还是延续：当代都市家庭代际关系中的矛盾心境——以对广州市民的实地调查为例［G］// 陈午晴，汪建华 . 家庭与性别评论（第 5 辑）. 北京：社会科学文献出版社，2014:143-155.

［178］苏敏，喻国明 . 以人为本的成长逻辑：中国互联网发展的第一个 25 年——基于学术视角的 Cite-space 可视化分析［J］. 辽宁大学学报（哲学社会科学版），2019，47（6）：127-141.

［179］苏状，马凌 . 屏幕媒体视觉传播变革研究［J］. 南京社会科学，2014（8）：123-129，144.

［180］孙爱琴 . 儿童早期家庭媒介素养教育的困境及其关键点［J］. 学前教育研究，2014（9）:31-37.

［181］孙宝文，王智慧，赵胤钘 . 电子货币与虚拟货币比较研究［J］. 中央财经大学学报，2008（10）：28-32.

［182］孙玮 . 城市传播：地理媒介、时空重组与社会生活［G］// 孙玮 . 中国传播学评论（第七辑）：城市传播：地理媒介、时空重组与社会生活 . 上海：复旦大学出版社，2017:3-10.

[183] 孙玮 . 从新媒介通达新传播：基于技术哲学的传播研究思考［J］. 暨南学报（哲学社会科学版），2016（1）:66-75，131.

[184] 孙玮 . 微信：中国人的“在世存有”［J］. 学术月刊，2015（12）:5-18.

[185] 孙信茹，杨星星 .“媒介化社会”中的传播与乡村社会变迁［J］. 国际新闻界，2013,35（7）:87-93.

[186] 孙信茹，杨星星 . 媒介在场 · 媒介逻辑 · 媒介意义——民族传播研究的取向与进路［J］. 当代传播，2012（5）：15-20.

[187] 塔玛 · 利博斯，索尼亚 · 利维思通 . 欧洲肥皂剧：多元化类型及意义解析［J］. 新闻与传播研究，2001（1）：69-76，96.

[188] 唐 · 埃德加，海伦 · 格莱泽，仕琦 . 家庭与亲密关系 : 家庭生活历程与私生活的再建［J］. 国际社会科学杂志，1995（1）：7.133-156.

[189] 唐灿 . 家庭现代化理论及其发展的回顾与评述［J］. 社会学研究，2010,25（3）：199-222，246.

[190] 唐魁玉，唐金杰 . 微信朋友圈的人际互动分析——兼论微生活方式的兴起及治理［J］. 江苏行政学院学报，2016（1）：79-87.

[191] 唐青秋 . 从媒介情景论视角下看微信群中的家庭关系［J］. 新闻传播，2017（1）：113-115.

[192] 万华颖 . 论微信红包对人际关系的影响［J］. 文化与传播，2018，7（5）：17-22.

[193] 王斌 . 从技术逻辑到实践逻辑：媒介演化的空间历程与媒介研究的空间转向［J］. 新闻与传播研究，2011（3）：58-67，112.

[194] 王琛元 . 欧洲传播研究的“媒介化”转向：概念、路径与启示［J］. 新闻与传播研究，2018，25（5）:5-26，126.

[195] 王芬 . 新媒体时代的儿童家庭媒介素养教育浅议［J］. 湖北第二师范学院学报，2018，35（4）：129-132.

[196] 王皓，夏保华 . 论莱蒙里尔的技术人类学思想［J］. 东北大学学报（社会科学版），2018（5）：441-446.

[197] 王皓 . 兴起中的技术人类学［J］. 东北大学学报（社会科学版），2015，17（5）：455-460.

[198] 王会，李娜 . 微信朋友圈精神交往的路线与生成［J］. 青年记者，2018（8）：11-12.

［199］王俊秋，赵宇华．非经典化时代：媒介化社会影视艺术的新变与歧途［J］．黑龙江社会科学，2016（6）：113-117.

［200］王士荣．德波“景观社会”理论中日常生活向度的解读［J］．湖州师范学院学报，2013，35（4）：76-80.

［201］王欣．从镜像到凝视：微信中的看与爱［J］．山东社会科学，2015（12）:132-136.

［202］魏宝涛，王爽．微信朋友圈“点赞”文化与网络情绪传播［J］．中原文化研究，2014,2（6）：73-79.

［203］乌尔里希·贝克．再造政治：自反性现代化理论初探［G］//乌尔里希·贝克、安东尼·吉登斯、斯科特·拉什．自反性现代化：现代社会秩序中的政治、传统与美学．赵文书译．北京：商务印书馆，2014：4-71.

［204］吴飞，周蓬年．现代传媒与混合现代性的迷思——评洪长晖的《混合现代性：媒介化社会的传播图景》［J］．新闻记者，2017（5）：90-96.

［205］吴飞．社会传播网络分析——传播学研究的新进路［J］．中国人民大学学报.2007（4）：106-113.

［206］吴炜华，龙慧蕊．传播情境的重构与技术赋权——远距家庭微信的使用与信息互动［J］．当代传播，2016（5）：95-98.

［207］吴占勇．跨屏困境与路径重组：移动互联时代电视媒体的融合发展与创新［J］．中国电视，2019（2）：56-61.

［208］吴震东．仪式、礼物与狂欢——“微时代”网络社区红包的人类学阐释［J］．民族学刊，2017（4）：28-34，102-104.

［209］西格弗里德·J.施密特．传媒、传播与认识的结合［G］//西皮尔·克莱默尔．传媒、计算机、实在性——真实性表象和新传媒．孙和平译．北京：中国社会科学出版社，2008：48-50.

［210］肖索未．儿童抚育中的代际合作、家庭伦理与亲密关系［G］//吴小英．家庭与性别评论（第6辑）．北京：社会科学文献出版社，2015:173-193.

［211］谢俊贵．当代社会变迁之技术逻辑——卡斯特尔网络社会理论述评［J］．学术界，2002（4）：191-203.

［212］熊国太．基于手机传播的“第五媒体”的原理和价值构成分析［J］．新闻界，2007（2）:120-121.

［213］徐桂全，雷丽竹．理解“泛媒介”时代：媒介环境学、媒介学与媒介化研究的三

重视角［J］. 现代传播(中国传媒大学学报)，2019,41（4）:55-60.

［214］徐菁婧. 媒介情境论视角下网络媒介对形成“丧偶式育儿”的影响［J］. 视听，2019（12）：185-186.

［215］许轶冰，张骏，吴迪.“朋友圈”的公共性分析［J］. 江南大学学报（人文社会科学版），2019，18（1）：33-42，125.

［216］薛晋文. 在电视媒介与社会生活之间——以中国电视发展与影响为中心的考察［J］. 文艺评论，2016（5）：118-125.

［217］闫云翔. 社会自我主义：中国式亲密关系——中国北方农村的代际亲密关系与下行式家庭主义［J］. 探索与争鸣，2017（7）：4-15.

［218］颜敏. 媒介化生存视阈下关于人的在场问题研究［J］. 今传媒，2016,24（2）:65-67.

［219］杨笛. 聚焦中国家庭变迁，探讨支持家庭的公共政策——“中国家庭变迁和公共政策国际研讨会”述评［J］. 妇女研究论丛，2011（6）：89-94，104.

［220］杨可. 母职的经纪人化——教育市场化背景下的母职变迁［G］// 施芸卿. 家庭与性别评论（第9辑）. 社会科学文献出版社，2018：56-76.

［221］杨雪晶.“养房防老”和“大作小”：都市老年人家庭的个体化趋势及合作社模式困境［G］// 吴小英. 家庭与性别评论（第6辑）. 北京：社会科学文献出版社，2015:204-223.

［222］叶浩生.“具身”涵义的理论辨析［J］. 心理学报，2014，46（7）：1032-1042.

［223］于金富. 互联网技术、现代化与社会形态的变革［J］. 黑龙江社会科学，2018（5）:67-72，160.

［224］喻国明，吴文汐. 城市居民媒介接触与使用的主要特征与最新发现——基于《移动互联网时代我国城市居民媒介接触与使用》调查的简要分析［J］. 编辑学刊，2016（5）：6-10.

［225］喻国明. 城市居民媒介接触与使用的基本特点与最新变化——基于《中国城市居民媒介接触与使用》两期调研成果的概述［J］. 新闻与写作，2016（9）：48-52.

［226］袁莉. 社交媒体对家庭关系的重构［J］. 今传媒，2017，25（8）:62-63.

［227］袁艳. 电视的物质性与流动的政治——来自两个城中村的媒介地理学观察［J］. 新闻与传播研究，2016，23（6）：92-104，128.

［228］翟学伟. 爱情与姻缘，两种亲密关系的模式比较——关系向度上的理想型解

释［J］. 社会学研究，2017，32（2）：128-149，244.

［229］翟学伟. 信任与风险社会——西方理论与中国问题［J］. 社会科学研究，2008（4）:123-128.

［230］詹姆斯·贝尼格. 控制权革命［G］// 戴维·克劳利，保罗·海尔. 传播的历史：技术、文化和社会（第六版）. 董璐，何道宽，王树国译. 北京：北京大学出版社，2018:322-334.

［231］张斌. 屏幕研究："元媒介"时代影视研究的融合路径［J］. 暨南学报：哲学社会科学版，2015（7）：93-96.

［232］张放，尹雯婷. 从独白式微博书写看媒介中介化自我传播［J］. 当代传播，2012（4）:79-81.

［233］张放. 微信春节红包在中国人家庭关系中的运作模式研究——基于媒介人类学的分析视角［J］. 南京社会科学，2016（11）：103-109.

［234］张冠文，刘红心. 微信朋友圈"点赞"的情感诉求与主体异化［J］. 编辑之友，2018（6）：44-48.

［235］张陆园. 屏幕进化研究的理论溯源、历程探索与现状［J］. 当代传播，2019（1）:73-78.

［236］张梅. 从"儿童的发现"到"童年的消逝"——关于"儿童"的概念及其相关问题的考察［J］. 文艺争鸣，2016（3）：118-124.

［237］张鹏杰. 媒介化社会与新闻传播学的文化转向［J］. 东南传播，2014（6）：11-13.

［238］张晓锋. 论媒介化社会形成的三重逻辑［J］. 现代传播（中国传媒大学学报），2010（7）:15-18.

［239］张煜麟. 社交媒体时代的亲职监督与家庭凝聚［J］. 青年研究，2015（3）:48-57，95.

［240］张兆曙，王建. 制造亲密：虚拟网络社区中的日常生活——以人人网 SNS 人机互动平台为例［J］. 青年研究，2013（6）：56-64，93-94.

［241］章戈浩，张磊. 物是人非与睹物思人：媒体与文化分析的物质性转向［J］. 全球传媒学刊，2019，6（2）：103-115.

［242］赵启南，林羽风. 定位：媒介化理论的象限与流派［J］. 新闻春秋，2019（6）:69-75.

［243］赵星植. 礼物作为社会交流符号的诸种类型. 江苏社会科学，2013（6）：

162-167.

［244］赵旭东.家庭、教育与分离的技术——文化转型人类学的一种视角［J］.民族教育研究，2014，25（4）：9-14.

［245］赵宇华，于志勇.媒介化时代人类生存视域下的日常生活转型［J］.辽宁工程技术大学学报（哲学社会科学版），2019，21（6）：470-475.

［246］周莉.屏幕媒体：一种数字影像的全新融合［J］.媒体时代，2011（3）：66-68.

［247］周廷勇.人的媒介化生存与教育的澄明［J］.现代传播，2018,40（11）：164-168.

［248］周翔，李镓.网络社会中的“媒介化”问题：理论、实践与展望［J］.国际新闻界，2017，39（4）:137-154.

［249］朱丽.反思媒介化社会中社会控制问题［J］.东南传播，2014（12）：50-51.

［250］朱丽丽，李灵琳.基于能动性的数字亲密关系：社交网络空间的亲子互动［J］.中国地质大学学报（社会科学版），2017，17（5）：95-104.

［251］朱澍平.新媒体时代下的重构自我认同与亲密关系［J］.东南传播，2017（3）：60-61.

［252］朱颖，童兵.“科学发展观与媒介化社会构建”系列报告之一我国受众的媒介占有与接触情况［J］.新闻界，2007（6）：3-5.

［253］邹军.移动传播研究：概念澄清与核心议题［J］.新闻大学，2014（6）：71-76，81.

［254］左康华.媒介形态理论是“技术决定论”吗？——对媒介技术本质的再思考［J］.东南传播，2012（8）：7-9.

［255］Altheide D L. Media Logic and Social Interaction[J].Symbolic Interaction，1987，10(1)：129-138.

［256］Agha A. Meet Mediatization. Language & Communication[J].2011，31(3)：163-170.

［257］Couldry N. Mediatization or mediation? Alternative understandings of the Emergent Space of digital story telling［J］.New Media & Society.2008，10(3)：373-391.

［258］Douglas D. Perkins, Marc A. Zimmerman. Empowerment theory, research, and application [J]. American Journal of Community Psychology，1995(5)：569-579.

［259］Rogers E M，Singhal A. Empowerment and Communication：Lessons Learned from Organizing for Social Change［G］. //Communication Yearbook 27，2003：67-85.

［260］Hjarvard S. The Mediatization of Society :A Theory of the Media as Agents of Social and Cultural Change［J］. Nordicom Review.2008，29(2)：105-134.

［261］Schulz A. Reconstructing mediatization as an analytical concept［J］. European Journal of Communication，2004(19)：87-101.

［262］Livingstone S. On the Mediation of Everything : ICA Presidential Address 2008［J］. Journal of Communication.2009，59(1)：1-18.

［263］马和民. 社会化危机及其出路——关于中国人社会化模式的一项教育社会学研究［D］. 上海：华东师范大学，2003.

［264］宁雅. 权力视野下的“中国式亲子关系”——基于“父母皆祸害”豆瓣小组中的亲子关系［D］. 北京：中国青年政治学院，2017.

［265］沈奕斐. 个体化与家庭结构关系的重构——以上海为例［D］. 上海：复旦大学，2010.

［266］石艳. 费孝通家庭社会学思想研究［D］. 上海：上海大学，2013.

［267］於红梅. 家居营造：都市中产的自我表达实践——以上海为例［D］. 上海：复旦大学，2013.

［268］张梦晗. 媒介时间论：信息社会经验下的媒介存在与多重时间［D］. 杭州：浙江大学，2015.

［269］周红丰.“我的电视，我的家”：女性个体化进程中的电视经验研究——以婆媳剧为例［D］. 上海：复旦大学，2014.

［270］朱姝. 住宅空间与家庭关系的再生产［D］. 南京：南京大学，2017.

［271］邹强. 中国当代家庭教育变迁研究［D］. 上海：华中师范大学，2008.

［272］搜狐网.“过劳死”呈年轻化趋势，全国人大代表建议：完善工伤保险，建“过劳死”补偿机制［EB/OL］. 三湘都市报，2017-3-4.https://www.sohu.com/a/127874550_118779.

［273］新浪网. 年终网购农村别墅送父母成热点，宝家乡墅走进江浙受追捧［EB/OL］. 新浪家居，2020-1-8.http://pingquan.jiaju.sina.com.cn/zixun/q/20200108/6620600656657188766.shtml?from=singlemessage.

［274］腾讯网. 微信发布 2019 春节数据报告：8.23 亿人收发红包［EB/OL］. 腾讯科技，2019-2-10.https://tech.qq.com/a/20190210/004291.htm .

［275］第 44 次《中国互联网络发展状况统计报告》［EB/OL］.http://www.cnnic.net.cn/hlwfzyj/.

[276] 百度网.2019年天猫双11全球狂欢节总成交额达2684亿元，2018年为2135亿元［EB/OL］. 北京商报百家号，2019-11-12. https://baijiahao.baidu.com/s?id=1649922476936995464&wfr=spider&for=pc.

[277] 凤凰网. 中国女性劳动参与率全球第一：干活多，地位高了吗?［EB/OL］. 2019-4-16. https://gongyi.ifeng.com/c/7lvCHDVpg7b.